Ann-Kathrin Ortmann

Hör auf Anni

Ohne Murks durchs erste Lebensjahr

mindful**books**

Für dich, Dad ♡

Inhalt

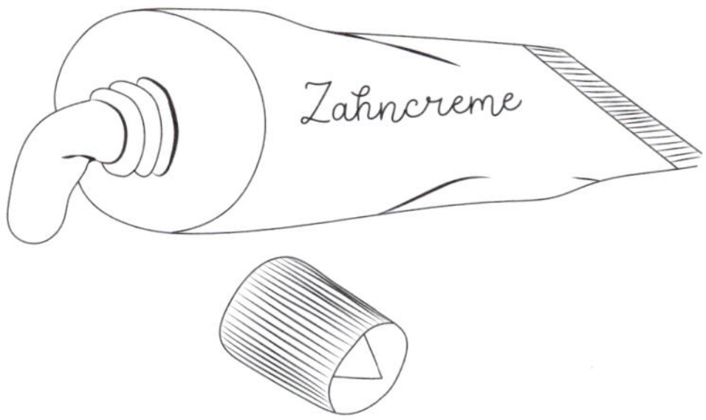
Zahncreme

SEIFE

Wie alles begann

Es ist Sommer 2018. Ich stehe in der Drogerie vor diesem Regal. Vor diesem voll befüllten, großen Regal. Von oben bis unten bestückt mit Sonnenschutzmitteln. Mir war noch nie zuvor aufgefallen, wie viele es zur Auswahl gibt: Cremes der hauseigenen Marke, Naturkosmetik-Varianten, Sprays bekannter großer Kosmetikmarken ... oder doch lieber ein Gel, eine Milch oder die daneben? Eine für Erwachsene, eine sensitive oder vielleicht die für Babys? Oder nicht lieber doch die im Regal darunter mit dem Aufkleber „Note sehr gut“?

Da steh ich also nun und bin völlig überfordert. Überfordert von der riesigen Auswahl an Produkten. Wollte ich doch eigentlich nur schnell eine Sonnencreme für meinen einjährigen Sohn mitnehmen. Das kann ja wohl nicht so schwer sein. (Schnell. Einfach. Wie naiv ich doch war.) Ich stehe und schaue. Stehe und lese. Inspiziere jede Verpackung nach möglichen Hinweisen, die mir bei meiner Kaufentscheidung weiterhelfen könnten.

Nach minutenlanger Inspektion unterschiedlichster Cremes, Lotionen und Sprays fängt mein Kind an, zu weinen. Na super, dabei habe ich noch nicht mal die Hälfte der Produkte untersucht. Gestresst und überfordert schnappe ich mir die nächstbeste Creme, die ich gerade angeschaut hab. Auf der Verpackung der Hinweis „für sensible Baby-Haut“. Gut, dann wird das schon stimmen. Ich verlasse erleichtert die Drogerie mit einem Produkt für sensible Babyhaut und einem schreienden Kind.

Mein 2022-Ich hätte mir geraten, diese Sonnencreme wieder zurückzubringen. Und mein 2018-Ich wäre sehr froh darüber gewesen, die Informationen meines 2022-Ich gehabt zu haben.

Das alles ist nun vier Jahre her. Vier Jahre, in denen ich angefangen habe, Produkte und Inhaltsstoffe zu analysieren und zu bewerten, die Werbeversprechen gewohnter Marken zu hinterfragen und mir in diesem übergroßen Angebot an Produkten eine Übersicht zu verschaffen.

Ich begann, wissenschaftliche Publikationen und Beurteilungen von chemischen Stoffen zu lesen, machte ich das doch sowieso jeden Tag als Bioanalytikerin. Ich teilte meine Recherchen in den sozialen Medien und die Resonanz war riesig. Wie finde ich die passende Sonnencreme, welche Inhaltsstoffe stecken eigentlich in Zahnpasta und wo verstecken sich bedenkliche oder allergene Inhaltsstoffe? All diese und ähnliche Fragen trieben mich weiter an, nach Antworten zu suchen und diese zu teilen.

Und ich begriff schnell: Mein 2018-Ich ist nicht allein.

Hi, ich bin Anni, 35 Jahre alt, Mama, Ehefrau, Bioanalytikerin und seit nun mehr als einem Jahr Influencerin und ich möchte euch helfen, Inhaltsstoffe zu verstehen, und zeigen, auf was beim Kauf von Produkten geachtet werden sollte.

Ich habe die Inhalte dieses Buches mit größtmöglicher Sorgfalt erstellt. Jedoch kann ich nicht gewährleisten, dass alle Informationen vollständig und aktuell sind. Denn Wissenschaft ist stets in Bewegung und baut auf vorhandenen Erkenntnissen auf. Das bedeutet, dass die wissenschaftlichen Erkenntnisse, über die ich hier geschrieben habe, schon morgen nichtig sein könnten. Das gilt auch für die Produktempfehlungen, die ihr in den verschiedenen Kapiteln finden werdet. Alle Produkt-Checks und Bewertungen wurden unabhängig im November 2022 ermittelt und stehen in keinem Zusammenhang mit Kooperationen.

Das erste Jahr

Da liegt es nun vor uns, klein, hilflos und einfach perfekt! Ein kleines Wesen, das unsere Welt von einem Moment auf den anderen auf den Kopf stellt. Ein Kind, für das wir ab sofort die Verantwortung tragen. Eine große Verantwortung, auf die uns keiner vorbereiten kann. Klar, wird uns vorher viel über das Leben mit einem Kind erzählt, gefühlt jeder hat einen wichtigen Ratschlag oder eine clevere Lebensweisheit mitzuteilen.

Mit dem Kind werden aber nicht nur pure Liebe und Glück geliefert, im Gepäck sind auch Unsicherheit und die Frage, ob man alles richtig macht und machen wird. Mir hatte vor der Geburt meines Kindes auch keiner gesagt, dass es über 600 verschiedene Sonnencremes auf dem Markt gibt oder zig verschiedene Feuchttücher. Ich hatte das schlichtweg nicht wahrgenommen, habe ich diese Produkte zuvor ja auch kaum benötigt. Und da stecken wir plötzlich mittendrin im ersten Jahr, in dem sich eh schon alles verändert, und sollen uns auch noch mit den Inhaltsstoffen von Produkten für unser Kind beschäftigen, in der Hoffnung, das Beste auszuwählen?

Soll es die Windel aus der Werbung sein oder doch lieber die für sensitive Babyhaut? Brauche ich eigentlich Feuchttücher? Und wenn ja, nehme ich die mit viel Wasser oder doch die, die ein „Kein Plastik"-Zeichen auf der Verpackung haben? Was bedeutet das Plastik-Zeichen denn überhaupt und ist das jetzt bedenklich, wenn ich welche ohne das Zeichen nehme? Was ist mit Shampoo? Brauche ich da extra eines für Kinder? Und muss ich da jetzt das teure nehmen oder reicht es aus, wenn ich die Drogerie-Eigenmarke nehme? Ist das günstigere jetzt schlechter oder ungesünder?

Ich könnte ungehindert so weitermachen, denn auch ich hatte die gleichen Fragen. Ich hatte nur niemanden, der sie mir beantworten konnte. Zumindest nicht so, dass ich zufrieden war. Mein Glück dabei ist, dass es uns allen so geht! Wir stehen alle gestresst, übermüdet und unsicher vor den Regalen und haben keinen blassen Schimmer, was nun „gut" und was „schlecht" ist. Diesen Unsicherheiten, diesem Überangebot an Produkten und dem Anspruch, nur das Beste für unser Kind zu wollen, ist nun dieses Buch zu verdanken.

Alle Unsicherheiten kann ich euch nicht nehmen, ich werde hier auch keine Kaufempfehlungen für Marken oder konkrete Produkte liefern und ich werde euch auch keine verbindlichen Ratschläge erteilen. Ich werde euch darin stärken, zu erkennen, welche Produkte für euch die Richtigen sind (denn ein perfektes Produkt für mich muss nicht zwingend das perfekte Produkt für dich sein). Ich möchte euch zeigen, auf welche Inhaltsstoffe geachtet werden sollte und wo es gute Quellen gibt, um sich weiter zu informieren. Ich möchte, dass ihr aufgrund dieses Buches selbstbewusst durch die Drogerie geht – mit Wissen, was ihr da gerade in der Hand haltet.

Ich möchte euch zufriedenstellende Antworten liefern, denn im ersten Jahr mit Baby gibt es so viel Schöneres, so viel Aufregenderes und so viel Wichtigeres als schwierige Entscheidungen über die Wahl der Feuchttücher, der Sonnencreme oder der Anfangsmilch!

So geht ihr mit diesem Buch um

Extrawissen

Eine Extra-Portion Wissen, gibt es überall da, wo mein Avatar mit der Glühbirne auftaucht.

Daumen hoch für geeignete Stoffe

Daumen runter für weniger geeignete Stoffe

1 kurz & knapp

Hier fasse ich nochmal für euch alles zusammen

KAPITEL 1

INHALTSSTOFFE in Kosmetika

Kosmetika und die Kennzeichnung ihrer Inhaltsstoffe

Wir benutzen sie fast täglich: Shampoo, Seife, Make-up, Zahnpasta oder auch Cremes. Kosmetika sind aus unserem Alltag nicht mehr wegzudenken. Allein in unseren Badeschränken befinden sich durchschnittlich über 40 verschiedene Kosmetikprodukte (also in denen der Frauen, in der Studie wurden leider keine Männer befragt).[1] Das Gute: Diese Sammelfreudigkeit nimmt mit dem Alter ab.

Hinweis: Viele der Definitionen und Aussagen, die in diesem Buch zu finden sind, sind nicht meine Meinung, sondern Fakten oder Feststellungen, die bereits von Wissenschaftler*innen und anderen Quellen veröffentlicht wurden. Erkennbar sind diese an den hochgestellten Zahlen nach den Sätzen oder Abschnitten. Die Verweise auf die Originaltexte befinden sich im Kapitel Quellenangaben, ganz hinten im Buch.

Inhaltsstoffe (engl.: Ingredients) sind Stoffe, welche in Lebensmitteln, Kosmetika oder anderen Produkten enthalten sind. Bei Kosmetika sind die Inhaltstoffe meist direkt auf der Produktrückseite auf der Verpackung oder im Beipackzettel zu finden (Abb. 1). Dabei müssen alle bei der Herstellung verwendeten und im Fertigprodukt noch vorhandenen Inhaltsstoffe eines kosmetischen Produktes aufgelistet werden. Inhaltsstoffe, die während der Herstellung zum Einsatz kommen, aber nicht im fertigen Produkt enthalten sind, müssen nicht angegeben (deklariert) werden.

Dass die Inhaltsstoffe von Kosmetika mit seltsamen und meist unverständlichen Bezeichnungen angegeben werden, liegt an einer internationalen Vereinbarung – der INCI. INCI steht dabei für „Internationale Nomenklatur für kosmetische Inhaltsstoffe" (engl.: International Nomenclature of Cosmetic Ingredients). Diese Vereinbarung ist gesetzlich verankert und Bestandteil der EU-Kosmetikverordnung.[2] Sie informiert uns im Detail über die Inhaltsstoffe der Kosmetika und schafft damit ein hohes Maß an Klarheit und Transparenz, von der wir Verbraucher*innen und vor allem Allergiker*innen profitieren.[3] Zudem sorgt die Verordnung dafür, dass wir die Inhaltsstofflisten in einer international vergleichbaren Form lesen können.

Das Kosmetikrecht in der Europäischen Union (EU) sieht vor, dass alle Bestandteile von Kosmetika in einer bestimmten Reihenfolge aufgeführt werden müssen. Dabei werden die Inhaltsstoffe nach ihrem Gewichtsanteil in abnehmender Reihenfolge aufgelistet. Je mehr von einer Substanz enthalten ist, desto weiter oben ist sie aufgeführt. Dies gilt für alle Inhaltsstoffe, die jeweils über 1 % des Inhalts ausmachen. Nur für Bestandteile, die weniger als 1 % des Inhalts ausmachen, ist diese Reihenfolge nicht vorgeschrieben. Besondere Regeln gelten für die Kennzeichnung von Duft- und Farbstoffen.[2]

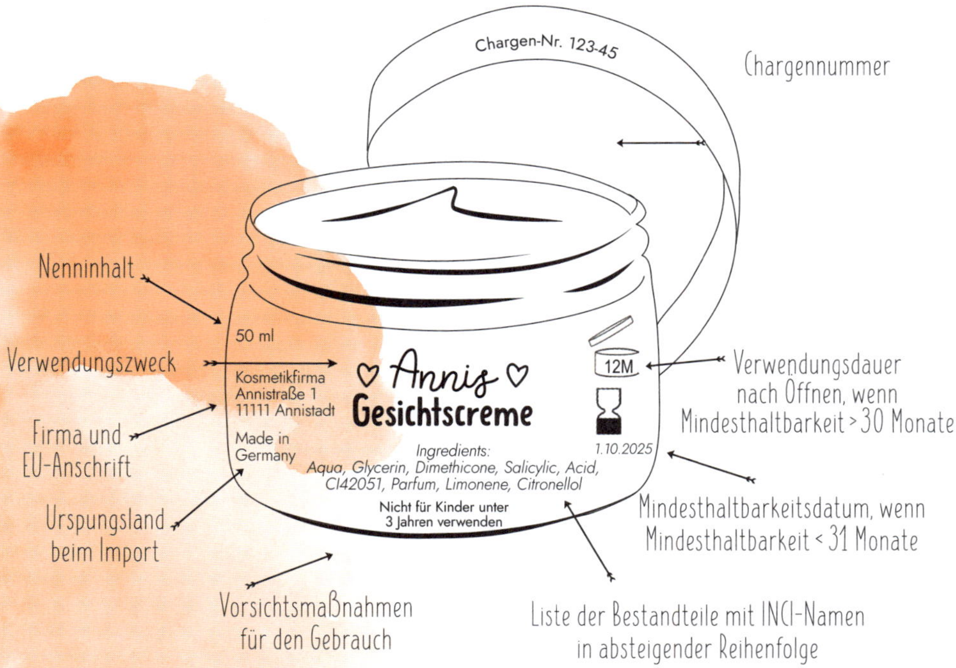

Abb. 1: Beispiel für die Kennzeichnung eines kosmetischen Produkts. Neben der Liste der Bestandteile mit INCI-Namen müssen laut EU-Kosmetikverordnung auch die Menge, der Verwendungszweck, eine erreichbare EU-Anschrift, das Ursprungsland beim Import, die Chargennummer, die Verwendungsdauer nach dem Öffnen oder ein Mindesthaltbarkeitsdatum sowie Vorsichtsmaßnahmen für den Gebrauch des Produktes gut lesbar und deutlich sichtbar auf dem Produkt angegeben werden.[4]

Kosmetikverordnung

Anders als Medikamente sind Kosmetikprodukte frei verkäuflich. Um zu gewährleisten, dass die Produkte, die auf dem europäischen Markt produziert und verkauft werden, dennoch sicher sind, gibt es in Europa seit 2009 eine Verordnung – die Kosmetikverordnung (EG) Nr. 1223/2009 des europäischen Parlamentes und Rates.[2] Sie sorgt dafür, dass für jedes in Verkehr gebrachte kosmetische Mittel Folgendes eingehalten wird:[5]

Gewährleistung der Sicherheit für die Gesundheit

- Ergreifung von Maßnahmen bei Verdacht der Gesundheitsgefahr
- Einhaltung der guten Herstellungspraxis
- Durchlaufen einer Sicherheitsbewertung und Erstellen eines Sicherheitsberichts
- Führung einer Produktinformationsdatei
- Übermittlung notwendiger Angaben per Notifizierung an die EU-Kommission
- Einhaltung der Einschränkungen für bestimmte Stoffe
- Beachtung der Bestimmungen zu Tierversuchen
- Kennzeichnung der Behältnisse und Verpackungen
- Beachtung der Vorschriften über Werbeaussagen
- Meldung unerwünschter Wirkungen
- Auskunft gegenüber Behörden
- Ergreifung von Maßnahmen bei Verdacht auf Gesundheitsgefahr

Bevor also ein kosmetisches Produkt hier in Europa auf den Markt kommt, muss es diese strengen Kriterien erfüllen und die gesetzlichen Vorgaben der Kosmetikverordnung einhalten. Und, was ich auch noch als sehr wichtig ansehe: Die Verordnung unterliegt einer ständigen Änderung. Das heißt, aktuelle wissenschaftliche Erkenntnisse können angepasst und neue Stoffe können erweitert oder gestrichen werden.

INCI-Bezeichnungen verstehen

Als ich angefangen habe, mich mit den Inhaltsstoffen von kosmetischen Produkten auseinanderzusetzen, kamen mir anfangs die INCI-Bezeichnungen wie eine lange Liste aus aneinandergereihten kryptischen Worten vor. Das liegt daran, dass die Bezeichnungen meist mit ihren englischen oder lateinischen Bezeichnungen aufgeführt werden. So wird gewährleistet, dass die Bezeichnungen in einer international vergleichbaren Form vorliegen. Ich verspreche euch aber, dass je mehr wir uns damit beschäftigen, es immer leichter wird, diese zu entziffern und zu verstehen.

Die Grundprinzipien für die Bestimmung der INCI von Kosmetika sind hingegen sehr simpel. Zum einen sind die Hersteller verpflichtet, alle Inhaltsstoffe, die nach der Herstellung eines bestimmten Produktes enthaltenen Verbindungen in der INCI-Liste aufzuführen. Dabei sollten die „chemischen" Stoffe unter der offiziellen englischen Bezeichnung aufgeführt werden, Pflanzenextrakte nach lateinischer Nomenklatur. Zum anderen muss die Reihenfolge, in der einzelne Bestandteile aufgeführt werden, ihren quantitativen Anteil an einem bestimmten Produkt widerspiegeln. INCI-Bestandteile, deren Konzentration im Erzeugnis weniger als 1 % beträgt, können dabei in beliebiger Reihenfolge am Ende der Liste aufgeführt werden.

Aktuell gibt es 26.491 verschiedene INCI-Bezeichnungen (Stand August 2022), auf die ich nicht alle eingehen werde, weil ich sie natürlich nicht alle kenne und da es viel zu viel Papier kosten würde, sie hier alle aufzulisten, und weil es zum Glück bereits eine solche Liste online gibt. Ihr findet diese Liste mit allen 26.491 INCI-Bezeichnungen von Adonis Amurensis Flower Extract bis Zymomonas Ferment Filtrate auf der Seite der Europäische Kommission.[6]

All diese Inhaltsstoffe von kosmetischen Produkten können grob in 4 Stoffgruppen unterteilt werden:

Basisbestandteile	Hilfsstoffe	Wirkstoffe			Zusatzstoffe
		Haarpflege	Hautpflege	Mundpflege	
Emulgatoren	Antioxidantien	Antischuppen-Wirkstoffe	Antibakterielle Wirkstoffe	Antibakterielle Wirkstoffe	Parfüm/Duftstoffe
Filmbildner	Bindemittel	Bleichverstärker	Antioxidantien	Bleichmittel für Zähne	Aromen
Gelbildner	Feuchthaltemittel	Haarbleichmittel	Antitranspirantwirkstoffe	Kühlende Wirkstoffe	Ätherische Öle
Lösungsmittel	Harze	Haarfarbstoffe	Adstringentien	Abrasivmittel	Farbstoffe
Tenside	Konservierungsmittel	Haarfestigende Konditioniermittel	Desodorierende Wirkstoffe	Wirkstoffe für Kariesprophylaxe	
Verdickungsmittel	Oxidationsmittel	Polymere	Hautbleichende Wirkstoffe	Wirkstoffe gegen empfindliche Zähne	
Wachse	Reduktionsmittel	Haarpflegestoffe	Kühlende Wirkstoffe		
Ölkomponenten	Stabilisatoren		Feuchtigkeitsspender		
	Treibgase (Sprays)		Abrasivmittel		
	Trübungsmittel		Rückfettende Substanzen		
	Perlglanzmittel		Selbstbräunende Wirkstoffe		
	pH-Stabilisatoren		UV-Filter		
	Vergällungsmittel		Wirkstoffe zur chemischen Haarentfernung		
	Weichmacher				

Ich gebe zu, hier den Überblick zu behalten, ist wirklich nicht leicht. Damit es besser verständlich ist, werde ich euch anhand zweier Beispiele die gängigsten Stoffklassen erklären. Ich habe hier Inhaltsstoffe zweier Shampoos, einmal mit typischen erdölbasierten Inhaltsstoffen (Abb. 2, links) und das andere mit Inhaltsstoffen auf pflanzlicher Basis (Abb. 2, rechts).

Abb. 2: Darstellung beispielhafter Inhaltsstoffe zweier Shampoos. Links die Inhaltsstoffe eines Shampoos mit tierischen und erdölbasierten Inhaltsstoffen, rechts mit Inhaltsstoffen pflanzlichen Ursprungs.

Die Inhaltsstoffe mit dem größten Gewichtsanteil stehen ganz oben als erstes auf der Liste. Wie auch in meinen Beispielen sind das oft Lösungsmittel wie Wasser oder Alkohole wie Ethanol, Benzol oder Glykol (und natürlich noch eine ganze Reihe weiterer Lösungsmittel).

Lösungsmittel

Lösungsmittel sind notwendig, um Wirkstoffe oder andere Inhaltsstoffe gut zu lösen, ohne dass es beim Lösevorgang zu chemischen Reaktionen zwischen dem Lösungsmittel, dem zu lösenden und dem gelösten Stoff kommt. Gelöste Inhaltsstoffe werden also durch das Lösungsmittel nicht chemisch verändert.

Dabei gilt (meistens): Similia similibus solvuntur (lat.: „Ähnliches löst sich in Ähnlichem").

INCI Beispiele Lösungsmittel:

- Acetone (Aceton, Propanon, Dimethylketon)
- Alcohol (Alkohol, Ethanol)
- Alcohol denat. (vergällter Alkohol, denaturierter Alkohol)
- Aqua (Wasser)
- Butylene Glycol (Butylenglykol)
- Ethyl Acetate (Essigsäureethylester)
- Glycol (Glykol)
- Isopropyl Alcohol (Isopropylalkohol)
- Propylene Glycol (Propylenglykol)

Tenside

Jetzt gibt es aber auch Inhaltsstoffe, wie Öle oder Fette, die nicht in Wasser gelöst werden können. Stellt euch das wie einen Tropfen Öl vor, den ihr in ein Glas Wasser gebt. Wasser und Öl vermischen sich dabei nicht und bilden zwei Phasen: das Wasser unten und der Tropfen Öl oben auf der Wasseroberfläche. Die Lösung ist eine Stoffgruppe, die dafür sorgt, dass sich diese zwei Phasen vermischen und eine Emulsion bilden – die Tenside. Dies gelingt ihnen, da ihre Struktur sowohl einen „wasserliebenden" (hydrophilen) als auch einen „fettliebenden" (lipophilen) Teil aufweisen (Abb. 3). Man sagt, sie sind amphiphil („beides liebend").

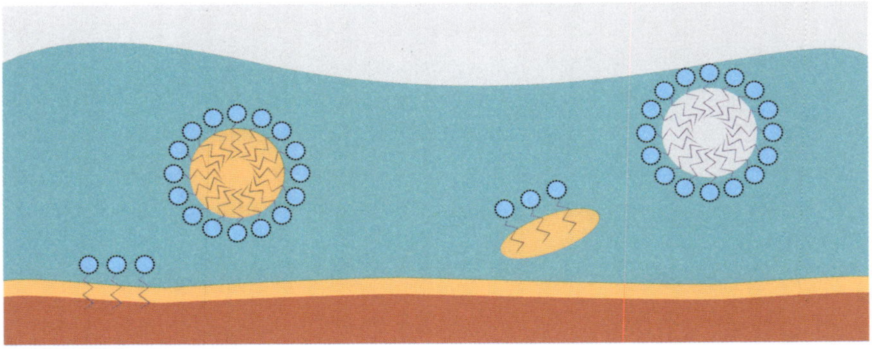

Abb. 3: Schematische Darstellung von Tensiden in wässriger Phase. Durch Zusammenlagerung der amphiphilen Tensidmoleküle hat sich links eine mit Öl gefüllte Mizelle gebildet, rechts eine Mizelle, die statt Öl Luft eingeschlossen hat (Schaum). Unten sind Tensidmoleküle, die sich an die Oberfläche von Haut, Zähnen, Geschirr oder Textilien anheften und Feststoffe lösen und abtragen. Sie gelten daher als waschaktive Substanzen (Detergentien).

Mit dem lipophilen Teil lagern sie sich an der lipophilen Phase (Öl) und mit dem hydrophilen Teil ans Wasser gerichtet an. So entsteht eine Mizelle mit eingeschlossenem Öl. Wenn ich jetzt das Öl und das Wasser in meinem Glas inklusive der Tenside verrühre, wirken die Tenside hier als Emulgatoren und sorgen dafür, dass sich die beiden Phasen vermischen.

Die Tenside in den beiden Shampoos agieren aber nicht nur als Emulgatoren, sie erfüllen noch eine weitere nützliche Funktion bei der Haarwäsche: Sie entfernen Schmutzpartikel und Fettrückstände von unseren Haaren und der Kopfhaut, indem sie die Rückstände in ihren Mizellen einschließen und wir sie nun ganz einfach mit Wasser wegspülen können.

INCI-Beispiele Tenside:

- Betaine (pflanzliches Nebenprodukt bei der Zuckerproduktion) wie Cocamidopropyl Betaine
- Zuckertenside (Reaktionsprodukte aus Fettalkoholen oder Fettsäuren mit Zucker) wie Caprylyl/Capryl Glucoside, Coco-Glucoside, Lauryl Glucoside
- Polyethylenglykol (PEG) und PEG-Derivate wie PEG-7 Glyceryl Cocoate, Sodium C12-13 Pareth Sulfate, Sodium Laureth Sulfate
- Natriumsalze und andere Natriumverbindungen wie Sodium Coco-Sulfate, Sodium C12-13 Pareth Sulfate, Sodium Laureth Sulfate, Sodium Lauryl Sulfate, Sodium Xylenesulfonate

Konservierungsmittel

Produkte, die Wasser enthalten, bieten ein gutes Milieu für Mikroorganismen. Da wir nicht in einer sterilen Umgebung leben, ist es also unmöglich, ein kosmetisches Produkt vollkommen „sauber" zu halten. Hersteller setzen daher auf den Einsatz von Konservierungsmitteln. Die Ausnahme stellen Kosmetika dar, deren Formulierung wegen bestimmter Inhaltsstoffe das Wachstum von Mikroorganismen verhindert. Beispiele sind u. a. Produkte mit hohem Alkoholgehalt (Rasierwasser oder manche Naturkosmetik) sowie Produkte mit hohem oder niedrigem pH-Wert (Dauerwellen-Flüssigkeit)[7].

Konservierungsmittel für kosmetische Produkte werden in der EU unabhängig auf Sicherheit und Verträglichkeit geprüft und im Anhang V der EG-Kosmetikverordnung gelistet. Es dürfen nur die aufgelisteten Substanzen unter Berücksichtigung der erlaubten Höchstmengen und Anwendungsbedingungen verwendet werden.[2,8]

Doch Konservierungsmittel schützen uns nicht nur vor pathologischen Mikroorganismen, sie werden in der Literatur auch oft als allergieauslösend eingestuft. Daher ist der Einsatz von Konservierungsmitteln in Kosmetika immer ein Kompromiss zwischen dem Schutz unserer Haut vor schädlichen Stoffwechselprodukten von Mikroorganismen und den möglichen Nebenwirkungen von Konservierungsmitteln.

INCI-Beispiele Konservierungsstoffe:

- Ammonium Benzoate
- Benzoic Acid (Benzoesäure)
- Benzyl Alcohol (Benzylalkohol, in Lebensmitteln: E 1519)
- Butylparaben
- Chlorhexidine
- Chlorphenesin
- Citric Acid (Zitronensäure)
- Ethyl Benzoate
- Ethylhexylglycerine
- Methylisothiazolinone
- Methylparaben (In Lebensmitteln: E 218)
- Phenoxyethanol
- Sodium Benzoate (In Lebensmitteln: E 211)
- Triclosan

Verunreinigte Kosmetik

Genau wie Lebensmittel haben auch kosmetische Produkte ein Ablaufdatum. Das liegt daran, dass sie nicht steril sind, also nicht 100 % frei von Mikroorganismen. Jedoch werden kosmetische Produkte vor der Veröffentlichung vorab auf mögliche Kontaminanten getestet werden (Artikel 12, Kosmetikverordnung). Dabei müssen sie frei von Krankheitserregern wie Staphylococcus aureus, Pseudomonas aeruginosa und Candida albicans sein. Auch Verunreinigungen durch andere Pseudomonas- oder Enterobacteriacae-Species (wie etwa Pluralibacter gergoviae oder Escherichia coli) dürfen nicht vorkommen. Viren sind allerdings eher weniger relevant, da sie keine Lebewesen sind und sich ohne Wirtszellen nicht im Produkt vermehren können. Laborversuche zeigten zwar, dass Viren auf unterschiedlichen Materialien eine begrenzte Zeit überdauern und eine Übertragung nicht ausgeschlossen wird, jedoch kommt dies in der Praxis eher nicht so oft vor.[9]

Für die Belastung mit anderen Mikroorganismen wie Schimmelpilzen, Hefen oder weiteren Bakterien existieren jedoch keine gesetzlichen Grenzwerte, lediglich Empfehlungswerte.[10] Bedeutet, der Keimgehalt im kosmetischen Produkt darf einen bestimmten Wert nicht überschreiten, das Produkt selbst ist aber ist nicht vollkommen frei von Mikroorganismen. Und dieser kleine Rest kann sich natürlich, wenn die Umgebung es zulässt, im Produkt vermehren. Dazu kommen Mikroorganismen, die nach der Öffnung des Produktes durch uns Verbraucher*innen eingetragen werden: durch den Finger morgens an der Lieblingscreme, das Make-up-Schwämmchen im Puder oder einfach nur die Keime in unserer Luft. Gerade bei Produkten mit höherem Wassergehalt oder Naturkosmetik-Produkten, die oftmals keine Konservierungsmittel enthalten, aber auch Produkten, die nur sehr langsam aufgebraucht werden, ist die Gefahr einer Kontamination mit Mikroorganismen hoch.

Wie bedenklich die Mikroorganismen in kosmetischen Produkten sind, hängt dabei vom Erreger ab. Einige von ihnen lösen Infektionen aus, aber auch Toxine oder bestimmte Zellbestandteile können zu gesundheitlichen

Problemen führen.[9] Mögliche allergische Reaktionen oder Reizungen sowie Entzündungen der (Bind-)Haut (z. B. bei belasteter Mascara oder Kajalstiften) können die Folge einer Keimbelastung sein.

Wie viele Mikroorganismen sich tatsächlich auf und in unseren Kosmetika tummeln, haben Mikrobiolog*innen 2019 an der Aston University im britischen Birmingham genauer untersucht.[11] Die Forscher*innen entnahmen hierfür Proben von gebrauchten Lippenstiften, Lipgloss, Eyelinern, Wimperntuschen, Kosmetikschwämmchen und untersuchten sie auf mögliche mikrobielle Kontaminationen. Das Ergebnis: 79 bis 90 % der Proben waren mit Bakterien belastet. Vor allem das Kosmetikschwämmchen entpuppte sich als wahre Keimschleuder.

Um euch aber nicht verrückt zu machen: Die Menge der gefundenen Bakterien sowie die meisten Erreger stellen für gesunde Haut gar keine gesundheitliche Gefahr dar. Ist jedoch die Schutzfunktion der Haut durch bereits vorhandene Erkrankungen wie Neurodermitis oder Ekzeme beeinträchtigt, können schon geringe Mengen an Keimen eine Hautinfektion auslösen.

Tipps für eine saubere Verwendung von Kosmetika

- Von bereits geöffneten Produkten im Regal oder Testern (die nebenbei bemerkt im Durchschnitt von bis zu 30 – 40 verschiedenen Menschen angefasst werden) am besten die Finger lassen!
- Produkte am besten mit keiner weiteren Person teilen. Schwierig wird es da im Kosmetikstudio. Dort sind nachweislich annähernd alle Produkte mit Bakterien oder Hefen belastet.[12] Vielleicht ist es hier möglich, gerade bei Hautproblemen, seine eigenen Produkte mitzubringen.
- Lagert eure kosmetischen Produkte am besten an einem trockenen, lichtgeschützten und kühlen Ort (Kühlschrank ist für die meisten Produkte zu kalt, außerhalb des Badezimmerst reicht oftmals schon).
- Achtet bei der Entnahme des Produktes auf die Sauberkeit. Wascht vor der Benutzung die Hände oder verwendet beispielsweise Spatel oder Wattestäbchen.
- Schwämmchen, Pinsel oder wiederverwendbare Abschmink-Pads regelmäßig reinigen!

- Haltet euch am besten auch an die Angaben des Herstellers bezüglich des Mindesthaltbarkeitsdatums (Abb. 4 links) oder die empfohlene Verwendungsdauer nach der Öffnung des Produktes (Abb. 4 rechts). Die Angaben oder Piktogramme findet ihr auf der Verpackung, im Beipackzettel oder direkt auf dem Produkt.

Abb. 4: Links die Sanduhr, ein Symbol für das Mindesthaltbarkeitsdatum – üblicherweise jeweils gefolgt von der Datumsangabe. Rechts ein geöffneter Tiegel, ein Symbol für die Verwendungsdauer nach dem Öffnen – die Zahl gibt den Verwendungszeitraum an (beispielsweise M für Monate).

Riecht ein Produkt seltsam, hat sich seine Beschaffenheit oder Farbe geändert, mistet es am besten aus. Treten auch vermehrt Hautinfektionen auf, solltet ihr eine mögliche Kontamination in eurer Kosmetik in Betracht ziehen und Produkte austauschen.

Neben den Basisbestandteilen, Wirk- und Hilfsstoffen kommen auch sehr oft Zusatzstoffe wie Duft- oder Farbstoffe zum Einsatz. Sie erfüllen in den meisten Fällen keine wichtige Funktion und befinden sich am Ende der INCI-Liste, da sie unter 1 % in dem Produkt enthalten sind.

Duftstoffe

Kennt ihr diesen Geruch von frisch gewaschener Bettwäsche, von eurem Lieblingsparfüm am Morgen oder den wundervollen Babyduft, nachdem ihr euer Kind eingecremt habt? Wir verbinden all diese Gerüche mit Sauberkeit und sie geben uns ein wohliges Gefühl. Diese Illusion muss ich euch leider nehmen, denn nur weil etwas gut duftet und man dies mit sauberer Wäsche oder einem gewaschenen Körper verbindet, bedeutet das noch lange nicht, dass die Wäsche sauber oder der Körper gewaschen ist. Es bedeutet, dass euer Geruchssinn, das olfaktorische System, lediglich die Duftstoffmoleküle aus dem Waschmittel oder Parfüm wahrnimmt und nicht den Gestank ungewaschener Kleidung oder Körper.

Und ja, in den meisten Fällen ist die Wäsche auch sauber oder der Körper frisch geduscht. Es kann aber auch gut sein, dass die Wäsche immer noch Rückstände von dem letzten Brei enthält, die Haut unter der Creme nicht sauber ist oder die in Parfüm gehüllte Person das letzte Mal vor einer Woche geduscht hatte. Bewusst wird einem das erst, wenn man ein Waschmittel, eine Creme ohne Duftstoffe benutzt oder kein Parfüm trägt. Duftstoffe erfüllen hier also keinen gesundheitlichen Zweck oder eine wichtige Funktion, sondern sollen uns emotional ansprechen.

In der (Kosmetik-)Industrie kommen über 2500 unterschiedliche Duftstoffe zum Einsatz[13], wovon tatsächlich nur 26 auf der Verpackung gekennzeichnet werden müssen

- sofern sie eine Konzentration von 0,001 % in „Leave-on-Produkten" überschreiten (Produkte wie Cremes, Parfüm oder Haargel, die auf der Haut oder Haaren verbleiben) oder
- sofern sie eine Konzentration von 0,01 % in „Rinse-off-Produkten" überschreiten (Produkte wie Shampoo, Duschgel oder Seife, die nach der Anwendung wieder abgewaschen werden).[5,14]

Unterschreiten diese 26 deklarationspflichtigen Duftstoffe die vorgeschriebene Konzentration oder handelt es sich um eine der etwa 2474 anderen Substanzen, werden sie auf der INCI-Liste als „Parfüm" oder „Aroma" zusammengefasst und müssen nicht einzeln aufgeführt werden.

INCI-Beispiele Duftstoffe:

- Parfum (Parfüm)
- Limonene
- Linalool
- Citronellol
- Citral

Duftstoffe und Allergien

Duftstoffe zählen nach Nickel zu den zweithäufigsten Auslösern von Kontaktallergien.[15] Etwa 2 % aller Kinder entwickeln im Laufe der Kindheit eine Allergie gegen Duftstoffe. Von den Kindern, die bereits in Behandlung sind, sogar 12 %. Das Problem: Unsere Kinder sind immer häufiger Duftstoffallergenen ausgesetzt. Dabei ist es egal, ob die Duftstoffe synthetischen oder natürlichen Ursprungs sind. Sie stecken nicht nur in unseren Kosmetikprodukten oder Waschmitteln, auch in Spielzeug oder anderen alltäglichen Dingen, wie Müllbeuteln, Klopapier oder sogar Waschmaschinen.

Doch nicht nur die Häufigkeit, mit der unsere Kinder allergenen Duftstoffen ausgesetzt werden, sondern auch die Intensität und der Zeitpunkt erhöhen das Risiko für eine lebenslange Allergie. Je häufiger und intensiver ein Kind mit den Duftstoffallergenen in Berührung kommt, desto höher ist die Wahrscheinlichkeit, dass sich eine Kontaktallergie entwickelt. Und je früher das im Leben passiert, desto problematischer ist es.[16]

Umso wichtiger ist es, den Kontakt mit diesen unnötigen Duftstoffen so gut es geht zu minimieren. Leider werden wir Verbraucher*innen diesbezüglich oft an der Nase herumgeführt. Denn Aussagen der Hersteller und Werbeindustrie wie „für empfindliche Haut“, „sensitiv“, „dermatologisch getestet“ oder „ohne synthetische Duftstoffe“ sind kein Garant dafür, dass ein Produkt auch wirklich vollkommen frei von Duftstoffen ist. In Kapitel 3C werde ich euch aber zeigen, wie ihr Duftstoffe identifiziert. Und ihr werdet schnell feststellen, wie schwierig es ist, Produkte zu finden, die vollkommen frei davon sind.

Wie tauglich sind Apps für den INCI-Check?

Barcoo, CodeCheck, Cosmile, Toxfox, Yuka oder EinkaufsCheck. Bestimmt kennt ihr eine oder sogar mehrere dieser Apps und habt damit auch schon den ein oder anderen Barcode eines Produktes abgescannt. Die Apps sollen unsere Kaufentscheidungen erleichtern, indem sie die Inhaltsstoffe eines Produktes identifizieren und für uns bewerten. Das Prinzip dabei ist immer gleich: Barcode wird gescannt, Datenbank der App lädt die INCI-Informationen und bewertet anhand (zum Beispiel) einer Farbskala, wie gut oder schlecht die Inhaltsstoffe im gescannten Produkt sind. Grün bedeutet: „Glück gehabt beim Kauf, du kannst es ruhigen Gewissens weiterverwenden“ und Rot: „Bitte drei Schritte zurücktreten und das Produkt vernichten.“

Doch schon bei meinem ersten Scan einer Bodylotion, die ich für Testzwecke einmal mit allen Apps durchprobierte, erhielt ich bei 6 verschiedenen Apps 5 unterschiedliche Ergebnisse. Bei CodeCheck wurde mir angezeigt, es sei ein „schwer abbaubares Polymer“ enthalten, was aber auf dem Produkt selbst nicht in der INCI-Liste aufgeführt war. Ansonsten war der Bewertungskreis grün. Yuka sagte mir mit einem orangenen Punkt, dass das Produkt nur mittemäßig sei, da von einem der Konservierungsmittel ein mäßiges Risiko ausgehen sollte. ToxFox antwortete nach dem Scan mit einem Häkchen und versicherte mir, dass das Produkt keine bekannten Schadstoffe enthalte. Ebenso Cosmile, auch diese App fand „0 markierte Schadstoffe“ (aber auch hier eine andere INCI-Liste als auf dem Produkt selbst. Barcoo fand das Produkt erst gar nicht, und laut der App EinkaufsCheck würde ich nach der Verwendung dieses Produktes vermutlich Krebs, ein geschädigtes Organ oder gereizte Augen haben – ich wurde davor gewarnt, es zu essen, zu trinken oder gar einzuatmen.

Klingt überspitzt, ist es auch, jedoch schrecken viele bei solchen Ergebnissen vor einem Kauf garantiert zurück. Was soll ich mit meiner Bodylotion nach diesen Ergebnissen also machen? Wegwerfen? Aufbrauchen? Welcher

App traue ich? Und wie kann es sein, dass 6 unterschiedliche Apps, die doch im Prinzip alle das gleiche Ergebnis liefern sollten, bei ein und demselben Produkt solch unterschiedliche Bewertungen liefern?

Im Grunde können diese Apps gute Begleiter sein, wenn man weiß, wie man mit ihnen und ihren Ergebnissen umzugehen hat. Die Datenbanken mit den hinterlegten Produkten und ihren INCI sind groß. Sowohl Hersteller als auch die Nutzer können INCI dort einspeichern oder ändern – eine Kontrolle aller INCI ist also schwierig. Das führt dazu, dass Inhaltsstoffe in der INCI gelistet sind, die gar nicht enthalten sind, oder enthalten sind, aber nicht bewertet werden (bei CodeCheck beispielsweise an einer grauen Hinterlegung zu erkennen). Dazu kommt, dass viele INCI unabhängig von Grenzwerten bewertet werden und allein das Vorhandensein eines Stoffes zu einer Abwertung führen kann, auch wenn dessen Konzentration oder in welchem Bereich der Inhaltsstoff angewendet wird, völlig unbedenklich ist.

Wenn ihr also auf Apps zurückgreift, um Informationen zu Inhaltsstoffen zu erhalten, solltet ihr immer vorab prüfen, ob die Inhaltsstoffe in der App mit denen auf eurem zu testenden Produkt übereinstimmen und ob es Inhaltsstoffe gibt, die nicht bewertet wurden. Und, wenn ein Inhaltsstoff abgewertet wurde, nachlesen, warum er abgewertet wurde und ob solch eine Abwertung für eure Kaufentscheidung überhaupt relevant ist.

Wichtig: Viele Duftstoffe oder auch andere Inhaltsstoffe, die als unbedenklich markiert werden, können für empfindliche (Kinder-)Haut oder Allergiker*innen trotzdem bedenklich sein. Hierfür bieten einige Apps die Möglichkeit, Inhaltsstoffe individuell zu bewerten, so dass sie für einen als „bedenklich" markiert werden.

Die Apps sind also grundsätzlich eine super Hilfestellung, um einen schnellen Überblick zu den Inhaltsstoffen eines Produktes zu bekommen. Sie ersetzen jedoch nicht das Mitdenken. Hier passt der Spruch: Vertrauen ist gut, Kontrolle ist besser! Ihr könnt sie also beruhigt weiter nutzen, nur solltet ihr eben ein Auge auf die Angaben der Inhaltsstoffe der Datenbanken haben und Bewertungen hinterfragen, sowohl die positiven als auch negativen.

Gute Alternativen können hier auch Internetseiten wie z. B. Haut.de (Cosmile App) oder INCIDecoder.com sein, die euch bei der Übersetzung der INCI helfen können. So nutzt Haut.de ebenfalls INCI-Datenbanken, die Erklärungen zu Funktionen und Wirkstoffen liefern, die auf der Grundlage der Europäischen Kosmetikverordnung in kosmetischen Mitteln Verwendung finden können (ohne diese zu bewerten).

1 kurz & knapp

- Die Inhaltsstoffe von kosmetischen Mitteln findet ihr auf dem Produkt, auf der Umverpackung oder dem Beipackzettel.
- Alle bei der Herstellung verwendeten und im Fertigprodukt noch vorhandenen Bestandteile eines kosmetischen Produktes müssen aufgelistet werden.
- Die INCI müssen immer von dem am meisten verwendeten Stoff bis zum am wenigsten verwendeten Stoff aufgelistet werden. Dies gilt für alle Inhaltsstoffe, die jeweils über 1 % des Inhalts ausmachen. Für Bestandteile, die weniger als 1 % des Inhalts ausmachen, ist diese Reihenfolge nicht vorgeschrieben.
- Kosmetische Mittel sind nicht zulassungspflichtig; davon ausgenommen sind bestimmte Inhalts- und Zusatzstoffe kosmetischer Mittel wie Konservierungsstoffe, Farbstoffe und UV-Filter.[17]
- Konservierungsmittel sind nicht per se schlecht, in vielen Produkten sind sie sogar sinnvoll, um eine Kontamination mit Mikroorganismen zu verhindern.
- Auch Kosmetika haben ein Verfallsdatum. Hierfür die Piktogramme auf dem Tiegel oder die Angaben auf dem Produkt beachten. Riecht ein Produkt seltsam, ändert es seine Konsistenz oder Farbe, sollte es entsorgt werden.
- Produkte, die mit „für empfindliche Haut“, „sensitiv“, „dermatologisch getestet“ oder „ohne synthetische Duftstoffe“ werben, garantieren nicht, dass das Produkt frei von Duftstoffen oder anderen allergenen oder bedenklichen Inhaltsstoffen ist.

- Nur wenn etwas (oder jemand) gut duftet, ist das kein Indiz für Sauberkeit. Duftstoffe überdecken vielleicht schlechte Gerüche, sie entfernen jedoch keinen Schmutz oder andere Verunreinigungen.
- Duftstoffe sind nicht bedenklich, jedoch oftmals Ursache von Kontaktekzemen oder allergischen Reaktionen. Egal ob natürlichen oder synthetischen Ursprungs.
- Apps wie Barcoo, CodeCheck, Cosmile, Toxfox, Yuka oder EinkaufsCheck können hilfreich beim Identifizieren von Inhaltsstoffen sein. Sich aber blind darauf verlassen, sollte man nicht.

Kapitel 2

Schadstoffe

Es ist Ende Oktober. Ich sitze vor meinem Computer und öffne den Internetbrowser. Ich gehe auf die Internetseite der Produktwarnungen der DACH-Region und die neusten Meldungen ploppen auf. Ganz oben in der Rückrufliste süße Bambusteller in Form von einem Hasen und einem Bären: Es wurden überhöhte Blei- und Formaldehydwerte nachgewiesen. Direkt darunter eine Meldung über Weichmacher in Kinder-Badepantoletten gefolgt vom Rückruf eines Wimpernklebers, der mit Keimen belastet sein soll, und mehreren Lebensmittelwarnungen. Meldungen von einer Woche!

Alleine im Jahr 2020 wurden auf dieser Plattform für Produktwarnungen der DACH-Region 545 Rückrufe und Verbraucherwarnungen veröffentlicht. Warnungen vor Überschreitungen bestimmter Grenzwerte, Nachweise von krankmachenden Mikroorganismen oder Schadstoffen. Darunter 224 Warnungen aus der Rubrik „Lebensmittel" und Getränke, 48 Warnungen aus der Rubrik „Baby & Kind". Neu waren 108 Warnungen zu Atemschutzmasken. Dabei ging die Anzahl an Lebensmittelwarnungen im Jahr 2020 deutlich nach unten. Der Betreiber der Seite vermutet, dass eine Verschiebung des Personals innerhalb der Kontrollbehörden und den dadurch zurückgegangenen Kontrollen Ursache für den Rückgang an Meldungen sei.[18] Klären wir aber zuerst, was Schadstoffe überhaupt sind, bzw. was einen Fremdstoff zu einem Schadstoff macht.

Was ist eigentlich ein Schadstoff?

Als Schadstoffe bezeichnet man Substanzen (Feststoffe, Flüssigkeiten, Gase), welche durch ihre chemische oder physikalische Wirkung Mensch und Umwelt schädigen können. Diese können sowohl natürlichen Ursprungs (wie z. B. Ruß, Mykotoxine, pflanzliche oder tierische Gifte) als auch anthropogenen Ursprungs (d. h. vom Menschen verursacht und freigesetzt) sein.

Die Schadstoffe lassen sich in die beiden Gruppen der anorganischen und organischen Substanzen einteilen (Abb. 5). Zu den anorganischen Schadstoffen zählen Schwermetalle (wie z. B. Asbest), Salze und Radionuklide, zu den organischen Schadstoffen u. a. Polyzyklische Aromatische Kohlenwasserstoffe (PAK), Polychlorierte Biphenyle (PCB) und Dioxine.

	Anorganische Schadstoffe	Organische Schadstoffe
	Elemente, molekulare und salzartige Verbindungen (aus chemischen Stoffklassen wie Schwermetalle und deren Salze, Sulfide, Säuren und Basen)	Kohlenwasserstoffe (gesättigt und ungesättigt, Aliphaten und Aromaten), substituierte Kohlenwasserstoffe wie z.B. FCKWs, Carbonsäuren, Stickstoff-Basen und Giftstoffe (Toxine)
Natürlicher Ursprung	· vulkanische Stoffe · Gesteinsstaub · Radioaktive Mineralien · Schwermetalle · Spurenelemente	· Giftstoffe von (Schimmel-)Pilzen (Mykotoxine) und anderen biologischen Quellen (Pflanzen, Tiere, Bakterien)
Anthropogener Ursprung	· Feinstaub* · Kunstdünger · Stickoxide* · Schwermetalle* * können allerdings auch natürlichen Ursprungs sein, indem sie z.B. aus belastetem Boden oder aus vulkanischer Aktivität stammen und so in die Nahrungskette oder in die Luft gelangen	Pestizide, Gifte oder Mischungen: · Polyzyklische Aromatische Kohlenwasserstoffe (PAK) · Polychlorierte Biphenyle (PCB) · Polychlorierte Dibenzodioxine („Dioxin") und Polychlorierte Dibenzofurane („Furane") (PCDD/PCDF) · Mineralölkohlenwasserstoffe (MKW) · Leichtflüchtige Chlorkohlenwasserstoffe (LCKW) · Leichtflüchtige Aromatische Kohlenwasserstoffe Benzol, Toluol, Xyluol (BTX)

Abb. 5: Mögliche Einteilung der Schadstoffe nach Klasse und Ursprung

Unter den Schadstoffen existieren Substanzen, die bereits in geringsten Konzentrationen toxisch für Menschen oder Umwelt sind, ohne dass positive physiologische Effekte bekannt wären. Reine Schadstoffe also. Es gibt aber auch Substanzen, die nicht eindeutig Schadstoffe sind, sondern abhängig von ihrer Menge und der Umgebungssituation als Schadstoffe oder Nicht-Schadstoffe eingestuft werden.

Spurenelemente wie Zink, Kobalt oder Kupfer sind zum Beispiel Substanzen, die in geringen Konzentrationen lebensnotwendig für unseren Organismus sind. Nimmt man eine zu geringe Konzentration an Spurenelementen über die Nahrung zu sich, kann das zu Mangelerscheinungen führen. Erwischt man jedoch eine zu hohe Konzentration, kann das zu gravierenden Schäden führen.

Wir lernen also: Eine Substanz kann sowohl lebensnotwendig als auch bedenklich für uns sein, je nach Konzentration. Oder wie Paracelsus schon vor 500 Jahren erkannte: „Alle Dinge sind Gift und nichts ist ohne Gift; allein die Dosis macht, dass ein Ding kein Gift ist.“[19]

Ein gutes Beispiel für „die Dosis macht das Gift“ ist das Salz Natriumfluorid, welches unserer Zahnpasta zur Kariesprävention beigefügt wird. Die europäische Behörde für Lebensmittelsicherheit (engl.: European Food Safety Authority, EFSA) definiert auf Basis von Dosis-Wirkungs-Beziehungen aus dem Konsum von Trinkwasser mit unterschiedlichen Fluoridkonzentrationen und der Kariesinzidenz eine angemessene Aufnahmemenge (engl.: Adequate Intake) von 0,05 mg/kg Körpergewicht, die den höchsten kariespräventiven Effekt bei gleichzeitig geringem Risiko (ca. 10 %) für die Entstehung von Dentalfluorosen entspricht.[20]

Auch für Säuglinge und Kleinkinder wurden von der Deutschen Gesellschaft für Ernährung (DGE) in Zusammenhang mit den österreichischen und schweizerischen Fachgesellschaften für Ernährung altersabhängige Referenzwerte für eine „angemessene Fluoridgesamtzufuhr“ abgeleitet. Für Säuglinge und Kleinkinder werden demnach Gesamtaufnahmen in Höhe von 0,25 mg/Tag (0 bis < 4 Monate), bzw. 0,5 mg/Tag (4 bis < 12 Monate) bzw. 0,7 mg/Tag (1 bis 3 Jahre) für adäquat angesehen.[21,22]

Nimmt man jedoch zu viel Natriumfluorid zu sich, kann es sowohl zu akuten als auch chronischen Vergiftungserscheinungen kommen: Bei einer Dosierung über 0,1 mg/kg Körpergewicht pro Tag (engl.: Tolerable Upper Intake Level, UL) über einen längeren Zeitraum kann das zu Dentalfluorosen (mit weniger widerstandsfähiger Zahnschmelzoberfläche) führen.[23] Und extrem hohe Überschreitungen des UL können Übelkeit, Erbrechen, Krämpfe oder sogar den Tod hervorrufen.

Jetzt lest ihr hier, Fluorid kann sogar den Tod verursachen. Ja das stimmt, aber eben in einer sehr hohen Konzentration. Einer Konzentration, wie sie in einer Zahnpastatube nicht vorkommt. Um solch akut toxische Symptome zu entwickeln, müsstet ihr schon mehrere Tuben euer fluoridhaltigen Zahnpasta essen! Toxische Symptome, wie sie übrigens auch herkömmliches Kochsalz (Natriumchlorid) und Zucker (Glucose) in solch hohen Konzentrationen hervorrufen. Alles also eine Frage der Konzentration.

Und dann gibt es noch Substanzen, deren Konzentration nicht allein darüber entscheidet, ob sie schädlich ist oder nicht. So spielen unser Lebensalter, unser gesundheitlicher Zustand oder unser tägliches Verhalten für die Beurteilung eines Stoffes als Schadstoff ebenfalls eine große Rolle. Nehmen wir beispielsweise Alkohol (Ethanol). Ethanol in geringen Konzentrationen hätte bei einer nichtschwangeren Frau womöglich keinerlei gesundheitliche Auswirkungen, in der Schwangerschaft könnte jedoch bereits eine sehr geringe Konzentration an Ethanol zu gravierenden Schäden am Embryo führen. Oder betrachten wir UV-Strahlung, die in gewissen Mengen lebensnotwendig für die Vitamin-D-Synthese ist. Ist unsere Haut jedoch einer übermäßigen Dosis ausgesetzt, führt das zu Sonnenbränden, Hautalterung und erhöhtem Hautkrebsrisiko – vor allem im Kindesalter!

Wer entscheidet, was Schadstoffe sind und was nicht?

Chemikalien in der europäischen Union (engl.: European Union, EU) werden mit ihren Risiken für Mensch und Umwelt zentral erfasst und stichprobenartig bewertet. Geregelt werden ihre Registrierung, ihre Bewertung, ihre Zulassung und ihre Beschränkung anhand der REACH-Verordnung innerhalb der EU durch die europäische Chemikalienagentur ECHA (engl.: European Chemicals Agency). REACH steht dabei für Registration, Evaluation, Authorisation and Restriction of Chemicals (dt.: Registrierung, Bewertung, Zulassung und Beschränkung von Chemikalien).

Chemische Stoffe dürfen in der EU nämlich nur hergestellt oder in Verkehr gebracht werden, wenn sie unter REACH registriert sind („keine Daten – kein Markt"). Die Hersteller und Importeure müssen bei der Registrierung die Verwendungszwecke mitteilen und Informationen einreichen, die eine Bewertung des registrierten Stoffs erlauben, etwa Daten zum Verbleib in der Umwelt, zur Anreicherung in Organismen und zur Giftigkeit. So werden z. B. für jeden Stoff Expositionshöhen abgeleitet, oberhalb derer Menschen nicht ausgesetzt sein sollen. Der Expositionsgrenzwert wird als DNEL (engl.: Derived No Effect Level) bezeichnet, also der Grenzwert, unterhalb dessen der Stoff keine Wirkung ausübt und zu keiner Beeinträchtigung der menschlichen Gesundheit führt.

DNEL-Werte werden in der Regel von Herstellern und Importeuren für die wahrscheinlichsten Expositionswege (inhalativ, dermal und oral) angegeben und von der zuständigen Behörde überprüft. Aber auch der Expertenausschuss für Risikobeurteilung (engl.: Committee for Risk Assessment, RAC) hat für besonders besorgniserregende Stoffe Referenz-DNELs, diese werden auf der ECHA-Internetseite veröffentlicht. Dabei wird für jede relevante Bevölkerungsgruppe (z. B. Arbeitnehmer, Verbraucher und Menschen, bei denen es indirekt über die Umwelt zu einer Exposition kommen könnte) ein eigener DNEL-Wert benötigt. Das gilt beispielsweise für bestimmte schutzbedürftige Bevölkerungsuntergruppen wie Kinder oder Schwangere.[24]

„Sämtliche Registrierungsunterlagen prüft die ECHA auf Vollständigkeit. Für weitere 5 % aller Registrierungsunterlagen prüft die ECHA, ob sie den Anforderungen für Registrierungen entsprechen", so das Umweltbundesamt.[24] Gilt ein Stoff als krebserregend, erbgutverändernd, fortpflanzungsgefährdend, giftig und langlebig in der Umwelt und in Organismen anreichernd, sehr langlebig in der Umwelt und sehr stark in Organismen anreichernd oder besitzt ähnlich besorgniserregende Eigenschaften (z. B. hormonelle Wirkung), kann er als „besonders besorgniserregend" (engl.: Substance of Very High Concern, SVHC) eingestuft und in eine dafür vorgesehene Kandidatenliste aufgenommen werden. Die Zulassung ist in solchen Fällen zeitlich befristet und der Stoff kann durch einen weniger besorgniserregenden Stoff ersetzt werden. In Deutschland ist das Umweltbundesamt im Rahmen der REACH-Verordnung für die Identifizierung solcher SVHC zuständig und hat u. a. dafür gesorgt, dass per- und polyfluorierte Chemikalien aktuell voruntersucht werden oder bereits auf die SVHC-Kandidatenliste aufgenommen wurden (z. B. Pentadecafluorooctanoic Acid, PFOA).[25]

Die Regelung bei Kosmetika erfolgt auf anderem Wege. Gibt es bei kosmetischen Mitteln Stoffe, die nur unter Einhaltung von Einschränkungen enthalten sein dürfen, werden sie im Anhang III der Kosmetikverordnung aufgelistet. So sind beispielsweise Natriumfluoride zugelassen, der Gesamtfluorgehalt darf jedoch eine Konzentration von 0,15 % nicht überschreiten. Farbstoffe, Konservierungsmittel und UV-Filter sind in separaten Anhängen aufgeführt, da diese vor ihrer Verwendung in kosmetischen Mitteln von der Europäischen Kommission durch ein zusätzliches Verfahren zugelassen werden müssen. Hierfür beruft die Europäische Kommission einen wissenschaftlichen Ausschuss ein, der eine Risikobewertung durchführt und toxikologische Daten vor einer Zulassung prüft. Der Ausschuss für „Verbrauchersicherheit" nennt sich SCCS (engl.: Scientific Committee on Consumer Safety) und wurde 2008 durch die Europäische Kommission eingerichtet. 17 auserwählte Mitglieder aus ganz Europa (für Deutschland eine Mitarbeiterin des Bundesinstituts für Risikobewertung) erstellen hierfür anhand ihrer „Notes of Guidance" Gutachten zu allen Arten von Gesundheits- und Sicherheitsrisiken durch Non-Food-Konsumgüter (wie Kosmetika und ihre Bestandteile, Spielzeug, Textilien, Bekleidung oder Haushaltsprodukte) sowie Dienstleistungen (wie Tätowierung oder Solarien).[10]

Neben dem SCCS berät und informiert die erwähnte EFSA (Europäische Behörde für Lebensmittelsicherheit) die EU wissenschaftlich zu bestehenden oder neu auftretenden Risiken entlang der Lebensmittelkette. Ihre Ratschläge fließen in europäische Rechtsvorschriften ein und beeinflussen die Politikgestaltung. Dadurch soll die Agentur uns Bürger*innen vor Gefahren aus der Lebensmittelkette schützen.

Wie gelangen Schadstoffe in Kosmetika und andere Produkte?

Egal ob Kinderteller, Kosmetika, Baby-Tees oder Milchnahrung, Fremd- oder Schadstoffe können fast überall vorhanden sein. Klar sind viele bekannte Schadstoffe gesetzlich verboten und auch die Hersteller von Lebensmitteln oder Kindertellern verfolgen nicht das Ziel, Produkte mit Schadstoffen zu produzieren. Dennoch kann es passieren, dass Keime oder Rückstände von Schadstoffen in unseren Produkten landen.

Schadstoffe entstehen meist im Herstellungsprozess und werden so beispielsweise beim Anbau, beim Transport oder beim Verpacken in das Produkt eingetragen. Aber auch durch Reaktionen mit UV-Licht, Wärme oder einfach nur durch Zerfall der Inhaltsstoffe können schädliche Stoffe entstehen. So gelangen Pestizidrückstände in Baby-Tees, Mineralölrückstände in der Verpackung von Milchnahrung oder Formaldehyd in Klebstoffe von Kindertellern.

Pestizidrückstände in Lebensmitteln

Der Begriff „Pestizide" wird häufig als Synonym für Pflanzenschutzmittel verwendet. Der Oberbegriff Pestizide umfasst jedoch auch Produkte, die nicht zur direkten Anwendung an Pflanzen, sondern zur Bekämpfung von anderen Schädlingen oder Krankheitsüberträgern bestimmt sind. So wirken...

- Akarizide gegen Milben/Spinnentiere (wie Vertimec Gold oder Vectin plus)

- Avizide gegen Vögel (wie Strychnin oder Anthrachinon)
- Bakterizide gegen Bakterien (manche Antibiotika wie Penicillin oder Desinfektionsmittel wie Alkohole oder Phenole)
- Fungizide gegen (Schimmel-)Pilze (wie Fenpropimorph oder Tridemorph)
- Herbizide gegen Pflanzen (wie Glyphosat oder Glufosinat)
- Insektizide gegen Insekten (wie Parathion oder Carbaryl)
- Molluskizide gegen Schnecken (wie Meraldehyd oder Aluminiumsulfat)
- Rodentizide gegen Nagetiere (wie Warfarin oder Flocoumafen)
- Viruzide gegen Viren und Viroide (wie Ethanol oder Formaldehyd)

Als biologisch aktive Stoffe wirken Pestizide direkt akut oder chronisch auf Organismen und können diese töten oder deren Fortpflanzung oder Entwicklung hemmen sowie deren Gesundheit und Verhalten beeinflussen. Dabei ist die Wirkungsweise von Pestiziden je nach Wirkstoff unterschiedlich. Allein hierüber könnte man ein eigenes Buch schreiben.

Daher in kurz: Pestizide sind viele unterschiedliche Substanzen, die Obst und Gemüse, allgemein unser Essen oder auch unsere Kleidung vor jeglichen Schädlingen schützen. Sie sind jedoch per Definition „zum Töten" gemacht und können daher nicht nur dem Zielobjekt schaden, sondern auch schädliche Auswirkungen auf andere Organismen, auf die Umwelt und unsere menschliche Gesundheit haben. Akute Krankheitssymptome können unterschiedlich aussehen und je nach Art des Pestizids bereits kurz nach Kontakt mit Pestiziden oder auch erst später auftreten. Die Liste der gesundheitlichen Folgen ist sehr lang.[26]

Sie sind also auf der einen Seite wichtig, um uns vor krankmachenden Schimmelpilzen oder Bakterien zu schützen, stellen aber auch ein „Risiko für die öffentliche Gesundheit dar."[27] Dazu kommt, dass sich Pestizide in der Umwelt anreichern können und große Auswirkungen auf die Biodiversität und Artenvielfalt von Wildpflanzen oder Bodenorganismen und andere Insekten haben. Die Forderungen nach optisch makellosen Äpfeln, Trauben oder anderem Obst und Gemüse führen zu einem vermehrten Einsatz von Pestiziden. Denn die geringe genetische Vielfalt bei den typischerweise durch Klonung vermehrten Dauerkulturen (wie eben bei Apfel oder Wein) macht die Pflanzen anfällig für Krankheitserreger und Schädlinge. Sie sehen unschön aus oder die Erträge sinken. Das führt zu einem hohen Einsatz von Fungiziden. Fehlt als Folge des Fungizideinsatzes die natürliche Artenvielfalt, inklusive der Nützlinge, steigt der Insektizideinsatz.[26] Der Pestizid-Teufelskreis beginnt. Und er endet auf unserem Teller oder in unserer Teetasse!

2018 findet Öko-Test Spuren von Pestiziden in einigen Tees für Babys. In einem der Produkte waren die Werte sogar erhöht.[28] Aber auch andere Öko-Tests zeigen, dass unsere Lebensmittel wie Nüsse (Ausgabe 12/2019), Erdbeermarmelade (Ausgabe 5/2020), Früchtemüsli (Ausgabe 1/2022) oder auch Haferflocken (Ausgabe 10/2022) ganze „Pestizidcocktails" enthalten. Solche Rückstände von Pestiziden können wir leider weder schmecken noch riechen. Daher ist es wichtig, dass wir abwechslungsreich, saisonal und regional essen. Also nicht jeden Tag immer nur das Gleiche essen und Produkte mit einer langen Anreise meiden. Auch der Griff zu ökologisch angebautem Obst oder Gemüse kann die Aufnahme von Pestiziden verringern, da der Einsatz von einigen Pestiziden hier verboten ist. In jedem Fall aber immer das Obst oder Gemüse mit Wasser waschen und gut abtrocknen! Das gilt auch für die Hände, wenn man Zitrusfrüchte, Bananen oder Mangos geschält hat. Durch das Händewaschen wird so eine Übertragung von Pestiziden verhindert.

Mineralölrückstände in Säuglingsnahrung

Unter Mineralölrückständen versteht man verschiedene Kohlenwasserstoffe (s. auch S. 190) wie gesättigte Mineralöl-Kohlenwasserstoffe (engl.: Mineral Oil Saturated Hydrocarbons, MOSH) oder aromatische Mineralöl-Kohlenwasserstoffe (engl.: Mineral Oil Aromatic Hydrocarbons, MOAH), wie sie in Erdöl vorkommen.[29] Regelmäßig finden Öko-Test oder auch Foodwatch Rückstände von Mineralöl in Säuglingsnahrung. Doch wie kommen solche Rückstände ins Milchpulver? Als mögliche Eintragsquelle für die Belastung mit Mineralölen gelten bisher Verpackungen aus Recyclingpapier oder mit Kunststoffbeschichtungen. Andere mögliche Quellen stellen auch Schmierstoffe aus Anlagen zur Lebensmittelherstellung oder Abgase von Erntemaschinen dar.[30] MOSH können sich aus den Beschichtungen der Innenbeutel der Milchpulver oder Metalldosen lösen und in der Anfangsmilch landen.

Doch der Eintrag von Mineralölrückständen in Lebensmitteln ist kein Milchpulver-spezifisches Thema, sondern betrifft die gesamte Lebensmittelwirtschaft. Mineralölrückstände gelten leider als ubiquitär (überall verbreitet), was es unmöglich macht, sie zu meiden. Die Lebensmittelwirtschaft arbeitet zwar daran, diese Einträge zu reduzieren, indem sie beispielsweise Verpackungen anders konzipiert, damit Mineralölrückstände nicht in Lebensmittel übergehen können. Hinzu kommt, dass mit immer neueren und hochauflösenderen Analysemehtoden nahezu alles nachgewiesen werden kann. Eine Null-Toleranz-Grenze für Mineralöl-Kohlenwasserstoffe und ähnliche Substanzen ist daher und aufgrund der umweltbedingten Grundbelastung sehr unwahrscheinlich.

Regelmäßige Meldungen von Mineralölrückständen in Säuglingsnahrung von Öko-Test oder auch von Foodwatch sorgen natürlich für Panik und zu Verunsicherung der Eltern, die meist eh schon ein schlechtes Gewissen haben, nicht zu stillen. Wir müssen also alle mit einer gewissen Grundbelastung an MOHA und MOSH leben (egal ob das Kind gestillt oder mit Säuglingsnahrung groß wird). Denn sowohl Muttermilch als auch Säuglingsnahrung sind im ersten Lebensjahr lebensnotwendig, nur sie versorgen unser Kind mit den nötigen Nährstoffen, Vitaminen und Spurenelementen. Mehr dazu aber im Zusatzkapitel Säuglingsanfangsmilch.

Formaldehyd in Kindertellern

Formaldehyd ist eine organisch-chemische Verbindung und besteht lediglich aus einem Kohlenstoff-, einem Sauerstoff- und zwei Wasserstoffmolekülen. Es ist ein farbloses, stechend riechendes, giftiges Gas. Es wirkt stark reizend auf Schleimhäute und Augen. Wenn Möbel oder andere Produkte das gasförmige Formaldehyd abgeben und wir es einatmen, kann es zu starken Reizungen der oberen Atemwege bis hin zu Erbrechen kommen. Außerdem löst es starke Kontaktallergien aus.[31]

Formaldehyd wird in vielen Produkten verarbeitet und eingesetzt. Man findet Formaldehyd in Autoabgasen, in Zigarettenrauch, in Textilien, in Farben oder Lacken sowie in Konservierungsmitteln in Kosmetika oder in Medikamenten. Formaldehyd kommt in Klebstoffen vor, die für die Herstellung von

Möbeln, Spanplatten oder in Melamingeschirr eingesetzt werden. Aber auch Pflanzenschutzmittel, Desinfektionsmittel, Haarglättemittel oder Kühlmittel können Formaldehyd oder Formaldehyd-Abspalter enthalten.

Im Juni 2014 wurde Formaldehyd durch die EU aufgrund neuer Erkenntnisse als „kann Krebs erzeugen" eingestuft. Das sagt das Umweltbundesamt: *„Die Wirkung des Formaldehyds auf die menschliche Gesundheit wurde von vielen nationalen und internationalen Gremien anhand vorliegender umfangreicher wissenschaftlicher Daten bewertet. Danach ist für eine krebserzeugende Wirkung das Zusammenwirken mehrerer Faktoren notwendig. In Tierexperimenten konnte gezeigt werden, dass Tumoren in der Nasenhöhle nur dann auftraten, wenn die Konzentration so hoch war, dass sie zuvor eine Schleimhautschädigung und erhöhte Zellteilungsrate verursachte. Die genannten, letztendlich krebserregenden Wirkungen sind somit unterhalb einer bestimmten Formaldehydkonzentration im Allgemeinen nicht zu erwarten."*[32]

In Deutschland müssen sowohl beschichtete als auch unbeschichtete Holzwerkstoffe (Spanplatten, Tischlerplatten, Furnierplatten und Faserplatten) vor dem Verkauf auf ihre Formaldehydabgabe in die Luft in einem Prüfraum getestet werden. Möbel, die Holzwerkstoffe enthalten, die nicht den Anforderungen entsprechen, dürfen nicht in den Verkauf gebracht werden. Auch in Kosmetika wie Wasch-, Reinigungs- und Pflegemitteln gelten Grenzwerte, die getestet und eingehalten werden müssen, bevor es in den Verkauf geht (Ausnahme ist der industrielle Gebrauch). So darf Formaldehyd in Konservierungsmitteln in kosmetischen Mitteln bis zu einer Konzentration von 0,2 % enthalten sein. Grenzwerte für Gegenstände wie Geschirr sind in der „Lebensmittelkontakt-Verordnung" der europäischen Kommission „über Materialien und Gegenstände aus Kunststoff, die dazu bestimmt sind, mit Lebensmitteln in Berührung zu kommen", geregelt.[33]

Andere Bezeichnungen für Formaldehyd sind:

- Ameisenaldehyd
- Ameisensäurealdehyd
- Formalin/Formol
- Formylhydrat
- Methanal
- Methylaldehyd
- Oxomethan

Formaldehyd-Abspalter in Kosmetika

Seit 2019 ist der Einsatz von Formaldehyd in Kosmetika verboten. In der Verordnung vom 22. Mai 2019 schreibt die europäische Kommission: „Außerdem sollte Formaldehyd zu der Liste der in kosmetischen Mitteln verbotenen Stoffe […] hinzugefügt werden."[34] Viele Hersteller verwenden seither stattdessen Formaldehyd-freisetzende Chemikalien, sogenannte Formaldehyd-Abspalter. Sie machen also kein Formaldehyd mehr in ihr Produkt, sondern nutzen Substanzen, die über einen längeren Zeitraum Formaldehyd freisetzen. Einige dieser Formaldehyd-Abspalter sind daher mittlerweile auch verboten.

Folgende Bezeichnungen weisen auf Formaldehyd-Abspalter hin:[35]

- Bronopol (2-Bromo-2-nitropropane-1,3-diol)
- Hydantoin (2,4-Dioxotetrahydroimidazol)
- Bronidox (5-Bromo-5-nitro-1,3-dioxane)
- Diazolidinyl Urea
- DMDM Hydantoin
- Imidazolidinyl Urea
- Methenamine
- Quaternium-15
- Sodium Hydroxymethylglycinate

Auch in Selbstbräunern oder Sonnenschutzmitteln können Formaldehyd-Abspalter enthalten sein. So setzt Dihydroxyaceton (Selbstbräuner) oder Octocrylene (UV-Filter) im Laufe der Zeit Formaldehyd frei. Dabei wird die Freisetzung stark von der Lagerung beeinflusst. So wird bei Wärme oder UV-Einwirkung der Zerfallsprozess beschleunigt. Selbstbräuner oder Sonnenschutzmittel daher am besten immer kühl lagern und schnell verbrauchen!

Wer also Kosmetika ohne Formaldehyd verwenden möchte, sollte Produkte, die sowohl Formaldehyd (in allen seinen Bezeichnungen) als auch Formaldehyd-Abspalter enthalten, meiden. Auch Selbstbräuner, die Dihydroxyaceton enthalten, sind hier nicht zu empfehlen. Sonnenschutzmittel, die Octocrylene enthalten, sollten am besten schnell aufgebraucht werden – oder einfach Produkte mit anderen UV-Filtern verwenden.

Wer Holzwerkstoffe wie Möbel, Laminatböden, Paneele oder andere Produkte aus Holz sucht, die eine geringe Formaldehydbelastung aufweisen, sollte auf das Siegel „Blauer Engel" achten. Eines der Kriterien für den Erhalt dieses Siegels ist, dass Formaldehyd nur in sehr geringer Menge enthalten sein darf. Mehr zu dem Siegel Blauer Engel in Kapitel 4.

2 kurz & knapp

- Auf Onlineportalen wie www.lebensmittelwarnung.de des Bundesamtes für Verbraucherschutz und Lebensmittelsicherheit werden öffentliche Warnungen und Informationen publiziert.
- Schadstoffe sind Substanzen, die sowohl uns Menschen als auch unserer Umwelt schaden können.
- Es gibt Substanzen, die
  1. bereits in geringsten Konzentrationen toxisch sind,
  2. erst ab einer bestimmten Menge bedenklich sind,
  3. in einem bestimmten Lebensalter oder Gesundheitszustand bedenklich sind.
- Alle Chemikalien in der EU werden zentral erfasst und durch die ECHA anhand der REACH-Verordnung bewertet und zugelassen (oder eben nicht).
- Hersteller von Chemikalien sind bei der Registrierung eines Stoffes verpflichtet, Expositionsgrenzwerte anzugeben, also einen Grenzwert, unterhalb dessen der Stoff keine Wirkung ausübt und zu keiner Beeinträchtigung der menschlichen Gesundheit führt.
- Ein Expertenausschuss der ECHA beurteilt diese Expositionsgrenzwerte oder andere gesundheitliche Risiken, die von Chemikalien ausgehen können.

- Besonders besorgniserregende Substanzen landen auf einer Kandidatenliste und können so nur beschränkt oder gar nicht zugelassen werden.
- Zusätzlich kann die EU-Kommission den SCCS für eine Risikobewertung vor der Zulassung eines Stoffes berufen. Die Mitglieder dieses wissenschaftlichen Ausschusses erstellen Gutachten von Gesundheits- und Sicherheitsrisiken für Non-food-Konsumgüter (wie Kosmetika und ihre Bestandteile, Spielzeug, Textilien, Bekleidung oder Haushaltsprodukte) sowie Dienstleistungen (wie Tätowierung oder Solarien).
- Für die Beratung und Information über Risiken entlang der Lebensmittelkette berät die EFSA die EU.
- Pestizide sind biologisch aktive Substanzen, die akut oder chronisch auf Organismen wirken. Sie können diese töten oder deren Fortpflanzung oder Entwicklung hemmen. Neben dem Schutz vor Schädlingen oder Unkraut können sie auch schädliche Auswirkungen auf andere Organismen oder die Umwelt haben. Um eine Aufnahme von Pestiziden zu minimieren, am besten abwechslungsreiche, saisonale und regionale sowie ökologisch angebaute Lebensmittel verwenden. Vor und nach dem Kontakt mit Obst oder Gemüse Hände waschen, um eine Übertragung von Pestiziden zu verhindern!
- Mineralölrückstände wie MOSH oder MOAH gelten als potenziell besorgniserregend sowie möglicherweise krebserregend. Sie gelangen meist über Kunststoffverpackungen- oder -beschichtungen in unsere Lebensmittel. Mineralölrückstände sind überall verbreitet, was eine Null-Toleranz-Grenze unmöglich macht.
- Formaldehyd ist eine organisch-chemische Verbindung, welche stark reizend auf Schleimhäute und Augen wirkt und seit 2014 durch die EU als „kann Krebs erzeugen" eingestuft wird. Es wird in vielen Produkten wie in Möbeln, Spanplatten, Melamingeschirr, Kosmetika, Textilien, Lacken oder Desinfektionsmitteln eingesetzt. Aber auch in Abgasen oder Zigarettenrauch ist es enthalten. Seit 2019 ist der Einsatz von Formaldehyd in Kosmetika verboten, weswegen einige Hersteller Formaldehyd-Abspalter als Ersatz verwenden.

KAPITEL 3

FEUCHTTÜCHER

Spätestens, wenn man ein eigenes Baby hat, kommt man um den Akt des Windelwechselns keinesfalls herum. Um dabei den Po schnell und einigermaßen hygienisch zu säubern, greifen viele zu praktischen Einweg-Feuchttüchern. Natürlich würden jetzt einige sagen: Nutze doch einfach Wasser und einen Waschlappen. Doch das ist nicht immer praktikabel und täglich umsetzbar. Auch ich konnte nicht gänzlich auf sie verzichten: Ich hatte sie immer unterwegs dabei und spätestens, als mein Kind in den Kindergarten kam, sollte ich dort welche hinterlegen. Und sogar heute habe ich immer noch eine kleine Packung Feuchttücher in der Tasche, mit denen ich gerade im Sommer, z.B. nach dem Besuch in der Eisdiele, das Kind wieder einigermaßen sauber bekomme – zumindest die Stellen ohne Kleidung.

Aber für welche Feuchttücher entscheide ich mich? Ist doch die Auswahl im Regal kaum noch überschaubar: Jeder bekannte Babykosmetikhersteller, ja sogar jeder Supermarkt und jede Drogerie haben eigene Feuchttücher. Es gibt sie parfümiert, mit Öl, für empfindliche Haut ohne Duftstoffe und sogar für extrem empfindliche Haut, die auch für Kinder mit Neurodermitis geeignet sein sollen. Und bei einem Produkt, welches für Babyhaut konzipiert wurde, kann ich doch davon ausgehen, dass nichts Bedenkliches drinsteckt – oder doch?

Die optimalen Feuchttücher belasten weder unsere Umwelt noch die Gesundheit unserer Kinder. Und nein, wenn ihr bisher eher suboptimale Feuchttücher verwendet habt, habt ihr nicht für den Weltuntergang gesorgt oder eurem Kind geschadet. Jetzt kommt das Aber: Aber es ist natürlich umweltschonender, Tücher zu verwenden, die nicht aus Kunststoff bestehen, auf reizende Inhaltsstoffe verzichten und somit besser für die empfindliche Kinderhaut sind.

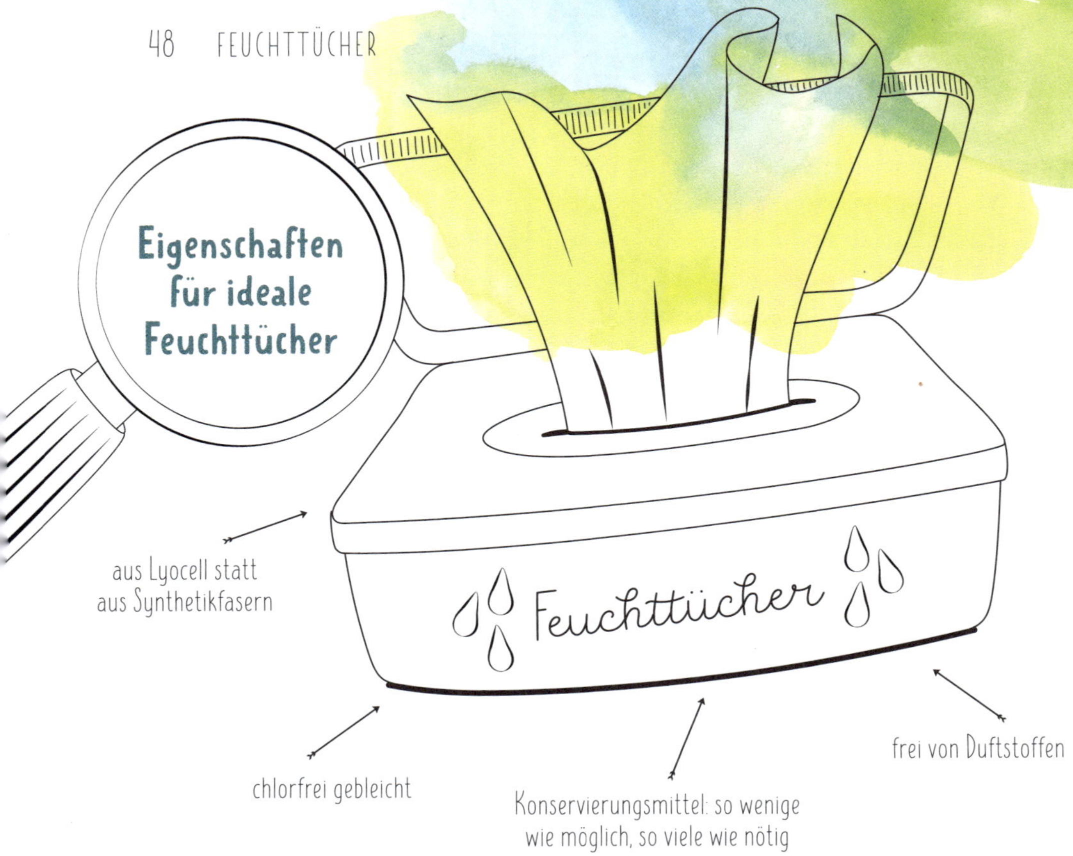

Feuchttücher aus Lyocell statt aus Synthetikfasern

Neben den Inhaltsstoffen in den Feuchttüchern, auf ich später in diesem Kapitel noch näher eingehen werde, sollte auch das Material von Feuchttüchern eine wichtige Rolle in der Kaufentscheidung spielen. Denn allein durch unsere Kaufentscheidung können wir den Berg an Kunststoff, den wir täglich produzieren, und die Masse an giftigen Chemikalien, mit denen wir unsere Erde belasten, so gering wie möglich halten.

Ich habe auf Instagram meine Abonnent*innen, die ein Kind im Alter von 0 bis 12 Monaten haben, gefragt, wie viele Einweg-Feuchttücher sie so an einem Tag verbrauchen. Egal ob die Tücher für das Säubern des Windelbereichs, des Gesichts oder der Hände verwendet wurden. Einige gestanden mir, Einweg-Feuchttücher auch zum Putzen der Möbel oder des Autoinnenraumes zu verwenden. Hier wäre ich aber vorsichtig, denn manche Inhaltsstoffe können bestimmte Materialien wie Kunststoffe oder Lacke „angreifen". Auch wenn sie für Babypopos gedacht sind und daher als harmlos erscheinen mögen, bestehen sie eben nicht nur aus Wasser.

Zurück also zur Befragung: Die folgenden Ergebnisse sind keine validen Ergebnisse, lediglich ein Durchschnittsverbrauch meiner Abonnent*innen an einem gewöhnlichen Wochentag im September. Von den 3892 Teilnehmer*innen verwendeten 21,15 % gar keine Feuchttücher, weil sie an diesem Tag einfach keine gebraucht haben oder weil sie Waschlappen benutzen. Durchschnittlich lag der Verbrauch bei 10 Feuchttüchern am Tag. Das wären 70 Feuchttücher in der Woche, 300 im Monat und etwa 3650 Feuchttücher im ersten Lebensjahr. Wenn ich das jetzt noch auf die Anzahl der Babys, die 2021 in Deutschland geboren wurden (795.500 minus die 21,15 %, die keine Feuchttücher verwenden = 627.252), hochrechnen würde, kommt man auf 2.289.469.800 Einweg-Feuchttücher pro Jahr. Also fast 2,3 Milliarden Tücher, die wir Eltern jährlich in Deutschland verbrauchen.

Wenn wir also zum Einwegprodukt greifen, dann doch zu einem, was in seiner Herstellung, seiner Nutzung und bei seiner Entsorgung weniger Emissionen, weniger Wasser und weniger Energie verbraucht. Zum Glück gibt es mittlerweile Herstellungsverfahren, bei denen weniger giftige Chemikalien zum Einsatz kommen, weniger Wasser und Energie verbraucht werden und daraus Materialien entstehen, die biologisch abbaubar sind. Welche das sind und wie die verschiedenen Materialien hergestellt werden, das folgt jetzt.

Einweg-Feuchttücher sind Vliesstoffe, deren Fasern, je nach Material, unterschiedlich hergestellt und anschließend in Flüssigkeit (hauptsächlich Wasser) getränkt werden, bevor sie in Folie oder Spenderdosen verpackt werden.[36,37] Die folgende Übersicht zeigt die Einteilung von Faserstoffen, wie sie für Textilien wie etwa unsere Kleidung oder eben auch Feuchttücher gilt (Abb. 6). Im Gegensatz zu unserer Kleidung, die es in den Läden in so ziemlich allen unterschiedlichsten Faserstoffen zu kaufen gibt, bestehen Feuchttücher üblicherweise aus Polyester, Viskose, Lyocell oder einem Mix aus Polyester und Viskose. Baumwolle oder andere Faserstoffe sind nicht gängig.

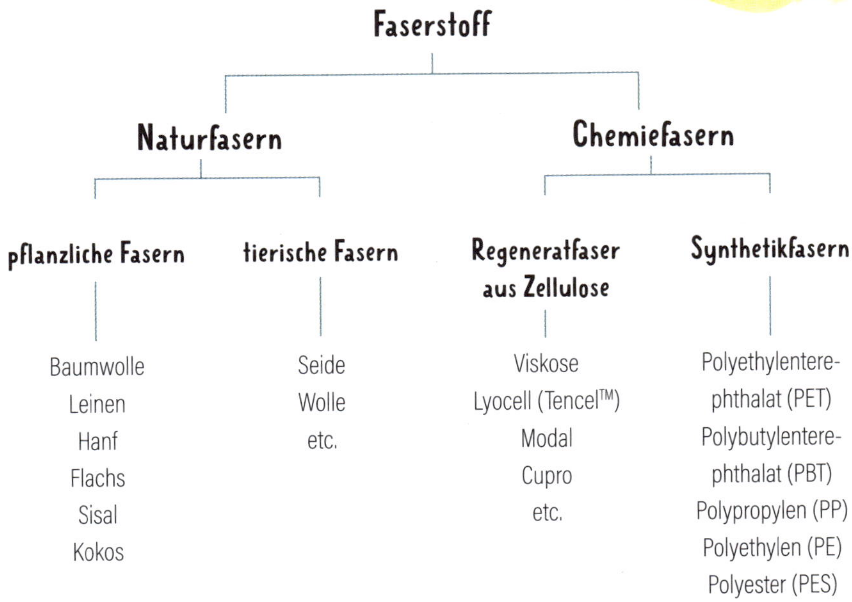

Abb. 6: Mögliche Einteilung von Faserstoffen

Vliesstoff aus Polyester

Ich glaube, jeder von uns hat den Begriff Polyester schon einmal irgendwo gehört oder gelesen. Doch was genau ist Polyester? Polyester ist ein Überbegriff für viele verschiedene Kunststoffe mit unterschiedlichen Eigenschaften. Es kommt nicht nur in Vliesstoffen von Feuchttüchern vor, sondern wird unter anderem auch in PET-Flaschen, Lebensmittelverpackungen, Kleidung und anderen plastikhaltigen Produkten verwendet. Polyesterfasern werden in einem energieaufwändigen Schmelzspinnverfahren hergestellt. Aufgrund ihrer niedrigen Farbechtheit werden die Polyesterfasern anschließend mit Temperaturen von etwa 130 °C gefärbt. Dadurch ist der Energiebedarf als auch der Wasserverbrauch sehr hoch.

Ein neuer Trend ist es, Kunststoffe statt aus fossilen aus pflanzlichen Rohstoffen (Ethylenen) herzustellen (biobasiert). Ein Beispiel ist Polyethylen. Jedoch unterscheidet sich hierbei lediglich die Gewinnung des Rohstoffes, nicht aber die Weiterverarbeitung. Und so ändert sich weder die Wasser- noch die Energiebilanz bei der Herstellung der Fasern. Auch die Problematik der Abbaubarkeit des Endmaterials bleibt die gleiche. Alternativen können hier biologisch abbaubare Kunststoffe sein, die aber bisher in der Herstellung von Feuchttüchern nicht zum Einsatz kommen.

Kunststofffasern erkennen

Viele Einwegplastik-Produkte sind seit Juli 2021 in der EU verboten. Einige weitere, die derzeit nicht verboten werden können (so auch Feuchttücher), tragen seither ein spezielles Label, das vor Umweltschäden durch Plastik warnt (siehe Abb. 7). Das Bundeskabinett hat dazu die Einwegkunststoff-Kennzeichnungsverordnung beschlossen.[38]

Abb. 7: Piktogramme der EU-Kommission zur Kennzeichnung von Artikeln aus Einwegkunststoff

Bei den Kennzeichnungsvorgaben für Feuchttücher gilt es, genauer auf das verwendete Material zu schauen. Feuchttücher, die aus nicht natürlichen Polymeren oder natürlichen Polymeren, die chemisch modifiziert wurden, hergestellt werden, wie Polyester und Polyhydroxyalkanoate (PHA), fallen in den Anwendungsbereich der Richtlinie und müssen ein Label tragen. Feuchttücher, die vollständig aus natürlichen Polymeren hergestellt werden, die nicht chemisch modifiziert wurden, wie Viskose und Lyocell, fallen nicht in den Geltungsbereich der Richtlinie. Sie sind nicht gelabelt.[39]

Eine Alternative zu Synthetikfasern können Regeneratfasern aus Zellulose sein. Regeneratfasern sind Fasern, die aus natürlich vorkommenden, nachwachsenden Rohstoffen (wie zum Beispiel Holz oder Bambus) gewonnen werden und durch chemische Prozesse zu Textilfasern gemacht werden. Viskose oder Lyocell bestehen aus solchen Regeneratfasern. Doch auch hier gibt es in der Gewinnung und Herstellung Unterschiede beim Wasser- und Energieverbrauch.

Vliesstoff aus Viskose

Das Ausgangsmaterial für Viskosefasern ist Zellstoff (Zellulose). Der Rohstoff für Zellstoff ist hauptsächlich Zellulose aus Holz oder auch Bambus. Diese Zellulose entsteht durch Fotosynthese, also durch einen biochemischen Prozess, in welchem aus Kohlendioxid (CO2) und Wasser mit Hilfe von Sonnenenergie organisches Material aufgebaut wird. Dabei gibt die Pflanze Sauerstoff ab. Bei der Vermoderung oder Verbrennung wird genauso viel CO2 abgegeben, wie die Pflanzen aufgenommen haben. Man spricht von einer neutralen CO2-Bilanz.[40]

Der Holzanbau dafür liefert zwar pro Fläche höhere Erträge als beispielsweise Baumwolle. Die Zelluloseherstellung ist allerdings sehr energieaufwändig und gleicht im Energieverbrauch dem von Polyester. Zudem kommen bei der Weiterverarbeitung der Fasern (Waschen, Bleichen, Trocknen, Pressen) viele giftige oder ätzende Stoffe (wie Natronlauge oder Schwefelsäure) zum Einsatz, die ins Abwasser und die Luft gelangen und umweltschädlich sind.

Laut dem „Dirty-Fashion"-Report der Changing Markets Stiftung von 2017 befinden sich 83 % der Viskoseproduktion in China und die Herstellerregionen befinden sich in ärmeren Gebieten. Es werden dementsprechend keine Umweltstandards eingehalten. Die Arbeit mit der Schwefelsäure stellt ein gesundheitliches Problem für die Arbeiter dar, die die giftigen Gase einatmen. Nachhaltigkeit und Umweltschonung sind hier also leider nicht immer gewährleistet.[41]

Vliesstoff aus Lyocell

Auf der Suche nach einem alternativen, umweltfreundlichen Produktionsverfahren gelang es der Firma Lenzing in den 1990er Jahren, eine Regeneratfaser zu produzieren, die weniger umweltbelastend ist – sowohl in der Gewinnung als auch in der Herstellung und Entsorgung: Die Lyocell-Technologie war entstanden.[42]

Lyocell (Markenname Tencel®) wird aus Baumholz oder anderen Pflanzen gewonnen, indem die Fasern aus dem Zellstoff gelöst werden. Die notwendige Zellulose für die Herstellung von Lyocell wird u. a. aus Eukalyptusbäumen gewonnen. Diese kommen im Gegensatz zur Baumwollpflanze ohne künstliche Bewässerung und Düngung aus. Zudem nehmen Baumwollplantagen teilweise Agrarflächen ein, die eigentlich für die Nahrungsmittelproduktion in den jeweiligen Ländern notwendig wären. Waldflächen für die Lyocell-Produktion stehen hingegen in keiner Konkurrenz zu lebenswichtigen Nahrungsmittelanbauflächen.

Bei der Herstellung von Lyocell wird ein organisches Lösungsmittel eingesetzt, das die Fasern aus dem Holz löst. Nach dem Vorgang kann das Lösungsmittel zu 99 % rückgewonnen und wiederverwendet werden, daher wird der Vorgang auch als besonders umweltschonend bezeichnet. Abgesehen davon fallen bei der Produktion keine schädlichen Nebenprodukte an. Betrachtet man die Herstellung anderer Zellulosefasern, ist die Herstellung von Lyocell sehr viel weniger giftig und spart Ressourcen.

Folgende Feuchttücher bestehen aus Lyocell (Stand September 2022):

- Hipp Babysanft Feuchttücher Natural aqua*
- Lillydoo Feuchttücher green*
- Lillydoo Feuchttücher mit 99 % Wasser*
- Lupilu pure Water von Lidl*
- Naïf Feuchttücher*

** enthalten Sodium Benzoate*

Biologische Abbaubarkeit

Sowohl Feuchttücher aus Viskose als auch aus Lyocell sind biologisch abbaubar. Aber was bedeutet eigentlich biologisch abbaubar und was bringt biologische Abbaubarkeit, wenn das Feuchttuch am Ende im Restmüll landet und verbrannt wird?

Unter biologischer Abbaubarkeit versteht man die biologische Zersetzung des Materials durch Lebewesen oder Enzyme, also die vollständige Zerlegung in seine elementaren Bestandteile wie Kohlenstoff, Sauerstoff, Wasserstoff und weitere Mineralien. Ob ein Material biologisch abbaubar ist, hängt dabei nicht von der Rohstoffbasis ab, sondern von der chemischen Struktur des Stoffs. Das bedeutet, dass grundsätzlich auch Kunststoffe aus fossilen Rohstoffen biologisch abbaubar sein können. Andersherum können Produkte aus nachwachsenden Rohstoffen eine Struktur aufweisen, die eine biologische Abbaubarkeit ausschließt.

Dieser biologische Prozess dauert je nach Material und Umwelteinflüssen unterschiedlich lange. Holzbasierte Lyocell-Zellulose-Fasern beispielsweise sind innerhalb weniger Wochen in Wasser, Erde und Kompost vollständig abgebaut. Der Weg von Toilette zur Kläranlage dauert hingegen lediglich Stunden. Diese Zeitspanne ist also viel zu kurz für ein biologisch abbaubares Tuch. Es würde sich in diesen Stunden nicht vollständig abbauen. Daher wird hier geraten, die Tücher im Restmüll zu entsorgen, damit eine kostspielige Säuberung der Kläranlagen oder verstopfte Rohre verhindert werden. Hinzu kommt, dass viele ihre Feuchttücher an allen möglichen und unmöglichen Orten entsorgen. Wenn es gut läuft, im Hausmüll. Wenn es weniger gut läuft, in der freien Natur.

Das Problem dabei: Vielen ist leider nicht bewusst, dass die meisten Feuchttücher zum Großteil aus erdölbasierten Kunstfasern bestehen und die Organismen nicht in der Lage sind, diese Materialien in ihre Bestandteile zu zersetzen, also biologisch abzubauen. Die Fasern zerfallen daher in immer kleiner werdende Fragmente, ausgelöst durch Druck, UV-Strahlung, salzhaltiges Wasser oder bestimmte Temperaturen.[43] Mikroplastik entsteht.

Mikroplastik, was sich mit Schadstoffen anreichert und bestenfalls erst nach einigen 100 Jahren zersetzt wird! Mikroplastik, was über unsere Nahrung und Luft wieder den Weg in unseren Körper findet.

Chlorfrei gebleichte Feuchttücher verwenden

Öko-Test findet regelmäßig umstrittene Chlorverbindungen in Baby-Feuchttüchern. Sie haben hierfür ein Herstellungsverfahren im Verdacht.[44] Damit die Vliesstoffe nämlich schön weiß und sauber aussehen, werden sie, bevor sie in Flüssigkeit getränt werden, mit Chlor gebleicht. Dabei können Rückstände von halogenorganischen Verbindungen (etwa Verbindungen mit Chlor) im Endprodukt landen (sie müssen also nicht deklariert werden). Viele solcher halogenorganischen Verbindungen sind persistent (schwer abbaubar), was einen schnellen Abbau zu unproblematischen Stoffen verhindert. Dazu kommt, dass zahlreiche Vertreter dieser Gruppe im Verdacht stehen, allergieauslösend oder krebserzeugend zu sein.

Am besten also auf Feuchttücher zurückgreifen, die chlorfrei gebleicht wurden. Die Information „chlorfrei gebleicht“ befindet sich oftmals auf der Verpackung oder der Homepage des Herstellers. Im Zweifelsfall einfach den Hersteller direkt anschreiben und anfragen, ob und wie die Tücher gebleicht wurden.

Konservierungsmittel in Feuchttüchern: so wenig wie möglich und so viel wie nötig

Konservierungsmittel in Feuchttüchern hemmen die Entwicklung und das Wachstum von Bakterien und Schimmelpilzen. Denn die haben es sehr gerne warm und vor allem feucht. Feuchttücher, die zu Hause im Kühlen stehen und sehr schnell aufgebraucht werden, benötigen keine Konservierungsmittel. Werden Feuchttücher jedoch nur sehr langsam aufgebraucht oder liegen über längere Zeit im Wickelrucksack, der gerne in der Sonne steht, ist es von Vorteil, wenn die Feuchttücher Konservierungsmittel enthalten. Aber Achtung, die Haut der Kleinen kann empfindlich auf Konservierungsmittel reagieren und einen wunden Po verursachen.

Es ist also einerseits wichtig, dass Konservierungsmittel in Feuchttüchern (oder auch anderen Produkten) enthalten sind. Optimalerweise sollten dies aber Stoffe sein, die nicht als bedenklich gelten. Manche der zugelassenen Konservierungsmittel sind kritisch: So stehen Parabene im Verdacht, in den menschlichen Hormonhaushalt einzugreifen. Aldehyde, Formaldehyd-Abspalter und halogenorganische Verbindungen gelten als krebserregend und Isothiazolinone haben ein hohes allergenes Potenzial.

Welche problematischen Konservierungsmittel ihr in Feuchttüchern am besten meidet, habe ich euch in den folgenden Listen aufgeführt:

Parabene:[45]

- Benzylparaben
- Butylparaben (für Kinder unter 3 Jahren)
- Ethylparaben
- Isobutylparaben
- Isopropylparaben
- Methylparaben
- Pentylparaben
- Phenylparaben
- Propylparaben (für Kinder unter 3 Jahren)

Info: Laut der EU-Verordnung Nr. 1004/2014 ist die Verwendung von Butylparaben, Propylparaben, Natriumpropylparaben, Natriumbutylparaben, Kaliumbutylparaben und Kaliumpropylparaben in einer maximalen Konzentration von 0,4 % erlaubt. In demselben Dokument ist die Verwendung von Propylparaben und Butylparaben in Produkten, die für Kinder unter drei Jahren bestimmt sind, aufgrund ihrer potenziellen Endokrinaktivität verboten.[46] Isopropylparaben, Isobutylparaben, Phenylparaben, Benzylparaben und Pentylparaben wurden mit der EU-Verordnung Nr. 358/2014 der Kommission komplett verboten.[45,47]

Halogenorganische Verbindungen und Isothiazolinone:[45]

- Benzisothiazolinone
- Chlorhexidine
- Cloroacetamide
- Chlorphenisin
- Climnazole
- Dichlorbenzyl Alcohol
- Didecyldimethylammonium-chlorid
- Iodopropynyl Butylcarbamate
- Methylchloroisothiazolinon
- Methylisothiazolinon
- Triclosan
- Trifluormethyl C1-4 Alkyl Dimethicone

Info: Am 22. Juli 2016 wurde Methylisothiazolinon aufgrund des Anstieges von Allergien in Leave-on-Produkten, wie Feuchttücher, Cremes oder Lotionen, verboten. Und die maximal zulässige Konzentration von Methylisothiazolinon in Rinse-off-Produkten wurde stark reduziert, jedoch nicht gänzlich verboten. So gibt es also noch viele andere Produkte, die diese Konservierungsmittel enthalten können (Shampoos, Flüssigwaschmittel, Spülmittel, Farben und Kleber).[48,49]

Formaldehyde und Formaldehyd-Abspalter:[45]

- Ameisenaldehyd
- Ameisensäurealdehyd
- Bronidox (5-Bromo-5-nitro-1,3-dioxane)
- Bronopol (2-Bromo-2-nitropropane-1,3-diol)
- Diazolidinyl Urea
- DMDM Hydantoin
- Formalin/Formol
- Formylhydrat
- Hydantoin (2,4-Dioxotetrahydroimidazol)
- Imidazolidinyl Urea
- Methanal
- Methenamine
- Methylaldehyd
- Oxomethan
- Quaternium-15
- Sodium Hydroxymethylglycinate

Info: Formaldehyd ist laut Kosmetik-Verordnung VO (EG) 1223/2009 als verbotener Stoff nicht mehr zulässig (Ausnahme Nagelhärter).[2] Zugelassen und verwendbar in kosmetischen Produkten sind jedoch nach wie vor Konservierungsstoffe, die über die Zeit (oder durch UV-Strahlung, Wärme u. Ä.) Formaldehyd abspalten.

Was bedeutet 99 % Wasser?

Viele Hersteller werben auf ihrer Verpackung mit der Information, dass ihre Tücher aus „99 % Wasser" bestehen. Das erzeugt den Anschein, als wäre sonst nichts in den Tüchern enthalten und soll uns Verbraucher*innen in Sicherheit wiegen. 99 % sind ja schon fast 100 %, kann also sonst nichts Bedenkliches drin sein.

Doch in der Chemie sind 1 % schon sehr viel. Manche Konservierungsmittel oder Duftstoffe haben Höchstkonzentrationen von 0,001 % oder noch weniger. Damit passen in die restlichen 1 % schon sehr viel Inhaltsstoffe. Bei meiner Recherche stieß ich auch immer wieder auf Kommentare von Eltern, die nach der Verwendung von besagten Feuchttüchern von geröteten Stellen berichteten oder dass die Tücher auf wunden Stellen brannten.

Mit Angaben wie „99 % Wasser" oder „pure" soll also der Eindruck erweckt werden, dass die Feuchttücher sanft zur Haut bzw. frei von bedenklichen oder allergenen Inhaltsstoffen seien. Sind sie aber oftmals nicht (natürlich gibt es auch gute Feuchttücher, die mit 99 % Wasser werben, aber eben auch welche, die es nicht sind).[44] Daher nicht von solchen Angaben täuschen lassen und selbst einen Blick auf die restlichen 1 % der Inhaltsstoffe werfen!

Feuchttücher ohne Duftstoffe

Duftstoffe habt ihr ja schon in Kapitel 1 kennengelernt. Ihr wisst also bereits, dass sie keine wichtige Funktion in kosmetischen Mitteln haben und dass gerade empfindliche (Kinder-)Haut öfter auf Duftstoffmoleküle allergisch reagiert. Ihr wisst (hoffentlich) auch noch, dass 26 der über 300 Duftstoffe deklariert werden müssen. Was ihr aber noch nicht wisst: wie ihr nun die Duftstoffe erkennt.

Handelt es sich bei den enthaltenen Duftstoffen um eine Beduftung reizarmer Natur bzw. liegt die Konzentration des Duftstoffes unterhalb der Grenzwerte, muss dies lediglich als Parfüm, Aroma oder Fragrance in der Inhaltsstoffliste deklariert werden. Liegt die Konzentration der deklarationspflichtigen Duftstoffe bei „Leave-on-Produkten" über 0,001 % sowie bei „Rinse-off-Produkten" über 0,01 %, erkennt ihr sie an folgenden INCI-Bezeichnungen.

Liste deklarierungspflichtiger Duftstoffe nach der Kosmetikverordnung (EG) Nr. 1223/2009 (Artikel 19):

- Alpha-Isomethyl Ionone*
- Amyl Cinnamal*++
- Amylcinnamyl Alcohol*++
- Anise Alcohol*+
- Benzyl Alcohol*++
- Benzyl Benzoate* ++
- Benzyl Cinnamate*++
- Benzyl Salicylate*++
- Evernia Furfuracea Extract***+++
- Evernia Prunastri Extract***+++
- Farnesol**+++
- Geraniol*+++
- Hexyl Cinnamal*++
- Hydroxycitronellal**
- Butylphenyl Methylpropional (Lilial) *++
- Cinnamal**+++
- Cinnamyl Alcohol**+++
- Citral**+++
- Citronellol*++
- Coumarin*+++
- Eugenol*+++
- Hydroxyisohexyl 3
- Cyclohexene Carboxaldehyd (HICC; Lyral)***++++
- Isoeugenol***
- Limonene*+++
- Linalool*+++
- Methyl 2-Octynoate*++

Der Deutsche Allergie- und Asthmabund (DAAB) hat die unterschiedlichen Duftstoffe nach ihrem Sensibilisierungspotenzial eingeteilt, also wie hoch das allergene Potenzial eines einzelnen Duftstoffes ist. Demnach gibt es Duftstoffe, die als wenig potente, potente** oder hochpotente*** Allergieauslöser gelten.*[50]

Auch der wissenschaftliche Ausschuss SCCS der EU untersuchte 2012 in seiner ausführlichen Stellungnahme zu Duftstoffen in kosmetischen Produkten die Auswirkungen derselben auf die menschliche Gesundheit. Um das Sensibilisierungspotenzial dieser Stoffe zu bestimmen, wurde die Anzahl positiv reagierender Patienten auf 55 unterschiedliche Duftstoffe anhand verschiedener Publikationen ausgewertet.[51] *Sie verwendeten folgende Kategorien:*

+	*Bis zu 10 positiv gemeldete Testreaktionen*
++	*11 bis 100*
+++	*101 bis 1000*
++++	*Mehr als 1000*

Das Ergebnis zeigt, dass ein allergenes Potenzial nicht nur von den bisher 26 deklarierungspflichtigen Duftstoffen ausgeht. Auch Duftstoffe mit erhöhtem Sensibilisierungspotenzial, die nicht deklarierungspflichtig sind und unter „Parfüm" zusammengefasst werden, können zu einer allergischen Reaktion führen. Um nicht unnötig einen roten Babypo zu riskieren, ist es daher wirklich ratsam, Feuchttücher zu verwenden, die nicht nur frei von Duftstoffen sind, sondern auch frei von Parfüm (also nicht deklarierungspflichtigen Duftstoffen).

Verbotene Duftstoffe in kosmetischen Produkten

Lyral (Hydroxyisohexyl 3-Cyclohexene Carboxaldehyd) zeigte ein sehr hohes allergenes Potenzial. Mehr als 1000 Patienten zeigten eine allergische Reaktion beim Kontakt mit dem Duftstoff. Der SCCS kommt deshalb zu dem Schluss, dass er ein potenzielles Risiko für die menschliche Gesundheit darstellt. Seit 2017 ist der Einsatz von Lyral in kosmetischen Produkten daher verboten.[52]

Auch Lilial (2-(4-tert-Butylbenzyl)propionaldehyd) wird seit 2020 von der europäischen Kommission als bedenklich (reproduktionstoxisch) eingestuft und steht seither auf der „Liste der besonders besorgniserregenden Stoffe".[53] Allerdings beruht die Einstufung auf oraler Toxizität und spiegelt damit nicht die dermale Wirkung wider (solange man also das Shampoo nicht trinkt, sollte es keine Gefahr darstellen). Im Oktober 2021 landete Lilial auf der Liste der verbotenen Stoffe und ist daher seit dem 1. März 2022 in kosmetischen Mitteln verboten.[54]

3 kurz & knapp

- Einweg-Feuchttücher können aus unterschiedlichsten Materialien bestehen. Kunststoff-freie Alternativen zu Kunststofffasern stellen Regeneratfasern aus Viskose oder Lyocell dar, da sie aus Zellulose hergestellt werden und biologisch abbaubar sind. Dabei ist Lyocell umweltfreundlicher, da hier Lösungsmittel wieder rückgewonnen werden und nicht in der Umwelt landen.
- Um umstrittene Chlorverbindungen, wie sie Öko-Test regelmäßig in Feuchttüchern gefunden hat, zu vermeiden, Feuchttücher verwenden, die chlorfrei gebleicht wurden.
- Konservierungsmittel sind in Feuchttüchern wichtig, da sie das Wachstum von Bakterien oder Schimmelpilzen hemmen. Neben unbedenklichen Konservierungsmitteln gibt es jedoch auch Substanzen, die als problematisch gelten und gemieden werden sollten.
- Unnötige Inhaltsstoffe sind halogenorganische Verbindungen, Isothiazolinone, Formaldehyde und Formaldehyd-Abspalter. Sie gelten als bedenklich oder haben ein hohes allergenes Potenzial. Sie haben in Feuchttüchern nichts zu suchen.
- Feuchttücher ohne Duftstoffe sind die bessere Wahl, da die Duftstoffe oder auch das Parfüm die empfindliche Haut unnötig belasten könnten.
- Nicht mit schmutzigen Findern in die Packung greifen, damit sich dort keine Mikroorganismen ansammeln. Die Verpackung immer gut verschließen.
- Feuchttücher, egal aus welchem Material, im Restmüll entsorgen, da die Entsorgung in der Toilette zu Problemen in der Kläranlage führt.

Kapitel 4

Windeln

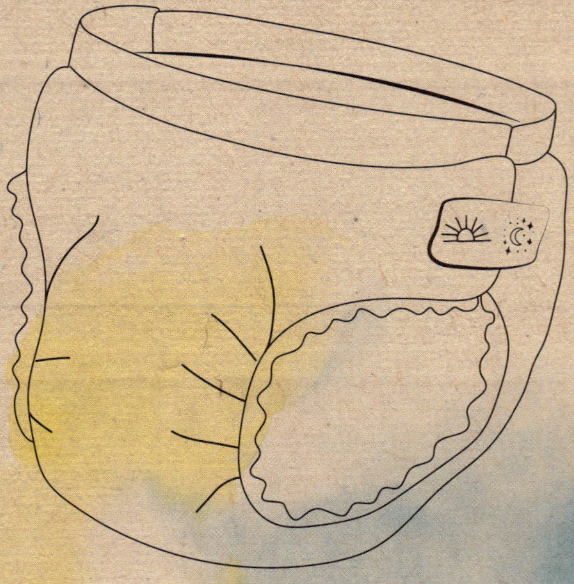

Laut des Bundesministeriums für Umwelt, Naturschutz, nukleare Sicherheit und Verbraucherschutz wird der Anteil der Kinder in Deutschland, die in ihren ersten Lebensjahren Einwegwindeln tragen, auf 95 % geschätzt. So werden täglich rund 10 Millionen Windeln gebraucht und weggeworfen.[55] 10 Millionen an einem einzigen Tag!

Ja, das Thema Windeln geht uns also alle was an, zumindest die, die gerade ein noch nicht trockenes Kind vor sich liegen haben. Und gerade beim ersten Kind kann einem das Angebot in den Regalen wirklich überfordern. Vor allem, weil es mittlerweile nicht nur Windeln bekannter großer Marken zu kaufen gibt, sondern auch viele kleine neue Firmen auf ökologische Windeln setzen oder auch Drogerien und Discounter ihre eigenen Windeln produzieren. Hinzu kommen Meldungen im Internet oder in den Nachrichten, die von „gefährlichen" Schadstoffen in Wegwerfwindeln oder anderen Produkten berichten. Wie soll das eine Kaufentscheidung erleichtern?

Doch was ist wirklich dran an solchen Nachrichten? Sie schockieren verständlicherweise, schüren Panik und verunsichern uns. Um zu zeigen, wie es zu solchen Mittelungen kommt und wie man damit umgehen sollte, habe ich mir also mal eine ganz aktuelle seriöse Meldung herausgepickt, welche über gefährliche Chemikalien in Babywindeln berichtet: Im Januar 2019 veröffentlichte die französische Agentur für Lebensmittel-, Umwelt- und Arbeitsschutz (franz.: Agence nationale de sécurité sanitaire de l'alimentation, de l'environnement et du travail, ANSES) eine Stellungnahme zu Risiken im Zusammenhang mit dem Vorhandensein gefährlicher Chemikalien in Babywindeln. In diesem Bericht stellen sie die Sicherheit von Einweg-Babywindeln in Frage.[56]

Kaum veröffentlicht stürzt sich die Presse auf diese Stellungnahme: SWR aktuell warnt bereits am 22.01.2019 davor, dass in Frankreich Spuren von Glyphosat in Babywindeln entdeckt wurde, der Spiegel schreibt einen Tag später: „Behörde warnt vor Schadstoffen in Babywindeln" und in den Stuttgarter Nachrichten wird von „krebserregenden Windeln" berichtet. Doch was war genau passiert?

Zwei französische Labors hatten bedenkliche Chemikalien in Wegwerfwindeln gefunden. Daraufhin führte ANSES eine quantitative Gesundheitsrisikobewertung verschiedener in Wegwerfwindeln nachgewiesener oder quantifizierter Schadstoffe durch und stellte fest, dass die Gesundheitsreferenzwerte für Dioxine, dioxinähnliche Polychlorbiphenyle und polyzyklische aromatische Kohlenwasserstoffe tatsächlich überschritten wurden.[57] Die französische Behörde kam daraufhin zu dem Schluss, dass langfristige Gesundheitsrisiken für Babys nicht ausgeschlossen werden können und reichte im Oktober 2020 bei der ECHA ein Dossier zur Begrenzung dieser gefährlichen Stoffe in Windeln ein.[58]

Die ECHA überprüfte im letzten Jahr das Dossier und antwortete im September 2021:
„Der Ausschuss für Risikobewertung (RAC) der ECHA ist der Ansicht, dass es nicht genügend wissenschaftliche Beweise gibt, um zu dem Schluss zu kommen, dass bestimmte Chemikalien, die in Einwegwindeln oder Windeln enthalten sind, ein Risiko darstellen. Diese Schlussfolgerung folgt einer Bewertung eines Vorschlags zur Beschränkung von Formaldehyd, PAK, Dioxinen, Furanen und PCB in Babywindeln in der gesamten EU."[59]

Die Ergebnisse der ANSES liefern also nach Angaben der RAC keinen ausreichenden wissenschaftlichen Nachweis für ein Risiko auf EU-Ebene. Dem Ausschuss ist es jedoch nicht erlaubt, Risiken durch einige der Substanzen vollständig auszuschließen. Daher wurde ein abschließendes Gutachten erarbeitet, dessen Ergebnisse im August 2022 öffentlich kommuniziert wurden:
„Die Kommission hat die Stellungnahme der Europäischen Chemikalienagentur zu einem Beschränkungsvorschlag für bestimmte Chemikalien in Einweg-Babywindeln sorgfältig geprüft. Das Gutachten vertritt die Auffassung, dass derzeit nicht genügend wissenschaftliche Beweise vorliegen, um zu dem Schluss zu kommen, dass bestimmte Chemikalien in Mengen vorhanden sind, die ein Risiko darstellen. Daher ist die vorgeschlagene Beschränkung nicht die geeignetste Maßnahme. Die Bekämpfung der schädlichsten Stoffe in Babyartikeln bleibt jedoch weiterhin eine Priorität für die Kommission. [...] Bestimmte gefährliche chemische Stoffe sind bereits durch die Verordnung zur Registrierung, Bewer-

tung, Zulassung und Beschränkung chemischer Stoffe (REACH) beschränkt (z.B. polyaromatische Kohlenwasserstoffe und andere krebserzeugende, erbgutverändernde und fortpflanzungsgefährdende Stoffe) oder werden voraussichtlich bald eingeschränkt. [...] Die Vorbereitungsarbeiten für eine allgemeine Beschränkung für CMR-Stoffe in Babypflegeprodukten, einschließlich Windeln, haben bereits begonnen."[60]

Eine Neubewertung des französischen Instituts für experimentelle und klinische Forschung (franz.: Institut de Recherche Expérimentale et Clinique, IREC) der katholischen Universität Löwen kam zu dem Ergebnis, dass die von der ANSES durchgeführte Gesundheitsrisikobewertung fehlerhaft ist. Dies führte zu unglaublichen Risikoabschätzungen und zu Konzentrationsgrenzen in Windeln, die mit den derzeitigen Analysemethoden kaum messbar sind.[57] Also Entwarnung oder wie meine Großmutter sagen würde: „Alles halb so wild".

Und dennoch beschäftigen mich solche Meldungen. Sie lösen in mir zwar keine Panik aus oder führen zu Verwirrung, sie bringen mich aber dazu, trotzdem kritisch zu bleiben und zu hinterfragen. Ihr seht, das Thema Grenzwerte oder das Vorhandensein von bedenklichen Inhaltsstoffen in Windeln ist also nicht ganz einfach. Labore, Ausschüsse, Agenturen, Kommissionen Wissenschaftler*innen, Komitees, Stellungnahmen, Dossiers, Mitteilungen, Ergebnisse, Beweise, Prüfungen, Bewertungen, Gutachten ... und die Frage: Wieso lässt man die bedenklichen Stoffe nicht einfach vollständig raus aus den Windeln?

Das ist leider nicht so einfach, denn keine dieser oben genannten bedenklichen Chemikalien wird absichtlich hinzugefügt, sondern es sind eher Rückstände von Rohstoffen oder Schadstoffe aus der Umgebungsluft, die während dem Herstellungsprozess eingetragen werden. So gelangen Pestizide beim Baumwollanbau und Textiltransport oder polyzyklische Kohlenwasserstoffe, Dioxine oder Furane aus Verbrennungsprozessen wie beispielsweise der Raffination von Erdöl aufgrund ihrer Langlebigkeit in unsere Umwelt – und sie bleiben. Man nennt sie deshalb auch POP (engl.: Persistent Organic Pollutants). Wir haben sie erschaffen und es ist unmöglich, irgendwo keine Rückstände davon zu finden. Sogar in der Antarktis wurden bereits Rückstände solcher POPs gefunden.[61] Die Frage ist also nicht, ob Rückstände davon in einem Produkt sind, sondern wie viel davon enthalten sind, ob sie überhaupt aufgenommen werden und welche Menge für unseren Organismus bedenklich sein könnte.

Betrachtet man also das Thema bedenkliche Inhaltsstoffe in Windeln (sowohl Stoff- als auch Kunststoff), wäre wohl der windelfreie Weg oder das gute alte Mulltuch aus den 1980ern, mit dem man selbst schon gewickelt wurde, die optimalste Lösung, sein Kind möglichst schadstofffrei zu wickeln. Ich bezweifle aber, dass die Mehrheit diesen Weg wählen könnte oder würde.

Wie also eine Windel finden, die unbedenklich ist?

Zuallererst müsst ihr euch entscheiden, ob ihr euer Kind überhaupt mit Windeln wickeln möchtet und wenn ja, ob es eine Stoff- oder Wegwerfwindel sein soll. Diese Entscheidung kann ich euch leider nicht abnehmen, da jeder eine für seinen Alltag passende Wahl treffen sollte (dabei gibt es nicht nur eine Wahl, viele wählen auch die Stoffwindel für zu Hause und für unterwegs oder den Kindergarten die Wegwerfwindel). Allein eine Erörterung, welche der beiden Windelarten denn die ökologischere Variante sei, würde Stoff für ein separates Buch liefern. Zum Glück findet man aber in Internet oder Ratgebern viele Berichte, die sich bereits mit Vor- und Nachteilen von Stoff- oder Wegwerfwindeln beschäftigen. Ich möchte daher den Fokus in diesem Kapitel auf die Inhaltsstoffe legen – sowohl für Wegwerfwindeln als auch für Stoffwindeln.

Habt ihr euch also entschieden, welche Windel es werden soll, solltet ihr auf folgende Punkte achten:

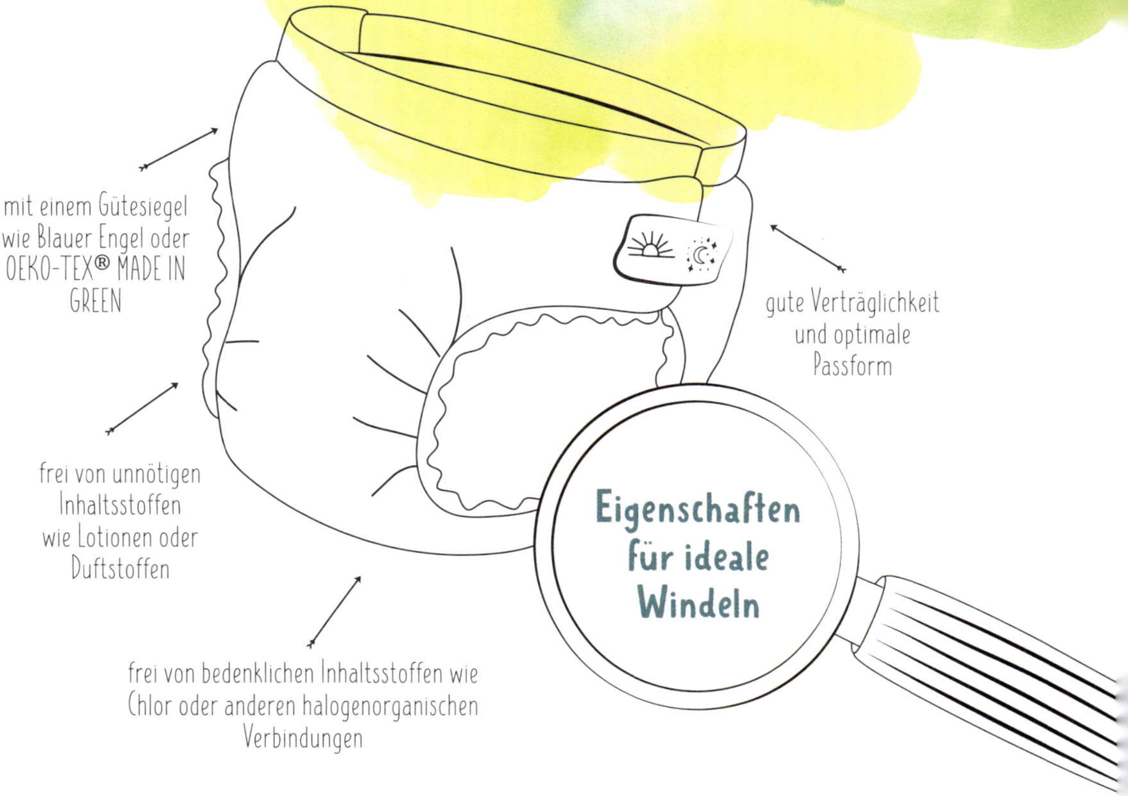

Die Windelfrei-Methode

Windelfrei ist tatsächlich in unserer Welt sehr weit verbreitet. Ein Großteil der Kinder wächst (teilweise) ohne Windeln auf. Dabei ist der Begriff „Windelfrei" eigentlich irreführend, denn viele tragen trotzdem eine Windel als Backup. Im Englischen spricht man von „Elimination Communication", also von der Ausscheidungskommunikation, was ich als Bezeichnung für die Windelfrei-Methode geeigneter finde, denn es geht um die Kommunikation zwischen den Eltern und ihrem Baby hinsichtlich seiner Ausscheidungen.[62] Ja, Babys können schon von Geburt an signalisieren, wenn sie ausscheiden müssen. Solche Windelfrei-Signale variieren stark und können verbaler (akustische Laute, rudimentäre Sprache)

oder nonverbaler Natur sein (Mimik, Gestik, Gebärden, Körpersprache). Aber auch unwillkürliche Körpervorgänge (Blähung, Erektion, „Warnpipi") oder bestimmte Gemütszustände (z. B. bestimmtes Weinen, Unruhe, Nervosität) können eine bevorstehende Ausscheidung signalisieren. Babys, die gerade gestillt werden, docken oft unruhig an der Brust an und ab, wenn sie ein Ausscheidungsbedürfnis haben.[63]

Das Baby macht sich also bemerkbar, wenn es „mal muss" und die Eltern reagieren darauf. Und zwar nicht, indem sie dem Baby eine Windel anlegen, sondern ihm eine Alternative anbieten und es über das Waschbecken, die Toilette oder ein Töpfchen halten. Man spricht daher vom Abhalten.[64]

Das optimale Zeitfenster, um mit der Ausscheidungskommunikation zu beginnen, liegt zwischen null und vier Monaten (kann aber auch noch später begonnen werden). Ihr findet zu dem Thema mittlerweile sehr viele Informationen in der Literatur oder online unter den Begriffen „natürliche Babypflege", „frühe Sauberkeitsunterstützung", „Windelfrei" oder „Ausscheidungskommunikation". Aber bitte nicht mit dem Töpfchentraining oder Sauberkeitstraining verwechseln, diese „Methoden" haben nichts mit der Windelfrei-Methode zu tun!

Die Gütesiegel

Ich glaube, es gibt heutzutage kaum noch ein Produkt, auf dessen Verpackung kein Gütesiegel, Label oder andere Piktogramme prangern: BIO hier, TÜV getestet dort oder Öko-Test Noten. Einige davon sind uns gängig, aber viele sind auch mir oft unbekannt.

Als Gütesiegel, Gütezeichen oder Qualitätssiegel werden grafische oder schriftliche Produktkennzeichnungen bezeichnet, die eine Aussage über die Qualität eines Produktes machen sollen, eventuell auch über eingehaltene Sicherheitsanforderungen oder Umwelteigenschaften. Gütesiegel sind keine Prüfsiegel, bedeutet, dass sie eher eine besondere Gebrauchsqualität oder einen Komfort repräsentieren. Prüfsiegel hingegen weisen meist auf sicherheitsrelevante Eigenschaften hin.

Auch Test-Urteile der Stiftung Warentest oder Öko-Test werden fälschlicherweise als Gütesiegel bezeichnet. Sie repräsentieren jedoch lediglich eine Einzelprodukt-Wertung und sind daher im eigentlichen Sinne keine allgemeingültigen Gütesiegel, sondern bewertende Prädikate.

Leider gibt es bei den Gütesiegeln bisher keine gesetzliche Regulierung. Das führt dazu, dass in unserer Konsumwelt mittlerweile über 1000 unterschiedliche Gütesiegel existieren und manche Hersteller sogar einfach ihr eigenes Gütesiegel ausstellen.[65] Sollten sie doch eigentlich unsere Kaufentscheidung erleichtern, führt die immer steigende Anzahl eher zu Überforderung der Verbraucher*innen (inklusive mir) und zur Unglaubwürdigkeit mancher „Siegel". Selbst ich habe da den Überblick verloren.

Unterstützung bei der Beurteilung solcher Siegel bieten online www.label-online.de, oder die Apps Siegelklarheit der Bundesregierung sowie die Siegel-Check App des NABU. Dort sind nicht nur viele Gütesiegel und ihre Erklärung hinterlegt, sie werden auch nach ihrer Qualität und Aussagekraft bewertet. Bei Label-online.de beispielsweise wird nach einer einheitlichen Matrix bewertet. Untersucht wird dabei, welchen Anspruch Labels formulieren, wie unabhängig ihre Vergabe ist, welche Kontrollen vorgesehen sind und wie transparent der Vergabeprozess für Verbraucher*innen ist.[65] Bei Siegelklarheit können sich die Siegel auf freiwilliger Basis einem transparenten und unabhängigen Bewertungssystem stellen. Die Siegel werden nach ihrer Glaubwürdigkeit, Umweltfreundlichkeit und ihrer Sozialverträglichkeit transparent bewertet.

Prangert auf dem Produkt vor euch ein Siegel, was euch unbekannt ist (oder was ihr kennt, aber dessen Funktion ihr nie hinterfragt habt), checkt es einfach mal online oder ganz einfach durch Einscannen per Handykamera in den Apps.

Dermatologisch oder klinisch getestet

Unter den herkömmlichen Gütesiegeln schleichen sich auch immer wieder Sprüche, Hinweise oder Piktogramme auf die Verpackungen von kosmetischen Produkten, die leider nichts mit Gütesiegeln gemein haben. So beispielsweise die Aussagen „dermatologisch getestet“ oder „klinisch getestet“. Beides sind schlichtweg Werbeaussagen (Claims) und stellen weder eine geschützte Qualitätsaussage dar noch garantieren sie eine höhere Qualität im Gegensatz zu Konkurrenzprodukten.

Laut Kosmetikverordnung bedeutet die Aussage „dermatologisch getestet“, dass das Produkt am Menschen unter Aufsicht eines Dermatologen durchgeführt wurde. Nicht mehr und nicht weniger. Was genau getestet wurde und wie das Ergebnis ausfällt, muss dabei nicht kommuniziert werden. Bisher gibt es dazu auch keine konkreten EU-Vorgaben.

„Klinisch getestet“ bedeutet, dass das Produkt am Menschen unter der Aufsicht einer medizinisch qualifizierten Fachkraft oder einer anderen wissenschaftlich qualifizierten Person professionell gemäß einem klinischen Protokoll oder in einer klinischen Umgebung durchgeführt wurde. Hersteller müssen hier lediglich das Ziel der „Studie“ ausformulieren sowie die Ergebnisse und einen Verantwortlichen präsentieren.

Vor 2017 konnte so jedes Produkt, auch wenn der Test negativ ausgefallen war, diese Werbesprüche verwenden. Am 3. Juli 2017 entschied dann aber der europäische Gerichtshof, dass der Durchschnittsverbraucher von derartigen Behauptungen erwarten darf, dass das Produkt Tests unterzogen wurde, welche auch tatsächlich positiv ausfielen, also das Produkt tatsächlich bei der Testperson dermatologisch gut vertragen wurde. „Die Verwendung der Angabe „dermatologisch getestet“ für kosmetische Produkte wurde vom Europäischen Gerichtshof [...] beurteilt. In seiner Entscheidung stellte das Gericht klar, dass der Durchschnittsverbraucher von einer solchen Angabe erwartet, dass das Produkt Tests unterzogen wurde, um seine Auswirkungen auf die Haut zu untersuchen und dass die Ergebnisse dieser Tests positiv waren [...].[66]

Die Angaben der Werbeaussagen müssen also laut EU-Recht in irgendeiner Form belegbar sein. Je nach Werbeaussage müssen auch tatsächlich klinische Tests, experimentelle Studien oder Verbrauchertests stattgefunden haben und „positiv" abgeschlossen sein, wie auch immer „positiv" interpretiert wird ...

Ich habe mir mal drei der Siegel näher angeschaut, die bei Windeln vergeben werden können, und untersucht: Wie glaubwürdig und sinnvoll sind sie für Windeln und was sagen sie hinsichtlich der Schadstoffbelastung in Windeln aus?

GOTS

GOTS ist die Abkürzung für den Global Organic Textile Standard, der 2002 von Bio-Baumwollproduzenten, Vertretern der Textilindustrie und verschiedenen Nichtregierungsorganisationen entwickelt wurde, um weltweit anerkannte Anforderungen für Bio-Textilien zu definieren. Die GOTS-Zertifizierung zeichnet sich durch 4 Merkmale aus:

- Die zertifizierten Textilien bestehen aus Bio-Fasern.
- Bei der Textilproduktion müssen ökologische und soziale Standards beachtet werden.
- Alle Verarbeitungsstufen werden miteinbezogen
- Die Zertifizierung erfolgt durch unabhängige Zertifizierungsfirmen.[67]

Zum Einsatz kommt dieses Siegel u. a. bei Stoffwindeln. Grundsätzlich müssen alle textilen Produkte, die das GOTS-Siegel tragen, zu mindestens 70 % aus biologisch erzeugten Naturfasern bestehen. Die restlichen 30 % dürfen beispielsweise aus Recyclingfasern wie recyceltem Polyester beigemischt werden. Das Produkt trägt dann die Bezeichnung „hergestellt aus x % kbA/kbT-Fasern" (kbA/kbT = kontrolliert biologischer Anbau oder kontrolliert biologische Tierhaltung). Für die strengere GOTS-Kennzeichnung „Bio" ist ein Anteil von 95 % biologisch erzeugter Naturfasern erforderlich.[68]

Doch der GOTS hat nicht nur hohe Anforderungen an die verwendeten Fasern, er stellt auch Anforderungen an chemische Zusatzstoffe in allen Ver-

arbeitungsstufen. Bestimmte Substanzgruppen, wie Schwermetalle, endokrine (hormonell wirksame) Substanzen oder andere bedenkliche/toxische Verbindungen sind verboten oder eingeschränkt (GOTS Version 6.0).[68] Zudem wird entlang der gesamten Lieferkette die Einhaltung strenger Sozialstandards überprüft.
Eine bessere Alternative ist das Prüfsiegel des IVN (Internationaler Verband der Naturtextilwirtschaft). Dort gelten bei der Vergabe des Siegels strengere Grenzwerte. Auch hier dürfen manche bedenklichen Chemikalien überhaupt nicht mehr nachweisbar sein.

Blauer Engel

Der Blaue Engel ist seit 1978 das Umweltzeichen der Bundesregierung. Es wird für besonders umweltschonende Produkte und Dienstleistungen durch das Bundesumweltministerium für Umwelt, Naturschutz, nukleare Sicherheit und Verbraucherschutz, das Umweltbundesamt, die RAL gGmbH und die Jury Umweltzeichen unabhängig vergeben.[69] Bei den Vergabekriterien wird unter anderem auf eine ressourcenschonende Herstellung (Wasser, Energie, Material), eine nachhaltige Produktion von Rohstoffen und/oder die Vermeidung von Schadstoffen im Produkt geachtet und ist das erste Umweltzeichen der Welt.

Der Blaue Engel kennzeichnet auch Einwegwindeln. Die Produkte werden zu 100 % aus Zellstoff aus nachhaltiger Forstwirtschaft hergestellt, sind frei von Kosmetikzusätzen und schadstoffgeprüft. Dabei muss der Zellstoff zu 100 % aus nachweislich nachhaltig und naturnah wirtschaftenden Betrieben stammen (zum Beispiel FSC® oder PEFC zertifiziert). Zudem darf er nicht unter Verwendung von elementarem Chlor gebleicht werden. Zusätzlich ist der Einsatz von Lotionen, Duftstoffen und Geruchsbindern untersagt.

Neben den Schadstoffen werden hier auch die Qualität und die Gebrauchstauglichkeit der ausgezeichneten Windeln geprüft. Hierfür wird anhand eines Anwendungstest sichergestellt, dass die Windeln auch in der praktischen Nutzung funktionieren. Wer jedoch zusätzlich fair hergestellte Produkte möchte, die unter sozial gerechten Bedingungen produziert wurden, muss sich leider ein anderes Siegel suchen. Denn der Blaue Engel achtet bei der Vergabe zwar auf eine durchgängig umweltverträgliche Herstellung, aber die Arbeitsbedingungen von Arbeiter*innen während des Herstellungsprozesses werden nicht berücksichtigt.

Wegwerfwindeln mit dem Siegel Blauer Engel (Stand Oktober 2022):

- Babydream pants von Rossmann
- Babydream Windeln von Rossmann
- babylove Windeln nature von dm
- babylove Pants nature von dm
- Beauty Baby Premium Dry Windeln von Müller
- Beauty Baby Premium Windeln Slips von Müller
- Beauty Baby Premium Öko Windeln von Müller
- Elkos Babyglück Premium Pants von Edeka
- Hallo Welt Premium Pants von Edeka
- Hallo Welt Premium Windeln von Edeka
- Hipp Babysanft Pants
- Hipp Babysanft Windeln
- Mamia Premium Windeln von Aldi Süd

Eine aktuelle Liste der zertifizierten Windeln findet ihr auch auf der Homepage www.blauer-engel.de.[70]

OEKO-TEX®

OEKO-TEX® ist ein weltweit einheitliches Prüf- und Zertifizierungssystem auf dem Gebiet der Textil- und Lederökologie, das aus einem Zusammenschluss von 17 unabhängigen Forschungs- und Prüfinstituten mit Kontaktbüros in über 60 Ländern besteht.

Bei der Vergabe des OEKO-TEX® Siegels können Produkte aller Verarbeitungsstufen im Rahmen der Schadstoffprüfung nach OEKO-TEX® STANDARD 100 – von der Rohbaumwolle bis zum konfektionierten Endprodukt – zertifiziert werden. Der eigentliche Anbau von z. B. Baumwolle ist nicht Gegenstand des OEKO-TEX® STANDARDS 100. Doch bei den OEKO-TEX® Dienstleistungen handelt es sich nicht ausschließlich um Produkt-LABELS wie OEKO-TEX® STANDARD 100 oder OEKO-TEX® MADE IN GREEN. OEKO-TEX® STeP ist beispielsweise eine reine B2B-Zertifizierung, die niemals auf einem Verkaufsartikel ausgewiesen wird.

OEKO-TEX® STANDARD 100

Bei dem OEKO-TEX® STANDARD 100 handelt es sich um ein einheitliches Prüf- und Zertifizierungssystem, welches alle Verarbeitungsstufen für textile Roh-, Zwischen- und Endprodukte umfasst. Die Liste der Substanzen, nach denen während einer Schadstoffprüfung gesucht wird, umfasst gesetzlich verbotene und reglementierte Substanzen, bekanntermaßen gesundheitsbedenkliche Chemikalien sowie Parameter zur Gesundheitsvorsorge. Online kann eingesehen werden, auf welche Substanzen getestet wird: So sind im OEKO-TEX® Kriterienkatalog Substanzen wie etwa Formaldehyd, Schwermetalle oder Pestizide mit ihren Grenzwerten gelistet. Damit ein Produkt das OEKO-TEX® STANDARD 100 Siegel erhält, darf es die Grenzwerte nicht überschreiten und sämtliche Bestandteile (inklusive nicht-textiles Zubehör wie z. B. Knöpfe und Reißverschlüsse) müssen die geltenden Anforderungen erfüllen.

Für den Chemikalien-Check im Endprodukt können die Firmen zwischen Anhang 4 oder dem strikteren Anhang 6 wählen, dabei sind Grenzwerte für Babys jeweils die strengsten. Anhang 6 ist ambitionierter als GOTS oder Bluesign[72], jedoch wird der Zertifizierungsprozess nur angewendet, wenn der Antragsteller dies ausdrücklich wünscht.[71] Nach welchem Anhang getestet wurde, kann online überprüft werden. Hierfür einfach die Labelnummer, die sich auf dem Prüfsiegel befindet, auf www.oeko-tex.com/de/labelcheck eingeben: Es wird direkt angezeigt, ob das Siegel noch aktuell ist, was genau und nach welchem Anhang des Kriterienkataloges getestet wurde.

Das Wort „Oeko" kann irreführend sein und suggerieren, dass es sich bei dem zertifizierten Produkt um ökologisch angebaute Fasern oder ökologisch produzierte Textilien aus Naturfasern handelt. Das ist leider nicht der Fall, denn auch Textilien aus Kunststofffasern können das Siegel erhalten. Zudem wird nicht sichergestellt, dass bei der Herstellung keine Schadstoffe eingesetzt werden. Bei der OEKO-TEX® STANDARD 100 Zertifizierung handelt sich lediglich um ein auf Schadstoffrückstände geprüftes Textil, bei dem die selbst festgelegten Grenzwerte nicht überschritten wurden. Es wird weder sichergestellt, dass es vollkommen frei von bedenklichen Schadstoffen ist, noch dass es ökologisch hergestellt wurde.

Was also die Schadstoffbelastung angeht, ist der OEKO-TEX® STANDARD 100 zwar schon besser als die GOTS-Zertifizierung, da hier tatsächlich auf Schadstoffe getestet wird, allerdings hat auch hier der IVN die strengeren Grenzwerte. Wer mehr Wert auf soziale und ökologische Aspekte legt, sollte auch hier ein anderes Siegel wählen.

Hinweis: Im November 2022 hat OEKO-TEX® ein Re-Branding durchgeführt. Die Schreibweise „by OEKO-TEX®" gibt es seitdem nicht mehr. Auch das Logo wurde erneuert:

OEKO-TEX® MADE IN GREEN

Wer es wirklich ökologisch haben möchte, der greift am besten zu einem Produkt mit diesem Siegel: OEKO-TEX® MADE IN GREEN. Hierbei handelt es sich um ein Produktsiegel für alle Arten von Textilien und Lederartikeln, die in umweltfreundlichen Betrieben und an sicheren und sozialverträglichen Arbeitsplätzen produziert wurden. Für die Vergabe des Labels müssen folgende Voraussetzungen erfüllt sein:

1. Alle Konfektionsbetriebe müssen nach OEKO-TEX® STeP zertifiziert sein.
2. Bestandteile, die fünf oder mehr Prozent des Gesamtgewichts des Endprodukts ausmachen sowie mindestens 85 % des Gesamtgewichts des Artikels, müssen in einer OEKO TEX® STeP zertifizierten Betriebsstätte hergestellt worden sein (betrifft ausschließlich Betriebsstätten mit Nass-/chemischen Prozessen, Nass-Spinnprozesse sind ausgeschlossen).
3. Darüber hinaus müssen die Produkte nach OEKO-TEX® STANDARD 100 oder OEKO-TEX® LEATHER STANDARD zertifiziert sein.

Wegwerfwindeln mit dem Siegel OEKO-TEX® MADE IN GREEN (Stand Oktober 2022):

- Lillydoo & Lillydoo green
- babylove Windeln Premium von dm
- Blütezeit Öko-Windeln von Edeka

Die ökologische Windel

Was macht eine Windel zur ökologischen Windel? Das hat sich auch das Onlineportal Utopia gefragt und Kriterien für die Aufnahme in eine Bestenliste erstellt. Laut Utopia sollte eine Ökowindel mindestens das Umweltsiegel Blauer Engel haben oder 4 der folgenden 7 Kriterien erfüllen:[73]

1. Die Ökowindel besteht zu mindestens 30 % aus nachwachsenden Rohstoffen.
2. Der verwendete Zellstoff ist FSC-zertifiziert.
3. Die Ökowindel trägt mindestens ein Gütesiegel (Ökosiegel oder Schadstoffsiegel).
4. Die Ökowindel ist frei von Latex, Chlor und Duftstoffen.
5. Die Ökowindel ist vegan und/oder wird ohne Tierversuche produziert.
6. Die Ökowindel verwendet eine Verpackung aus umweltfreundlichem Material.
7. Die Ökowindel wird in der EU bzw. im europäischen Raum produziert (Transportwege).

Anhand dieser Kriterien schafften es 2021 sieben Windeln in die Bestenliste der Ökowindeln:

- Moltex Windeln nature
- babylove nature Windeln von dm
- Öko Windeln ECO by Naty
- Hipp Babysanft Extra Weiche Windeln
- Bio Babby Bio Windeln
- Babydream Windeln von Rossmann
- Lillydoo

Unnötige Inhaltsstoffe vermeiden

Gerade im ersten Jahr entwickeln Säuglinge häufig eine Windeldermatits, eine entzündliche Reaktion der Haut im Windelbereich. Ursachen sind meist eine Kombination aus mehrerer Faktoren wie Ernährung, Veränderung der Darmmikrobiota (früher Darmflora), erhöhte Feuchtigkeit, längerer Kontakt mit Urin oder Kot und anderen Reizstoffen.[74] Wird eine okklusive Windel, also eine Windel, die vollkommen dicht ist und nichts durchlässt, über einen längeren Zeitraum getragen, entsteht ein feuchtwarmes Klima, das zusammen mit Urin und Kot zu Hautirritationen in diesem Bereich führen kann. Ein häufigeres Wechseln oder einfach mal eine kurze Zeit die Windel ganz auslassen können hier schon zu einer Verbesserung führen.

Aber auch Reizstoffe wie beispielsweise Duftstoffe in Feuchttüchern oder Cremes können Irritationen hervorrufen. Die Ernährung und eine Veränderung der Darmmikrobiota können wir natürlich nicht wirklich beeinflussen, das gehört einfach zum Entwicklungsprozess im ersten Lebensjahr dazu. Was wir aber beeinflussen können, ist die Nutzung von Produkten, die unnötige Inhaltsstoffe enthalten. Also Stoffe, die enthalten sind, aber keine Wirkung oder sogar nur prophylaktischen Nutzen haben.

Um die Haut des Kindes zu schützen und das Risiko einer Windeldermatitis zu verringern, versehen einige Hersteller die Innenlage ihrer Windel mit einer Petrolatum-Lotion, ein Inhaltsstoff, der aus Erdöl hergestellt wird. Ob das Risiko für eine Windeldermatits durch Petrolatum auch wirklich verringert wird, dazu führten Procter & Gamble Co. im Jahr 2000 eine Studie durch.[75]

Petrolatum und Paraffine

Ja, in vielen Kosmetika steckt Erdöl drin. Aber nicht als die schwarze klebrige Flüssigkeit, wie sie aus der Tiefe gewonnen wird, sondern weiterverarbeitet als Öl oder Wachs. Erdöl ist ein natürlich in der oberen Erdkruste vorkommendes, gelbliches bis schwarzes, hauptsächlich aus Kohlenwasserstoffen bestehendes Stoffgemisch, das durch Umwandlungsprozesse organischer Stoffe entstanden ist. Umwandlungsprozesse organischer Stoffe bedeutet, dass Lebewesen oder Pflanzen gestorben und verrottet sind. Dabei sind sie zurück in ihre Bestandteile zersetzt worden. Und diese Bestandteile, die Jahrtausende lang unter der Erde lagen, werden nun von uns Menschen wieder hochgeholt, um daraus Kunststoffe, Benzin, Teer oder eben Wachse herzustellen.

Je nach Länge und Struktur ihrer Kohlestoffketten (C) erhalten die Öle und Wachse eine andere Bezeichnung. Da gibt es zum Beispiel Paraffinum liquidum (Kohlenstoffkette von C15 bis C50), Paraffin (C18 bis C70), Petrolatum (C18 bis C90) oder Synthetic wax (C20 bis C100+). In der INCI-Liste findet ihr die erdölbasierten Bestandteile auch noch unter den Bergriffen Vaseline oder Cera Microcristallina.

Doch was hat jetzt Erdöl in Kosmetika zu suchen und wie bedenklich ist es? Ein Grund ist der Preis. Denn verglichen mit anderen pflanzlichen Ölen oder Wachsen ist es immer noch ein relativ billiger Rohstoff. Für Hersteller, die in Masse produzieren also eine gute Alternative zu teureren pflanzlichen Ölen. Weitere Gründe, warum sie in Kosmetika wie Lotionen oder anderen Pflegeprodukten eingesetzt werden, sind ihre pflegenden und hautverträglichen Eigenschaften. Die Öle sind okklusiv, also verhindern ein Austrocknen der Haut, in dem sie den transepidermalen Wasserverlust (TEWL) verringern.[76]

2017 analysierte ein Team von Wissenschaftler*innen Daten von unterschiedlichen 13 Studien, die sich mit der Hautpenetration von Mineralölen und Wachsen befasst hatten, also ob irgendwelche Bestandteile von unserer Haut aufgenommen werden. Ihre Schlussfolgerung: „Alle Studien kamen übereinstimmend zu dem Schluss, dass Mineralöle und -wachse, wie sie in der Kosmetik verwendet werden, nicht in die Haut eindringen."[77]

Auch das Bundesinstitut für Risikobewertung (BfR) gibt hinsichtlich Mineralölen in Kosmetika Entwarnung und schreibt in einer Stellungnahme am 27. Februar 2018: „Nach aktuellem wissenschaftlichen Kenntnisstand sind aus Sicht des BfR gesundheitliche Risiken für Verbraucherinnen und Verbraucher bei Anwendung kosmetischer Mittel auf der Haut nicht zu erwarten. Auswirkungen auf die Gesundheit durch Mineralölkomponenten in diesen kosmetischen Produkten wurden bisher daher entsprechend nicht berichtet – trotz ihrer langjährigen und oft täglichen Anwendung" und „ ... für mineralölhaltige Kosmetika mit eventuell vorhandenen MOAH-Anteilen gilt, dass laut EU-Kosmetikverordnung 1223/2009 die Mineralölprodukte auf Kanzerogenität geprüft sein müssen, bevor sie in kosmetischen Mitteln verwendet werden."[78]

Doch Öko-Test rät regelmäßig, Produkte „mit erdölbasierten Paraffinen am besten im Regal liegen lassen" und wertet Produkte, wie beispielsweise Wundschutzcremes, die Petrolatum enthalten, ab.[79] Aber warum abwerten, wenn doch Studien und das BfR besagen, sie seien unbedenklich? Das liegt nicht an den Ölen selbst, sondern an den Mineralölrückständen wie beispielsweise MOAH (aromatische Mineralöl-Kohlenwasserstoffe) oder MOSH (gesättigte Mineralöl-Kohlenwasserstoffe), die ebenfalls aus Rohöl gewonnen werden können. Zitat von Öko-Test: „Unter den MOAH können sich krebserregende Verbindungen befinden. Daher haben MOAH nichts in Babykosmetika verloren – zumal für den sensiblen, vor allem auch mal wunden Windelbereich."

Zusammengefasst bedeutet das, solange die Öle oder Wachse auf Erdölbasis in reiner Form enthalten sind, also ohne Anteile von MOAH oder MOSH, gelten sie als gesundheitlich unbedenklich.

Die gesundheitlichen Bedenken haben wir nun geklärt. Um jedoch zu beurteilen, ob Petrolatum nun nötig oder unnötig ist, schauen wir uns die Studie von Procter & Gamble mal näher an, die zeigen soll, dass der Einsatz einer Petrolatum-Formulierung in Windeln einer Windeldermatitis vorbeugen kann. Hierfür prüften sie, ob es Unterschiede der Hautbilder von Säuglingen beim Tragen der Windeln mit oder ohne Lotion gibt.[75]

Um mögliche Auswirkungen über einen kurzen Zeitraum zu überprüfen, wurden insgesamt 64 geeignete Kinder nach dem Zufallsprinzip entweder der Gruppe der mit der Formulierung behandelten oder der herkömmlichen Windel ohne Lotion zugeteilt (32 Säuglinge/Gruppe; 50 % Verhältnis weiblich/männlich). Die Eltern jedes Kindes erhielten einen Vorrat der ihnen zugewiesenen Windeln und wurden angewiesen, während der gesamten Dauer der Studie nur dieses Produkt zu verwenden. Die Verwendung von Seife, Wasser, Einwegtüchern oder Reinigungsgels war während der Studie ausschließlich zu hygienischen Zwecken und nur beim Windelwechseln und Baden erlaubt, die zusätzliche Verwendung von anderen, nicht zur Reinigung bestimmten Hautpflegeprodukten wie Salben, Cremes, Lotionen, Talkum etc. war während der Studie nicht erlaubt.

32 Säuglinge trugen nun also die mit Lotion behandelten Windeln und weitere 32 trugen die Kontrollwindeln der gleichen Marke ohne Lotion. An Tag 4, 5 und 6 kamen sie bekleidet mit ihrer Nachtwindel zurück in die Einrichtung, wo ihre Haut im Windelbereich, also der Schweregrad der Windeldermatits, durch eine einzige geschulte und „verblindete" Person (d. h. die Person ist nicht blind, sondern sie weiß nicht, welche Gruppe sie vor sich hat) anhand einer Skala beurteilt wurde: War die Haut im Windelbereich klar ohne Ausschlag, bekam sie den Wert 0. Bei einer deutlichen Rosafärbung erhielt sie den Wert von 1. Einen Wert 2 gab es bei einer Rötung mit leichten Abschuppungen. Der Wert 3 beschrieb eine sehr intensive Rötung in einem größeren Bereich bei Vorhandensein von Pusteln. Je röter und trockener die

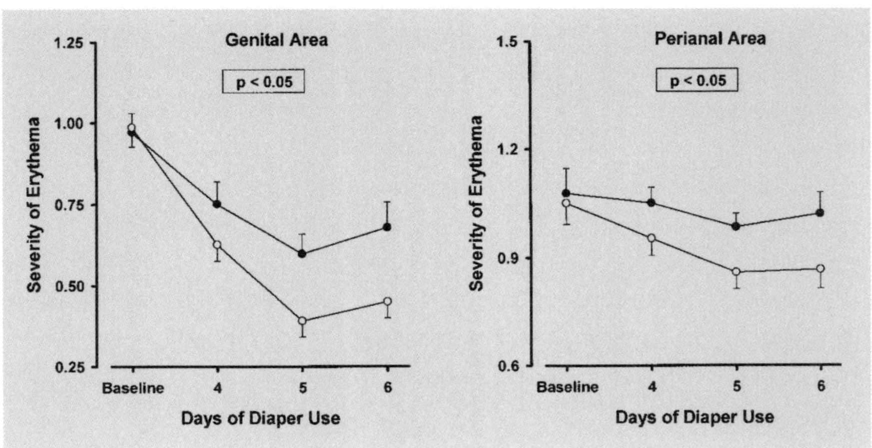

Abb. 8: Original-Abbildung der Ergebnisse aus der Studie von Procter & Gamble aus dem Jahr 2000. Hier sind die Erythemprofile im genitalen und perianalen Bereich von 32 Kindern an Tag 1, 4, 5 und 6 zu sehen. Die ausgefüllten Kreise zeigen die Kinder, bei denen Kontrollwindeln verwendet wurden, die offenen Kreise, die Kinder, bei denen mit Lotion behandelte Windeln verwendet wurden.[75]

Haut also war und je größer der betroffene Bereich, desto höher der vergebene Wert. Die Werte wurden ausgewertet und in einem Diagramm zusammengefasst (Abb. 8).

Die erhaltenen Werte nach 6 Tagen zeigen, dass im Vergleich zu den Ausgangswerten die Haut bei Säuglingen in beiden Behandlungsgruppen etwas besser wurde. Dabei verringerte sich der Wert bei den Säuglingen, die Windeln mit Lotion trugen, stärker als bei Säuglingen, die Windeln ohne Lotion trugen. Die Haut verbesserte sich also beim Tragen der Windeln relativ zum Ausgangswert mit Lotion „deutlicher" als beim Tragen von Windeln ohne Lotion.

„Deutlicher" bedeutet hier, dass der Wert an Tag 6 von 1 auf 0,75 gesunken war (mit Lotion) und von 1 auf 0,5 (ohne Lotion). Beide Gruppen wiesen also keinerlei Rötung auf. Ich habe hier jetzt bewusst „deutlicher" in Anführungszeichen gesetzt, da ich die Unterschiede – im Gegensatz zum Statistikprogramm, das die Studie verwendet – als nicht signifikant sehe. Im Gegenteil, ich sehe solche Schwankungen als natürlich an, die eben durch viele zusätzliche Faktoren, die hier nicht dokumentiert oder miteinbezogen wurden, beeinflusst werden können. So kann z. B. nicht ausgeschlossen werden, dass die eigenen Feuchttücher, die die Eltern ja weiterhin nutzten, für ein schlechteres Erythembild bei der Gruppe, die Windeln ohne Lotion trugen, negativ beeinflussten.

Um über einen größeren Zeitraum zu testen und solche Einflüsse auszuschließen, wurde eine weitere Testreihe gestartet. Für diese Testreihe wurden nun über 4 Wochen insgesamt 327 Säuglinge einbezogen, die zu Beginn der Studie keine Anzeichen für chronische Hautausschläge zeigten. Sie sollten zuerst eine Woche die Kontrollwindeln ohne Lotion nutzen, bevor die Studie startete („Washout"-Periode). Nur 308 der Kinder kamen nach dieser „Auswaschphase" zurück und wurden dann zufällig einer der beiden Behandlungsgruppen zugeteilt. Die eine Gruppe sollte weiterhin die Kontrollwindeln ohne Lotion verwenden, die andere Gruppe bekam nun die Windeln mit Lotion. Auch hier wurden die Eltern angewiesen, ihr Kind ausschließlich mit den ihnen zugewiesenen Windeln zu wickeln und auf die Verwendung von Salben, Cremes, Puder oder anderen Hautpflegeprodukten auf den Windelbereichen ihrer Kinder für die gesamte Dauer zu verzichten.

Die Eltern durften auch hier die normalen Hygieneroutinen ihrer Kinder beibehalten. Jetzt bekamen die Eltern jedoch alle die gleichen Feuchttücher anstelle ihrer eigenen. Die Kinder kehrten zweimal pro Woche zum klinischen Standort zurück. Bei jedem dieser Besuche wurde die Haut im Windelbereich jedes Kindes auf das Vorhandensein von Ausschlag untersucht. Windelausschlag und Erythem wurden während der ganzen Zeit von 2 ausgebildeten und verblindeten Hautgutachtern begutachtet und Werte für den Schweregrad der Windeldermatits vergeben. Auch hier zeigte sich nach 9 Messtagen, dass das Erythembild der Kinder, die Windeln mit Lotion trugen um etwa 0,1 besser war als das der Kinder, die Windeln ohne Lotion trugen (Abb. 9).

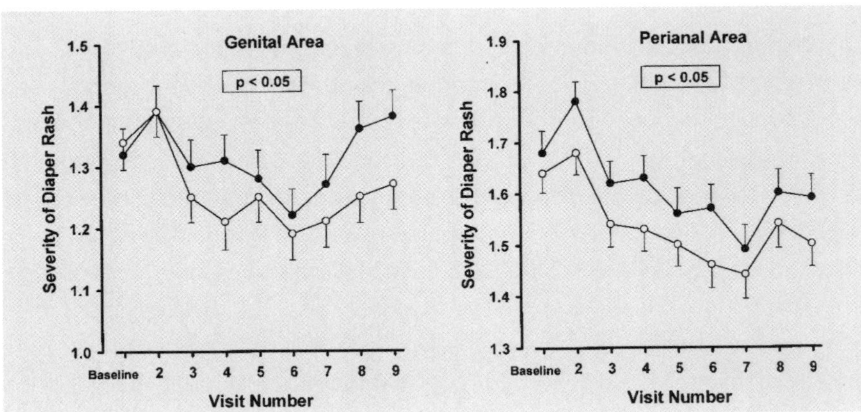

Abb. 9: Original-Abbildung der Ergebnisse aus der Studie von Procter & Gamble aus dem Jahr 2000. Hier sind die Erythemprofile im genitalen und perianalen Bereich von 132 bis 153 Kindern über einen Zeitraum von 4 Wochen aufgeführt. Die ausgefüllten Kreise zeigen die Kinder, bei denen die Kontrollwindeln verwendet wurden, die offenen Kreise, die Kinder, bei denen mit Lotion behandelte Windeln verwendet wurden.[75]

Es konnte also gezeigt werden, dass die Kinder, die die Windeln mit Lotion über 4 Wochen lang trugen, weniger Rötungen im Windelbereich aufwiesen. Die Schwankungen bei beiden Gruppen führten sie auf Umweltfaktoren, wie das heiße Wetter, zurück.

Ich fasse zusammen: Es konnte bei dieser Testreihe gezeigt werden, dass es leichte Unterschiede zwischen den Erythembildern beider Gruppen gab. Bei einem Wert von 0,1 in einem Bereich von 2 bis 10 % der Hautfläche finde ich es jedoch gewagt, hier von einer Vorbeugung einer Windeldermatitis zu sprechen, wenn schon Wetterereignisse eine Schwankung von 0,2 verursachen.

Ich sehe es so, eine „Verbesserung“ von 0,1 nach dem Tragen von Windeln mit einer Lotion rechtfertigt nicht den Einsatz einer Lotion. Zu viele Faktoren können die Haut im Windelbereich beeinflussen, die hier nicht mit einbezogen wurden. Selbst das Wetter hatte hier eine höhere Veränderung verursacht, als die „signifikanten“ Unterschiede zwischen beiden Gruppen. Es benötigt meiner Meinung nach also keine Erdölprodukte in Windeln, damit die Babyhaut weniger Ausschlag bekommt. Daher erachte ich den Einsatz von Petrolatum-Lotionen oder auch von Duftstoffen in Windeln für unnötig.

Windeln mit Petrolatum-Lotion:

- Pampers Windeln Premium Protection (Petrolatum, Stearyl Alcohol, Paraffinum Liquidum, Aloe Barbadensis Leaf Extract)
- Pampers Windeln Baby Dry (Petrolatum, Stearyl Alcohol, Paraffinum Liquidum, Aloe Barbadensis Leaf Extract)

Ob eure Windel solch eine Lotion enthält, könnt ihr mit einem Blick auf die Verpackung herausfinden. Gibt es eine Inhaltsstoffliste, die Petrolatum oder Paraffinum Liquidum aufführt, ist das Innenvlies mit solch einer Lotion behandelt. Fehlt die Inhaltsstoffliste komplett, kann i. d. R. davon ausgegangen werden, dass keine Lotion enthalten ist. Bei Unsicherheiten informiert ihr euch am besten online oder fragt direkt beim Hersteller nach.

Frei von bedenklichen Inhaltsstoffen

Wie auch bei den Feuchttüchern gilt: Am besten Windeln benutzen, deren Zellstoff chlorfrei gebleicht wurde, um halogenorganische Verbindungen zu minimieren. Zum Glück verzichten immer mehr Hersteller auf das Bleichen mit Chlor und greifen zu elementar chlorfreien oder vollständig chlorfreien Verfahren. Öko-Test fand 2018 in lediglich 2 von 13 unterschiedlichen Windeln halogenorganische Verbindungen. Manche Hersteller verzichten sogar komplett auf eine Bleiche, weshalb das Innenvlies mancher Wegwerfwindeln bräunlich erscheint.

Und dann sind da noch die Superabsorber: kleine Kunststoffkügelchen im Zellstoff der Wegwerfwindel, die Urin aufsaugen und verhindern, dass er wieder austritt. Das Material ist gesundheitlich unbedenklich. Was ich aber bedenklich finde, ist der Fakt, dass Hersteller immer mehr oder bessere Superabsorber entwickeln, damit das Kind so lange wie möglich trocken bleibt. Werbeversprechen wie „hält ihr Baby bis zu 12 Stunden trocken" oder „halten zuverlässig Tag und Nacht bis zu 12 Stunden" suggerieren, dass man sein Kind schon mal so lange in einer Windel lassen kann. In Elternforen wird dann noch geraten, am besten eine Wundschutzcreme vorsorglich zu nutzen oder eine größere Windelnummer zu wählen, um das „Aufsaugvolumen zu steigern".

Ich weiß, die Tiefschlafphasen im ersten Jahr mit Baby sind sehr rar und Nächte, in denen man annähernd durchschlafen kann, sind manchmal dringend notwendig. Es sei euch also gegönnt. Wenn ihr dank Windel und Superabsorber mehr Schlaf bekommt, habt dabei aber immer einen Blick auf den Zustand der Haut im Windelbereich. Denn um Reizungen in diesem Bereich vorzubeugen, bedarf es keiner Creme, sondern eines häufigeren Wechselns der Windel.

Superabsorber

Damit Urin in Wegwerfwindeln nicht ausläuft, sondern in der Windel gespeichert wird, stecken sogenannte Superabsorber in ihnen. Superabsorber sind Kunststoffe, die aus Erdöl hergestellt werden und ein Vielfaches ihres Eigengewichts an Flüssigkeiten aufnehmen und speichern können. Der Superabsorber ist ein weißes, grobkörniges Pulver, bestehend aus Monomeren der Acrylsäure, die sich zu einem Polymer vernetzen und bei Kontakt mit Wasser oder Urin durch Osmose und Bildung von Wasserstoffbrückenbindungen die Flüssigkeit aufnehmen und aufquellen. Es bildet sich ein sogenanntes Hydrogel.

Stellt euch das einfach wie viele kleine Kügelchen vor, die über Schnüre zu einem großen Netz verbunden sind und in ihrem Netzzwischenraum Wasser aufnehmen und festhalten, so dass es nicht mehr rausläuft. Wer sich das nicht vorstellen kann, kann ja einfach mal eine Wegwerfwindel auseinandernehmen, die Schicht mit dem Superabsorber in ein Glas tun, Wasser darüberschütten und beobachten, was passiert. Ihr werdet beobachten, wie ein scheinbar langweiliges weißes Pulver innerhalb von Sekunden zu einer gelatineartigen Masse wird. Und das passiert auch in der Windel, wenn der Superabsorber in Kontakt mit Urin kommt.

Wenn also ein Hersteller damit wirbt, dass die Windel über sehr viele Stunden super auslaufsicher sei, dann liegt das meist an der Menge an eingesetzten Superabsorbern.

Hinweis: Auch Öko-Wegwerfwindeln enthalten Superabsorber aus Kunststoffen und gehören daher nicht in die Biotonne! Wissenschaftler*innen arbeiten zwar seit Jahren an Alternativen zu den Kunststoffen, bisher jedoch ohne Erfolg.

Verträglichkeit und optimale Passform für dein Kind

Ihr habt jetzt also die perfekte Windel gefunden. Sie trägt z.B. das Siegel des Blauen Engels, ist frei von unnötigen und bedenklichen Inhaltsstoffen und ist auch noch bezahlbar. Doch sie passt irgendwie nicht, läuft jede Nacht aus oder an der Seite bekommt das Baby komischen Ausschlag. Theorie 0 – Praxis 1. Da hat die Praxis die Theorie geschlagen.

Die perfekte Windel ist meist nicht die Windel, die ihr als perfekt ausgesucht habt, sondern die, mit denen auch euer Kind vollkommen problemlos auskommt – ohne auszulaufen oder irgendwelche Hautreaktionen zu bekommen.

Macht euch also nicht verrückt oder habt gar ein schlechtes Gewissen, wenn euer Kind eben nur diese eine Marke verträgt oder nur bei jener Marke nachts nichts ausläuft, die kein Siegel hat. Dann ist das eben so.

Für die, die dennoch Alternativen finden oder einfach verschiedene Marken testen wollen, gibt es im Internet eine Windel-Testbox, die jeweils 4 Windeln verschiedener bekannter Marken enthält. So könnt ihr euch durchtesten, ohne größere Mengen einer Windelmarke kaufen zu müssen. Aber auch einige Hersteller bieten Probepackungen an, die manchmal in der Drogerie aushängen oder online bestellbar sind.

4 kurz & knapp

- Ihr entscheidet, wie ihr euer Kind wickeln wollt. Windelfrei, mit Stoff- oder Kunststoffwindeln.
- Vorsicht bei Gütesiegeln oder Claims. Jeder Hersteller kann nämlich einfach sein eigenes Siegel ausstellen und es auf seinen Produkten platzieren. Aber auch Claims wie „klinisch getestet“ oder „dermatologisch getestet“ landen auf Produkten, ohne dass wissenschaftliche Studien durchgeführt wurden. Es war lediglich klinisches Personal oder ein*e Dermatolog*in bei einem Test anwesend.
- Die GOTS-Zertifizierung erfolgt unabhängig, umfasst alle Verarbeitungsstufen und garantiert, dass Textilien aus Bio-Fasern bestehen und bei ihr ökologische und soziale Standards beachtet werden. Dabei müssen mindestens 70 % aus biologisch erzeugten Naturfasern bestehen, die restlichen 30 % können auch beispielsweise aus Recyclingfasern wie Polyester bestehen. Eine Garantie für schadstofffreie Kleidung ist das GOTS-Siegel jedoch nicht. Es werden lediglich Verbote von bedenklichen Chemikalien und vergleichsweise schwache Grenzwerte bei der Vergabe des Siegels vorausgesetzt. Und so können dennoch Rückstände von bedenklichen Chemikalien in den geprüften Textilien enthalten sein.
- Das Umweltzeichen Blauer Engel wird für umweltschonende Produkte

und Dienstleistungen vergeben. Bei den Vergabekriterien wird u. a. auf eine ressourcenschonende Herstellung, eine nachhaltige Produktion von Rohstoffen oder die Vermeidung von Schadstoffen im Produkt geachtet. Die Arbeitsbedingungen von Arbeiter*innen während des Herstellungsprozesses werden jedoch nicht berücksichtigt.

- OEKO-TEX® ist ein weltweit einheitliches Prüf- und Zertifizierungssystem auf dem Gebiet der Textil- und Lederökologie. Bei der Vergabe des Siegels wird während der gesamten Produktion, also vom Anbau bis zum Endprodukt auf gesundheitliche Unbedenklichkeit und in den Betriebsstätten auf sozial- und umweltverträgliche Produktionsbedingungen geprüft.
- Beim OEKO-TEX® STANDARD 100 werden Textilien und Lederwaren anhand einer Liste von bedenklichen Substanzen schadstoffgeprüft. Damit ein Produkt dieses Siegel erhält, darf das zu zertifizierende Textil die Grenzwerte nicht überschreiten.
- Bei dem Siegel Oeko-Tex® MADE IN GREEN handelt es sich um ein Produktsiegel für alle Arten von Textilien und Lederartikeln, die in umweltfreundlichen Betrieben und an sicheren und sozialverträglichen Arbeitsplätzen produziert wurden. Die Endprodukte – egal welcher Faser – sind zusätzlich nach OEKO-TEX® STANDARD 100 schadstoffgeprüft.
- Um entzündliche oder allergische Reaktionen im Windelbereich zu minimieren, sollte die Windel frei von unnötigen Inhaltsstoffen wie Petrolatum oder Duftstoffen sein. Wichtig ist hier noch zu erwähnen, dass wenn es zu einer ausgeprägten Windeldermatitis mit Eiterbläschen oder Hautveränderungen kommt, bitte den Kinderarzt/die Kinderärztin aufsuchen.
- Am besten Windeln nutzen, die chlorfrei gebleicht wurden, um halogenorganische Verbindungen zu meiden.
- Die beste Windel nützt nichts, wenn sie am Ende nicht richtig passt, ausläuft oder Ausschlag verursacht.

KAPITEL 5

PFLEGE- und Wundschutzcremes

Unsere Haut ist nicht nur unser größtes Organ, es ist auch unser „Kontakt-Organ" zur Umwelt. Wir haben täglich Kontakt mit den unterschiedlichsten Materialien. Besonders Babys können über ihre dünne Haut eine Vielzahl von Stoffen leichter aufnehmen. So kommen sie täglich mit Umweltgiften aus der Luft oder Kleidung, Chemikalien von Wasch- und Reinigungsmitteln oder zum Teil bedenklichen und allergisierenden Substanzen aus Körperpflegemitteln jeglicher Art in Kontakt. Bei Windeln und Feuchttüchern wisst ihr nun Bescheid, aber wie sieht es mit Cremes und Lotionen aus? Braucht es wirklich solche Pflegeprodukte im ersten Lebensjahr oder sind sie unnötig?

Das haben sich auch europäische Dermatolog*innen bei einem Round-Table-Treffen im Jahr 2016 gefragt. Mit dem Ergebnis: Babypflegecremes können laut aktueller Studienlage bei Risikogruppen für Atopische Dermatitis (denn nur diesbezüglich wurde getestet) die Hautbarriere stabilisieren und den Eigenschutz der Haut gegenüber schädlichen Umwelteinflüssen stärken. „Sie sollten in einer dünnen Schicht aufgetragen werden, um okklusive Effekte zu vermeiden und es sollte darauf geachtet werden, dass sie nicht in Falten eingeschlossen werden", so die Dermatolog*innen. „Zudem sollten ihre Inhaltsstoffe umfassenden Sicherheitstests unterzogen worden sein und ihre Formulierungen wirksam konserviert."

Also Vorsicht: Viel – oder oft – hilft nicht viel. Das zeigte die EAR-Studie (engl.: Enquiring About Tolerance), die die Dosis-Wirkungs-Beziehung zwischen der Häufigkeit des Eincremens und der späteren Entwicklung einer Nahrungsmittelallergie untersuchte. Hier wurde herausgefunden, dass unter den 1303 ausschließlich gestillten, drei Monate alten Säuglingen diejenigen, die am häufigsten eingecremt worden waren, später auch am häufigsten eine Sensibilisierung auf Nahrungsmittelallergene festgestellt wurde. Bei Kindern, die häufiger als einmal am Tag eingecremt wurden, hatten mehr als 30 % eine Nahrungsmittelallergie. Wurde nur einmal die Woche eingecremt, lag die Allergie-Inzidenz nur noch bei 3 %.

Eine aktuelle Meta-Analyse aus 2021 (also eine Zusammenfassung von Ergebnissen mehrerer Primär-Studien) beschäftigt sich ebenfalls mit Hautpflegemaßnahmen bei Säuglingen und ob diese Ekzemen und Nahrungsmittelallergien vorbeugen. Anhand all dieser Daten kommen die Autor*innen zu dem Ergebnis, dass Pflegecremes während des ersten Lebensjahres bei gesunden Säuglingen wahrscheinlich nicht wirksam zur Vorbeugung von Ekzemen sind und sogar das Risiko einer Hautinfektion wahrscheinlich erhöhen. Auch die vorher angesprochenen Auswirkungen von Hautpflegemaßnahmen hinsichtlich eines erhöhten Risikos einer Nahrungsmittelallergie sind ungewiss. Sie fordern aber auch weitere Arbeiten, um zu verstehen, ob verschiedene Ansätze zur Hautpflege bei Säuglingen Ekzeme fördern oder verhindern können. Auch seien weitere valide Studiendaten nötig, um die Auswirkungen auf Nahrungsmittelallergien weiter beurteilen zu können.[80] Das letzte Wort ist also noch nicht gesprochen.

Ich sehe das so: Gesunde Babyhaut benötigt keine Pflegecreme. Es ist aber in Ordnung, wenn ihr die Haut eures Babys eincremt, beispielsweise nach dem Baden oder selbstverständlich, wenn eine Neigung zu definierten Hautkrankheiten besteht (hier bitte nach ärztlicher Abklärung!). Jedoch nicht täglich – und nur mit einem Produkt, dessen Inhaltsstoffe unbedenklich sind.

Potenzielle Allergene

In den ersten Lebensjahren gilt die Kinderhaut als sehr empfindlich. Sie muss erst ihre Barrierefunktion entwickeln und benötigt in dieser Phase daher eine möglichst gut verträgliche Pflege. Gut verträglich bedeutet, dass sie frei von reizenden oder allergieauslösenden Inhaltsstoffen ist.

Grundsätzlich können viele Inhaltsstoffe bei Kontakt eine allergische Reaktion auslösen. Theoretisch sind die Möglichkeiten nahezu unendlich, denn sogar auf äußere Reize, beispielsweise Wasser oder Sonnenlicht, die für uns Menschen lebenswichtig sind, können in seltenen Fällen allergische Reaktionen auftreten. Sie haben ein geringes allergenes Potenzial. Es gibt aber auch Substanzen, bei deren Kontakt häufiger allergische Reaktionen auftreten bzw. sich bei häufigerem Kontakt mit dem Allergen auch noch nach Jahren Allergien entwickeln können. So haben beispielsweise Pflanzenpollen (Inhalationsallergie), Erdnüsse (Lebensmittelallergie) oder Korbblütler (Kontaktallergie) ein sehr hohes allergenes Potenzial. Dabei sind die allergieauslösenden Substanzen eigentlich harmlos, werden aber vom Immunsystem als „Feinde" angesehen und bekämpft. Im Falle der Kontaktallergie (Kontaktdermatitis) kommt es in der akuten Phase zu Erythemen (Rötung), Ödemen und Nässen, während die chronische Phase durch rissige und pigmentierte Haut gekennzeichnet ist.

Kontaktallergene sind meist um ein Vielfaches kleiner als Inhaltations- oder Nahrungsmittelallergene und können auch bei intakter epidermaler Barriere in die Haut eindringen. Weil es aber so viele unterschiedliche Substanzen mit verschiedensten chemischen Eigenschaften gibt, kann man sie nicht in eine einheitliche Substanzklasse einordnen. Da gibt es Metalle wie Nickel(II)sulfat, Duftstoffe, Arzneimittel wie Antibiotika, Gummiinhaltsstoffe, Externa-Inhaltsstoffe (also Stoffe, die zur Anwendung auf der Haut genutzt werden) wie Wollwachsalkohole, Emulgatoren/Tenside, Farbstoffe oder Konservierungsmittel, Kleber und Harze oder aber auch Pflanzeninhaltsstoffe. Bislang wurden mehr als 4000 Stoffe als potenzielle Kontaktallergene identifiziert! Zum Glück sind nur wenige davon bei Babys und Kleinkindern klinisch relevant.[81]

Korbblütler

Die Korbblütler (Compositae, Asteraceae) sind eine Pflanzenfamilie mit einem teilweise relativ hohen Sensibilisierungspotenzial. Zu der Familie gehören unter anderem Arnika (Arnica montana), Ringelblume (Calendula officinalis), echte Kamille (Chamomilla recutita), gewöhnlicher Löwenzahn (Taraxacum officinale) oder auch Sonnenblumen (Helianthus annuus).

In Europa gehört die Asteraceae-bezogene Allergie zu den Top Ten der Substanzen, die Kontaktallergien auslösen können. Dennoch erfreuen sie sich seit Jahrzenten einer ungebrochenen Beliebtheit, z. B. als Bestandteile in kosmetischen Mitteln. Sie sollen unter anderem antimikrobiell oder entzündungshemmend wirken. Während jedoch die klinische Wirksamkeit dieser Substanzen aufgrund fehlender kontrollierter Studien nicht abschließend beurteilbar ist, ist ihre potenzielle Allergenität bewiesen.[81]

Betrachtet man die Korbblütler, gibt es Unterschiede in ihrem allergenen Potenzial: So stecken die Allergene bei Sonnenblumen hauptsächlich im Pollen, der ja nicht in Cremes verarbeitet wird. Bei der Anwendung von Sonnenblumenöl kommt es nur in sehr seltenen Fällen zu allergischen Reaktionen. Bei Ringelblumen stecken die Allergene jedoch auch im Extrakt, welches in Pflegecremes eingesetzt wird. Reaktionen auf Ringelblumen (Calendula Officinalis Flower Extract) sind zwar selten, wenn es aber zu einer Reaktion kommt, ist sie meist heftig, in 2 % der Fälle treten schwere Anaphylaxien auf.

Die meisten Patient*innen einer Studie, die eine mit Asteraceae zusammenhängende allergische Reaktion entwickelten, reagierten auf Kamille. Allerdings verursacht durch Inhalation oder mögliche Kontamination des Kamillenkrauts in Kamillentees. Allergische Hautreaktionen auf die Echte Kamille kommen hingegen nur sehr selten vor.[82] Wer zu Allergien neigt, sollte Produkte, die Chamomilla Recutita Flower Extract oder Calendula Officinalis Flower Extract enthalten, vorher sicherheitshalber auf ihre Verträglichkeit testen. Das gilt übrigens für alle Produkte, die großflächig auf die Haut gecremt werden. Auch für diejenigen, die nicht zu Allergien neigen.

Vorab einfach eine geringe Menge der Creme auf eine kleine Fläche der Haut cremen und beobachten, um mögliche allergene Reaktionen auszuschließen.

Jetzt haben natürlich Metalle, Klebstoffe oder Gummiinhaltsstoffe nichts in kosmetischen Mitteln verloren. Externa-Inhaltsstoffe, Pflanzeninhaltsstoffe, Farb- und Duftstoffe hingegen schon. So können nicht nur pflanzliche Inhaltsstoffe Irritationen oder Kontaktallergien hervorrufen, sondern auch tierische Substanzen wie Propolis oder Lanolin und synthetisch hergestellte Inhaltsstoffe, wie beispielsweise Konservierungsmittel. Ihr habt sie bereits in Kapitel 2 kennengelernt. Besonders allergen sind hier Methylisothiazolinone, Formaldehyd oder Sodium Benzoate.

Ich habe euch im Folgenden eine Liste prominenter potenzieller Allergene in Pflegecremes (oder anderen kosmetischen Mitteln) zusammengefasst (nicht vollständig):[81,83,84]

- Duftstoffe (Liste der 26 deklarierungspflichtiger Duftstoffe in Kapitel 3D)
- Formaldehyd (Liste der Formaldehyde und Formaldehyd-Abspalter in Kapitel 2C)
- Korbblütler (in seltenen Fällen Arnica Montana Flower Extract, Calendula Officinalis Flower Extract und Chamomilla Recutita Flower Extract)
- Lanolin
- Methylisothiazolinone
- Parabene
- Parfüm
- Propolis
- Sodium Benzoate
- Sodium Laureth Sulfate (SLeS)
- Sodium Lauryl Sulfate (SLS)

Wer zu Allergien neigt oder eine empfindliche Haut hat, sollte also die INCI seiner Produkte vorab auf die genannten potenziellen Allergene hin untersuchen oder sich an speziellen Allergie-Siegeln, wie dem DAAB-Logo des Deutschen Allergie- und Asthmabundes, dem ECARF-Siegel der Europäischen Stiftung für Allergieforschung oder dem DHA-Siegel der Deutschen Haut- und Allergiehilfe, orientieren.

Für mehr Informationen zu daab: https://www.daab.de/daab/das-daab-logo/fuer-sie-getestet/

Hinweis: Diese Siegel versichern lediglich, dass keine hoch allergisierend wirkenden Inhaltsstoffe enthalten sind, sie sind kein Garant dafür, dass die restlichen Inhaltsstoffe unbedenklich sind.

Möglichst frei von Paraffinen

In Kapitel 4 habt ihr bereits die Paraffine als Inhaltsstoff in Windeln kennengelernt. Doch nicht nur dort kommen sie zum Einsatz, auch in kosmetischen Mitteln werden Paraffinöle eingesetzt, um die Haut vor einem transepidermalen Wasserverlust zu schützen, indem sie einen wasserabweisenden Film auf der Haut bilden.

Paraffinöl wird aus Erdöl gewonnen. In speziellen Herstellungsprozessen entsteht gereinigtes farb- und geruchloses Paraffinöl. Es ist allergenfrei sowie inert (nicht reaktionsfreudig), also sowohl gut verträglich für die Haut als auch für die Formulierung des Produktes an sich. Eigenschaften, weshalb Paraffine auch in der Therapie von atopischer Dermatitis (Neurodermitis) zum Einsatz kommen. Zusammen mit Feuchthaltemitteln wie Glycerin oder Harnstoff (Urea), verbessern sie den Zusammenhalt der Hornzellen in der Hautbarriere, sorgen für eine glatte Hautoberfläche und verringern den Wasserverlust aus den äußeren Hautschichten.[85-87]

Klingt alles super, wenn da nicht eine mögliche Verunreinigung mit Mineralölrückständen wäre. Ja, alle medizinischen und auch kosmetischen Produkte sind streng kontrolliert und werden vorher auf ihr kanzerogenes Potenzial getestet und es wird überprüft, ob die Summe an Kohlenwasserstoffen bestimmte Grenzwerte nicht überschreiten (nach der IP346-Methode). Die Vorgaben der EU-Kosmetikverordnung stellen sicher, dass in Kosmetika nur solche Mineralöle eingesetzt werden dürfen, die gesundheitlich unbedenklich sind.[88] Verunreinigungen oder minimale Rückstände von PAK oder MOAH sind aber nicht immer vermeidbar. Das zeigen auch immer wieder Tests von Öko-Test: MOAH-Rückstände in Allzweckcremes (Ausgabe 12/2021[89]), in Bodylotionen (Jahrbuch Kosmetik 2021[90]), in Babyölen (Ausgabe 12/2021[91]) oder auch in Wundschutzcremes (Ausgabe 12/2021[79]).

Das BFR hat sich 2018 mit dem Gefährdungspotenzial von Mineralöl in Kosmetika und den möglichen Gesundheitsrisiken in mehreren Fachgesprächen und Konferenzen mit Wissenschaft, Verbraucherorganisationen, Behörden und Industrie befasst. Das Vorkommen von Mineralölbestandteilen in Kosmetika wurde zudem analysiert und hierfür eine geeignete Analysemethode entwickelt und validiert. „Unsere gesundheitliche Bewertung zeigt, dass nach derzeitigem wissenschaftlichem Kenntnisstand gesundheitliche Risiken durch die Verwendung von hochraffinierten Mineralölen in Kosmetika bei Anwendung auf der Haut unwahrscheinlich sind“, so das BFR.[92]

Hier die Bezeichnungen für Paraffine in der INCI-Liste:
Wichtig: Bei pathologischen Hautbildern, die mit Paraffinen behandelt wer-

- C18-70 Isoparaffin
- Cera Microcrystalline
- Ceresin
- Microcrystalline Wax
- Ozokerite
- Paraffin
- Paraffinum Liquidum
- Petrolatum
- Synthetic Wax

den, die Therapie nicht ohne Rücksprache mit einem Arzt/einer Ärztin abbrechen. Kommuniziert eure Bedenken und vielleicht findet ihr gemeinsam alternative Produkte. Wenn allerdings nur Paraffine helfen, nutzt sie und ihre positiven Eigenschaften.

„Gute" und „schlechte" Alkohole

Ich werde ganz oft gefragt, warum ich denn etwas nutze oder empfehle, was Alkohol enthält. Die meisten denken dabei jedoch an Ethanol, also Ethyl-Alkohol, der in Getränken enthalten ist und uns betrunken macht. Ethanol ist zwar ein Alkohol, aber Alkohol ist nicht nur Ethanol. Aus chemischer Sicht sind Alkohole nämlich eine sehr umfangreiche Klasse organischer Verbindungen. Sie gleichen sich in einem zentralen Element: der Hydroxygruppe. Das bedeutet, dass an einer mal mehr oder weniger langen Kette aus Kohlenstoffatomen (C) eine „OH"-Gruppe hängt – die Hydroxygruppe. Also ein Sauerstoff-(O) und ein Wasserstoffatom (H). Eine Gruppe also. Allgemein gilt, je länger die Kohlenstoffketten sind, desto wasserunlöslicher und fester werden sie.

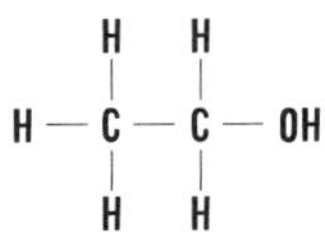

Ethanol (C_2H_6O)

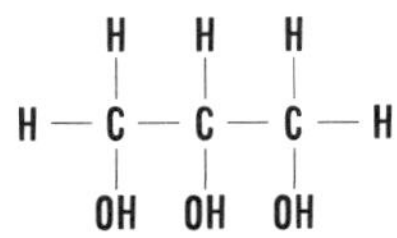

Zuckeralkohol Glycerin ($C_3H_8O_3$)

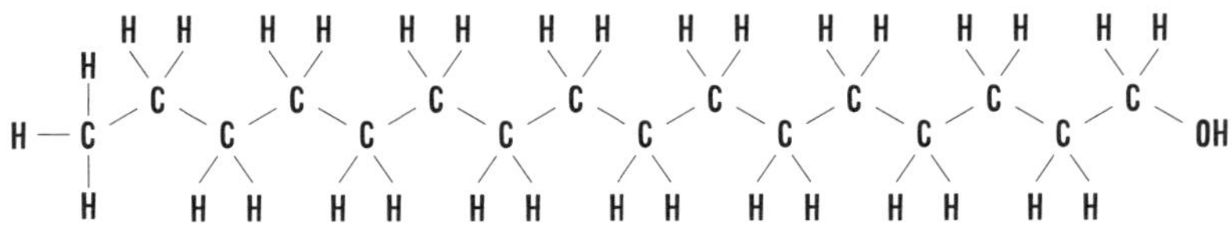

Fettalkohol Cetaryl Alkohol ($C_{16}H_{34}O$)

Alkohol ist also ein Überbegriff für eine ganze Gruppe an Inhaltsstoffen. Das ist auch der Grund, warum man das Wort „Alcohol" in der INCI-Liste vieler kosmetischer Produkte in vielen Kombinationen wiederfindet. Deshalb kann man auch nicht pauschal sagen, dass Alkohol schädlich ist. Im Gegenteil. Es gibt sogar Alkohole (wie z. B. Fett- und Wachsalkohole), die super Eigenschaften haben und deshalb unverzichtbar in feuchtigkeitsspendenden Cremes oder Lotionen sind. Doch auch die „schlechten" Alkohole haben positive Eigenschaften. So werden sie oft zum Extrahieren von pflanzlichen Substanzen genutzt oder als Lösungs- oder Konservierungsmittel eingesetzt. Kurzfristig können sie auch Entzündungen oder Pickel mindern. Solange ihr sie also nicht trinkt, wovon ich ausgehe, sind sie unbedenklich.

Pflegende oder rückfettende Eigenschaften haben sie leider nicht, daher bei trockener und rissiger Haut „schlechte" Alkohole meiden und besser Produkte mit „guten" Zucker- oder Fettalkoholen nutzen.

Zuckeralkohole (Alditole) können sowohl konservierend wirken, als auch feuchtigkeitsspendend und pflegend. Sie binden Wasser – sowohl im Produkt (verhindern somit ein Eintrocknen der Salbe) als auch in der Haut.

Beispiele für gute, feuchtigkeitsspendende Zuckeralkohole[93]:

- Butylene Glycol
- Glycerin (nicht immer vegan)
- Pentylene Glycol
- Propylene Glycol (Propanediol)

Fettalkohole können als ölige Flüssigkeiten oder wachsartige Festkörper vorliegen und werden aus pflanzlichen oder tierischen Fetten gewonnen. Neben ihrer Funktion als Tenside können sie zusätzlich hautpflegend sein.

Beispiele für gute, pflegende Fettalkohole[94]:

- Arachidyl Alcohol
- Behenyl Alcohol
- Cetyl Alcohol
- Cetearyl Alcohol
- Lauryl Alcohol
- Myristyl Alcohol
- Stearyl Alcohol (1-Octodecanol)

Beispiele für eher „schlechte" Alkohole hinsichtlich pflegender Eigenschaften:

- Alcohol denat.
- Alcohol, Ethanol
- Benzyl Alcohol
- Ethyl Alcohol
- Isopropanol
- Isopropyl Alcohol
- Methanol
- Propanol
- Propyl Alcohol
- Phenethyl Alcohol

Pflegecremes für bestimmte Körperbereiche

Bisher habe ich bewusst allgemein über Pflegecremes geschrieben. Es gibt aber gefühlt für jeden Körperteil eine andere Creme: eine für das Gesicht, eine für die Hände, eine für den Windelbereich, eine für den Winter, eine für die Lippen. So kann es vorkommen, dass an dem ein oder anderen Wickeltisch schon mal fünf unterschiedliche Produkte zum Eincremen des Babykörpers stehen. Ist das übertrieben oder doch notwendig?

Zuerst einmal: All diese Cremes unterscheiden sich hauptsächlich in ihrer Formulierung. Das bedeutet, dass die Inhaltsstoffe oft die gleichen sind, die Anteile davon jedoch unterschiedlich. So haben manche Cremes beispielsweise einen höheren Wasseranteil (Körper oder Gesichtscremes) oder nur wenig bis gar kein Wasser (Wundschutzcremes oder Wind- und Wettercremes). Letztere haben dann einen höheren Fettanteil und sind daher von der Konsistenz meist etwas fester („reichhaltiger").

Was sie aber alle gemein haben: Die Erkenntnisse aus den vorherigen Abschnitten A bis C gelten für sie alle. So können reizende oder allergene Inhaltsstoffe an offenen Hautstellen brennen und wunde Hände oder Rötungen im Windelbereich sogar noch fördern.

Körper- und Gesichtscremes

Pflegecremes für den Körper und das Gesicht habe ich hier zusammengefasst. Denn ihr könnt die Pflegecreme, die für den Körper ausgeschrieben ist auch getrost für die Haut im Gesicht nehmen oder umgekehrt. Pflegecremes oder Lotionen haben meist einen etwas höheren Wasseranteil, weshalb sie sich großflächig gut verteilen lassen.

Öko-Test untersuchte im April 2021 20 Baby-Pflegecremes und bewertete 17 davon mit der Bestnote.[95] Bestnoten, die ich leider so nicht unterschreiben kann, da Duftstoffe, Parfüm oder allergene Inhaltsstoffe wie Lanolin oder Calendula nicht mit in die Bewertung einbezogen wurden. Abzug gab es lediglich, wenn synthetische Polymere, Paraffine, Silikone oder Rückstände von MOAH enthalten waren, was leider bei 2 der 20 Pflegecremes der Fall war. Ein Ergebnis, welches vollkommen verständlich und in Ordnung ist, können sie ja keinen Abzug für unnötige Inhaltsstoffe geben. Denn weder Duftstoffe noch andere allergene Inhaltsstoffe sind bedenklich (außer man ist eben dagegen allergisch). Ich habe daher aus meiner folgenden Liste Produkte, die beispielsweise Calendula oder Lanolin enthalten, bewusst nicht aufgeführt.

Im Folgenden eine Auswahl an Produkten, die für empfindliche Kinderhaut geeignet sind (Stand November 2022, nicht vollständig):

- Babydream extra sensitive Gesichtscreme
- Babydream MED Gesichtscreme*
- Babydream MED Pflegelotion*
- Babylove Gesichtscreme Aloe Vera sensitiv
- Babylove Körperlotion ultra sensitive
- Boep med Basiscreme
- Cetaphil Pro Itch Feuchtigkeitsspendender Pflegeschaum (keine Angabe, ob vegan)
- Dermasence Vitop forte Junior Creme*
- Eubos Kinder Haut Ruhe Creme (nicht vegan, Cera alba)**
- Hyposens Kids CremeLotion*
- Naïf Nährende Pflegecreme parfümfrei für Baby & Kind*
- Naïf Nährendes Babybalsam parfümfrei für Baby & Kind*
- Paediprotect Pflegecreme intensiv*
- Paediprotect Pflegelotion
- Penaten Pflegecreme Gesicht und Körper natursanft*
- Penaten Pflegelotion natursanft*
- Plants are purple Comfort Mousse*
- Töpfer Kinderkleielotion sensitiv*
- Töpfer Pflegelotion sensitiv Babycare*
- Weleda Baby Pflegecreme Baby Derma weiße Malve Gesichtscreme (nicht vegan, Cera alba)
- Weleda Baby weiße Malve Pflegelotion (nicht vegan, Cera alba)

** Produkte, die Sheabutter (Butyrospermum Parkii Butter) enthalten, können etwas „bröckelig" sein. Hier einfach vor der Anwendung die Creme kurz in der Hand erwärmen.*
*** Enthält Urea – bei trockenen Stellen super, bei intakter Haut kann es jedoch brennen.*

Pflegecremes für den Körper sind oft nicht für Hände oder den Windelbereich geeignet, weil sie Lösungsmittel oder Inhaltsstoffe wie z. B. Urea enthalten, die gerade an offenen Hautstellen brennen können.

Wundschutzcremes

Die Babyhaut muss in der Windel so einiges aushalten: viel Wärme, wenig Luft, Feuchtigkeit, Harn- und andere Reizstoffe aus Urin, Kot oder Pflegeprodukten (Feuchttücher, Windeln). Klar, dass es dort öfter mal zu rötlichen, wunden Stellen bis hin zu einer Windeldermatits kommen kann.

Wundschutzcremes (nicht zu verwechseln mit Wundsalben) können zwar nicht ein regelmäßiges Wickeln, Reinigen oder Lüften der Hautstellen im Windelbereich ersetzen, aber bei rötlichen Stellen helfen. Anders als bei Pflegecremes für Gesicht oder Hände enthalten sie Zinkoxid, Zinksulfat oder Magnesiumsulfat, die die Haut austrocknen. In Sonnenschutzprodukten eher ein Nachteil, in Wundschutzcremes jedoch definitiv ein Vorteil, da Feuchtigkeit einer der Gründe für Hautirritationen im Windelbereich ist. Doch Vorsicht: Viele Wundschutzcremes, die ja eigentlich Hautirritationen mildern sollen, enthalten Duftstoffe oder andere allergene Substanzen, die zusätzlich unnötig reizen. Der DAAB testete in seinem Marktcheck 2019 die Inhaltsstoffe von 18 Wundschutzcremes auf allergene Inhaltsstoffe. Mit dem Ergebnis, dass von den 18 untersuchten Wundschutzcremes lediglich 7 ohne reizende oder sensibilisierende Inhaltsstoffe waren.

Auch Öko-Test testete in der Ausgabe 12/2021 23 unterschiedliche Wundschutzcremes. Im Gegensatz zu dem Test der Pflegecremes werteten sie diesmal jedoch Duftstoffe, Parfüm oder ätherische Öle, wie Lavendelöl (Lavandula Angustifolia Oil), ab und stuften sie sogar als problematisch ein. Was auch gut so ist, denn im Gegensatz zu anderen Hautarealen ist der Windelbereich (und der Bereich der Achseln und Kniekehlen) besonders empfindlich. „Wir halten Parfüm und ätherische Öle im Windelbereich für problematisch. Die Duftstoffe erfreuen bestenfalls die Nase der Eltern, aber die ohnehin strapazierte Babyhaut belasten sie unnötig. Je weniger Reizstoffe auf die Haut gelangen, desto besser.“[79] Wichtig auch hier: Es ist nicht nötig, Wundschutzcremes vorbeugend auf die Hautstellen zu schmieren – und bei

Bildung von Eiterbläschen oder Hautveränderungen das Ganze am besten von einem/einer Kinderarzt/Kinderärztin abklären lassen.

Es folgt eine Auswahl an Wundschutzcremes ohne allergene oder bedenkliche Inhaltsstoffe (nicht vollständig, Stand November 2022):

- Babylove Nature Wundschutzcreme*
- Babylove Wundschutzcreme ultra sensitive
- Boep med Wundcreme
- Multilind DermaCare Protect Wundschutz-Pflegecreme
- Naïf Windelcreme parfümfrei für Baby & Kind
- Paediprotect Wundschutzcreme
- Penaten Wundschutzcreme natursanft (nicht vegan, Cera alba)
- Tetesept Baby Wundschutzcreme mit Haferöl
- Weleda Baby Wundschutzcreme Baby Derma weiße Malve (nicht vegan, Cera alba)

* Produkte, die Sheabutter (Butyrospermum Parkii Butter) enthalten, können etwas „bröckelig“ sein. Hier einfach vor der Anwendung die Creme kurz in der Hand erwärmen.

Hinweis: Pflegecremes für Körper oder Gesicht würde ich nicht nehmen, da hier oft andere Lösungsmittel zum Einsatz kommen, die an wunden Stellen brennen könnten und sie zudem oftmals kein Zinkoxid/-sulfat oder Magnesiumsulfat enthalten. Auch Babypuder ist keine Alternative.

Babypuder

Babypuder wird zur Vorbeugung einer Windeldermatitis heute leider immer noch verwendet. Ja, leider, denn es stellt für Babys eine hohe gesundheitliche Gefahr dar. Aber warum ist das so?

Babypuder enthält als Träger- und Trockensubstanz Talkum, ein mineralischer Inhaltsstoff, der sich super zum Aufsaugen von Flüssigkeiten eignet. Eine Eigenschaft, die ja an sich im feuchten Windelbereich super wäre. Wenn da nicht die Gefahr einer Aspiration wäre, also dass der Puder eingeatmet wird und in die Lunge gelangt. Solch eine Aspiration kann ein akutes Atemnotsyndrom (ARDS) oder eine Lungenentzündung auslösen oder sogar zu einer Lungenfibrose mit hoher Letalität innerhalb von 48 Stunden führen.[96]

„Talkumhaltiger Babypuder kann bei Babys und Kleinkindern zu schweren Gesundheitsstörungen führen. Atmet ein Baby oder Kleinkind versehentlich den Puder ein, kann er in die Lunge gelangen und zu Atembeeinträchtigungen bis hin zu schweren Lungenschäden führen." So das Bundesinstitut für Risikobewertung.[97]

Hinzu kommt: Durch die Feuchtigkeit in der Windel oder zusammen mit aufgetragener Creme bildet Puder Klümpchen, die an der Babyhaut scheuern und damit zu Hautreizungen führen können.[98] Mittlerweile gibt es auch Babypuder ohne Talkum, die jedoch eine ähnliche Symptomatik hervorrufen können.[96] Ein Produkt, was also nichts in der Nähe eines Babys zu suchen hat.

Handcremes

Hätte mich vor 2020 jemand gefragt, ob Babys oder Kleinkinder ohne bekannte Hauterkrankungen Handcremes benötigen, ich hätte die Frage verneint. Nach zwei Jahren Pandemie, vielem Händewaschen und -desinfizieren bin ich heute einer anderen Meinung. Denn gerade regelmäßiges und gründliches Händewaschen sowie kaltes Wetter können die Haut an den Händen ganz schön strapazieren.

„Corona-Hände“

Den Begriff „Corona-Hände“ habe ich selbst eingeführt, da ich diese zum ersten Mal in der Pandemie vermehrt wahrgenommen habe. Gerade auch bei den Kindern im Kindergarten. Die Haut an den Händen war richtig rot, rissig und in manchen Fällen sogar blutig. Gründe hierfür waren und sind vor allem:

- vermehrtes Händewaschen mit Seifen, die aggressive Tenside sowie reizende Duftstoffe oder Konservierungsmittel enthalten,
- unzureichendes Abtrocknen der Haut nach dem Waschen,
- sowie der vermehrte Einsatz von Desinfektionsmitteln.

Es ist also wichtig, gerade bei „Corona-Händen“, milde Seifen zu verwenden (dazu mehr im nächsten Kapitel), die nicht den Hautschutzfilm angreifen. Zudem sollten die Hände nach dem Abwaschen gut abgetrocknet werden, damit das Wasser nicht an der Hautoberfläche verdunstet und sie austrocknet. Und wenn nötig, sollten die Hände nach dem Waschen mit einer Creme gepflegt werden, die rückfettende und feuchtigkeitsspendende Substanzen („gute Alkohole“) beinhaltet. Aber auch Urea kann Feuchtigkeit gut binden, super also bei trockenen Händen, bei offenen Hautstellen jedoch nicht empfehlenswert. Eine bessere Alternative sind hier Wundschutzcremes, sie können bei akut geröteten oder rissigen Stellen Abhilfe schaffen. Für das tägliche Eincremen der Hände würde ich dennoch zu einer separaten Handcreme greifen.

Es folgt eine Auswahl an Handcremes, die vorwiegend „gute Alkohole“ enthalten und ohne allergene oder bedenkliche Inhaltsstoffe auskommen (nicht vollständig, Stand November 2022):

- Balea MED Handcreme Ultra sensitive
- Dado Sens Handrepair Intensiv-Handcreme
- Laboratoires de Biarritz reparierende Handcreme (nicht vegan, Cera alba)
- Neutrogena Handcreme konzentriert, parfümfrei (keine Angabe, ob vegan)
- Paediprotect Handcreme trockene & empfindliche Haut

Ich werde hierzu oft gefragt, ob es denn schlimm ist, wenn die ganz Kleinen die Creme in den Mund nehmen. Gerade in dem Alter kann man das ja nicht verhindern. Und nein, es ist nicht bedenklich, sie sollten jedoch keine großen Mengen davon „essen". Solch große Mengen nutzt man aber normalerweise nicht. Wo ihr aber drauf achten solltet, ist der Kontakt mit den Augen. Auch wenn die Inhaltsstoffe unbedenklich sind, können sie die Augen reizen (gilt übrigens auch für andere kosmetische Produkte, vor allem Sonnenschutzmittel).

Lippenpflege

Ich finde, Babys benötigen noch keine extra Pflege für die Lippen (Achtung, Meinung nicht Wissen). Weil sie aber oft rund um den Mund aufgrund von vermehrtem Speichelfluss oder Reibung wund sind oder trockene Stellen haben, könnt ihr hier auch Wundschutzcreme oder Brustwarzensalbe nutzen. Ja, Brustwarzensalbe. Für mich ein viel zu unterschätzter Allrounder, der nicht nur gegen wunde Brustwarzen hilft, sondern auch bei trockenen Hautstellen im Gesicht oder bei rissigen Lippen. Und sogar bei kaltem Wetter schützt Burstwarzensalbe super vor Wind, Trockenheit und Kälte. Aber auch hier der Hinweis: Die meisten Brustwarzensalben sind auf Basis von Lanolin. Die veganen Alternativen sind ohne Lanolin auf Calendula-Basis. Bei möglichen Hautreaktionen also immer beide Allergene im Hinterkopf behalten.

Lanolin

Lanolin, auch Wollwachs oder Wollfett genannt, ist ein komplexes Gemisch aus Sterolen (auch „Sterine") (Wollwachsalkoholen), Fettalkoholen und Fettsäuren in unterschiedlicher Zusammensetzung. Es wird in mehreren Extraktionsschritten aus einem Sekret der Talgdrüsen von Schafen gewonnen und ist daher nicht vegan. Wegen seiner erweichenden und rückfettenden Eigenschaften wird Lanolin in kosmetischen Produkten und topischen Arzneimitteln (also zur äußerlichen Anwendung) verwendet. Zudem bindet es effektiv Feuchtigkeit in der Haut und macht sie widerstandsfähiger.

Aber Vorsicht, Lanolin gehört neben Duftstoffen, Nickel oder Methylisothiazolinon zu den Top 10 der Kontaktallergene bei Kindern und kann Pickel und Mitesser fördern (es wird daher auch „komedogen“ bezeichnet).[99,100] Hinzu kommt, dass Öko-Test 2018 Phthalate, also bedenkliche Weichmacher oder PAK, in einigen Produkten mit Lanolin nachweisen konnte.[101] Zur Beruhigung: 6 der 13 Brustwarzensalben auf Lanolinbasis waren einwandfrei. Das einzige Produkt im Test ohne Lanolin (Töpfer Mamacare Brustwarzensalbe) war ebenfalls super, bekam lediglich aufgrund seines Umkartons eine Note Abzug.

Ihr erkennt Lanolin an folgenden Bezeichnungen in der INCI-Liste:

- Lanolin Acid
- Lanolin Alcohol
- Lanolin Cera
- Lanolin Oil
- Lanolinamide Dea
- Laneth-5 – 75
- Polyglyceryl-2 Lanolin Alcohol Ether

Anmerkung: Mittlerweile gibt es auch veganes Lanolin, was aber nicht synthetisch hergestellt wird, sondern meist ein Mix aus verschiedenen Ölen und Wachsen ist. Also eine Formulierung, die versucht, die Eigenschaften von Lanolin nachzubilden.

Wind- und Wettercremes

Wind- und Wettercremes oder Kälteschutzsalben unterscheiden sich im Wesentlichen von den anderen Pflegecremes in ihrem Wassergehalt. Wind- und Wettercremes enthalten nämlich nur sehr wenig oder gar kein Wasser. Dadurch bilden sie nach dem Eincremen einen fettigen Schutzfilm auf der Haut, welcher sowohl vor einem transepidermalen Wasserverlust als auch vor Kälte und Wind schützt. Nachteil: Sie bleiben natürlich auf der Haut und ziehen nicht ein, da sie keine bis kaum Lösungsmittel enthalten (es kann also nichts verdunsten). Man nennt diese Eigenschaft „okklusiv“, also das luft- und wasserundurchlässige Abdecken von Hautarealen. Gerade bei Akne oder Neigung zu Pickeln kann diese Eigenschaft kontraproduktiv sein.

Doch braucht es eine wirklich eine extra Creme gegen Wind und Kälte? Um die Frage zu beantworten, muss erwähnt werden, dass bei kalten Außentemperaturen unsere Talgdrüsen weniger Hautfett absondern, das den Schutzfilm unserer Haut bildet. Das bedeutet, dass unser Hautschutzfilm gerade im Winter schwächer ist. Fehlt der Schutzfilm, verdunstet das Wasser schneller von der Hautoberfläche. Unsere Haut trocknet aus. Bei Babys und Kleinkindern kommt hinzu, dass sie eh schon weniger Fett als wir Erwachsenen produzieren.

Es ist also nicht verkehrt, gerade bei niedrigen Temperaturen um den Gefrierpunkt oder eisigem Wind, die Wangen mit einer Wind- und Wettercreme vor Austrocknung zu schützen. Zudem halten die Öle, Wachse und Fette die Haut feucht und machen sie strapazierfähiger.[102] Aber auch hier sollte ein Blick auf die INCI-Liste der Produkte geworfen werden, da viele Produkte allergene oder reizende Inhaltsstoffe enthalten und oft auf Paraffin- oder Lanolinbasis sind. Zudem sollten sie einen hohen Fettanteil und einen möglichst geringen Wasseranteil haben oder am besten vollkommen wasserfrei sein. Bei Produkten auf Wasserbasis fühlt sich die Haut zwar meist „eingecremt“ an, jedoch hinterlassen sie keinen ausreichend fettigen Schutzfilm.

Rückblickend gab es in den letzten fünf Jahren nur wenige Situationen, in denen wir die Wangen unseres Kindes vor Wind oder Kälte schützen mussten. Beim Schlittenfahren oder an Tagen mit eisigem Wind. Wir nutzen sie also eher selten, aber wenn sie zum Einsatz kommt, ist die Wind- und Wettercreme Gold wert. Und noch ein Tipp: Bei dem Produkt muss es sich nicht um eine ausgeschriebene Wind- und Wettercreme handeln, ein anderes reichhaltiges Produkt mit hohem Fettanteil funktioniert natürlich auch (Lippenpflegestifte, Öle oder Brustwarzensalbe).

Folgende Produkte eignen sich zum Schutz vor Kälte oder auch bei trockenen Lippen (nicht vollständig, Stand November 2022):

- Babydream extra sensitiv Wind- und Wettercreme (nicht vegan, Cera alba)
- Brustwarzensalbe Nippelstift von Milf (enthält Calendula)
- Brustwarzensalbe: Töpfer Mamacare (enthält Calendula)

- Dr. Bronner's Bio magic Balm (nicht vegan, Cera alba)
- Mabyen Care Baby Wind- und Wettercreme
- Paediprotect Wind & Wettercreme LSF 15 (zusätzlich mineralischer UV-Filter mit Zinkoxid)
- Plants are purple Comfort Mousse
- Santa Verde allround balm

5 kurz & knapp

- Gesunde Babyhaut muss nicht vorsorglich eingecremt werden, egal ob im Windelbereich oder an anderen Hautstellen. Wenn eingecremt wird, dann nehmt ein Pflegeprodukt ohne allergene und bedenkliche Inhaltsstoffe wie Paraffin oder Kunststoffe.
- Parfüm, Duftstoffe und ätherische Öle mögen zwar gut riechen, sie haben aber auf der sensiblen Haut von Babys nichts zu suchen.
- Auch andere potenzielle Allergene sollten in Pflegecremes nicht enthalten sein. Jeder Kontakt mit ihnen kann auch noch nach Jahren eine Allergie auslösen.
- Wer zu Allergien oder atopischen Erkrankungen wie Asthma, Heuschnupfen oder Neurodermitis neigt, sollte nach den Allergie-Siegeln DAAB, ECARF oder DHA auf der Verpackung Ausschau halten. Aber auch hier immer zusätzlich die INCI-Liste auf bedenkliche Inhaltsstoffe überprüfen.
- Das Problem mit potenziell allergenen Inhaltsstoffen in Pflegecremes (oder anderen Leave-on-Produkten) ist, dass der Kontakt mit dem Immunsystem auf dem „falschen" Weg stattfindet. Findet der Erstkontakt beispielsweise wie bei Lebensmitteln über den Darm statt, kann das Immunsystem richtig reagieren und entwickelt eine Toleranz. Die Inhaltsstoffe werden zum Teil schon im Mund so verändert, dass sie ihre Potenz dabei teilweise verlieren. Findet der Erstkontakt jedoch über den nicht vorhergesehenen oralen Weg statt, sondern dermal, gelangen Allergene zu Stellen, wo sie eigentlich nichts zu suchen haben. Das Immunsystem reagiert „über" – willkommen Allergie.

- Unserer Haut ist es hinsichtlich irritierender Inhaltsstoffe egal, ob diese natürlichen oder synthetischen Ursprungs sind. Gerade bei den Duftstoffen oder Extrakten ist es dem Popo deines Babys egal, ob die Irritation durch „Organic Ingredients“ oder „Natural Essential Oils“ hervorgerufen wird. Deswegen auch oder gerade bei Naturkosmetik-Produkten genauer auf die INCI schauen und sich nicht auf Werbeaussagen wie „sensitiv“ oder „für empfindliche Haut geeignet“ verlassen.
- Keine Angst vor Alkoholen. Gute pflegende Alkohole dürfen auf Babyhaut.
- Der beste Schutz gegen das Wundsein im Windelbereich ist regelmäßiges Windelwechseln und sanftes Reinigen. Das Baby so oft es geht auch mal ohne Windel strampeln lassen. Wenn eine Entzündung im Windelbereich nicht heilt, bitte von einem Arzt/einer Ärztin abklären lassen.
- Finger weg von Babypuder. Er kann bei Babys und Kleinkindern bei Einatmung lebensgefährlich sein.
- Die drei wichtigsten Maßnahmen, um trockene und rissige Hände zu verhindern, sind die Nutzung von Seifen mit milden Tensiden, vollständiges Trocknen nach dem Händewaschen und die Verwendung von Handcremes mit guten Zucker- und Fettalkoholen.
- Wind- und Wettercremes sind erst ab Temperaturen um den Gefrierpunkt nötig oder bei richtig kaltem Wind. Bei dem Produkt muss es sich jedoch nicht zwingend um eine ausgeschriebene Wind- und Wettercreme handeln, ein anderes reichhaltiges Produkt mit hohem Fettanteil funktioniert natürlich auch (Lippenpflege, Öle oder Brustwarzensalbe).
- Damit die Wind- und Wettercreme ihre Funktion erfüllt und einen reichhaltigen Schutzfilm auf der Haut hinterlässt, sollte ihre Formulierung einen hohen Fettanteil und möglichst geringen Wasseranteil haben. Im besten Fall sogar wasserfrei sein.
- „Kälteschutz“ oder „schützt vor Wind und Kälte“ sind keine rechtlich geschützten Begriffe. Es gibt jedoch Hersteller, die auf diese Eigenschaft testen. Leider wollte mir keiner sagen, wie und nach welchen Parametern das getestet wird. Nur, dass getestet wurde ...
- Für raue Hautstellen rund um den Mund oder bei trockenen Lippen könnt ihr auch Brustwarzensalbe oder Wundschutzcreme nutzen, ein extra Lippenpflegestift ist nicht nötig

- Pflegecremes, die für das Baby gut geeignet sind, könnt auch ihr als Erwachsene super nutzen.
- Bevor ein neues Pflegeprodukt großflächig auf der Haut des Babys (oder auch auf eurer Haut) landet, zuerst an einer kleinflächigen Hautstelle testen, ob es zu möglichen allergischen Reaktionen kommt.

KAPITEL 6

SHAMPOOS,

Duschgele und Seifen

Wir starten in ein Kapitel, das für viele in den ersten Wochen und Monaten nicht wirklich relevant sein sollte. Denn Babys benötigen in dieser Zeit weder Seifen noch Shampoos. Auch schäumende Badezusätze sind unnötig. Klares Wasser reicht vollkommen aus, auch für die Haarwäsche. Werden die Haare länger, dichter oder landet Essen in ihnen, darf schon mal ein Shampoo verwendet werden. „Beim Baden kann nur Wasser oder ein geeignetes flüssiges Reinigungsmittel verwendet werden", so die Dermatolog*innen des europäischen Round-Table-Treffens 2016.

Einige unter euch werden ihr Kind auch schon im ersten Lebensjahr in eine Betreuung geben, wo die Kleinen höchstwahrscheinlich in Kontakt mit Handseifen kommen. Und gerade hier ist es wichtig, geeignete Produkte zu verwenden, um rissige und trockene Hände zu vermeiden.

Wie aber findet man unter all den vielen Shampoos und Handseifen das „geeignete flüssige Reinigungsmittel"?

Milde Tenside

In Shampoos, Duschgelen und Seifen werden Tenside verwendet, um Fett- und Schmutzpartikel mit dem Wasser vom Körper abzuwaschen. Beim Duschen, der Gesichtsreinigung oder beim Händewaschen entfernen sie jedoch nicht nur unerwünschte Fett- und Schmutzpartikel, sondern auch einen Teil des natürlichen Hautschutzmantels. Die (Kopf-)Haut wird dadurch durchlässiger für Fremdstoffe und reagiert mitunter mit trockenen und schuppigen Stellen. Auch Schleimhäute können empfindlich reagieren: Das berühmte Brennen in den Augen ist eine typische Begleiterscheinung. Ich kann mich noch gut an das Haarewaschen in meiner Kindheit erinnern, als schon die kleinste Menge an Shampoo in meinem Auge ausreichte, um höllisches Brennen auszulösen.

Um sowohl die Schleimhäute der Augen und des Mundinnenraums (bei Zahnpasta) als auch die Haut am restlichen Körper vor unnötigen Reizungen zu schützen, sollten daher Produkte mit milden Tensiden verwendet werden. Zu dieser Schlussfolgerung kommen auch die Dermatolog*innen des Round Table: „Produkte, die scharfe Tenside wie Natriumlaurylsulfat (Sodium Lauryl Sulfate) enthalten, sollten vermieden werden.“

In den sozialen Medien kursiert schon länger ein Gerücht, dass in Kindershampoos Betäubungsmittel eingesetzt werden, damit Shampoos nicht in den Augen brennen würden. Ich kann euch aber beruhigen. Diese Aussage ist schlichtweg Unsinn, denn Die EU-Kosmetikverordnung (Artikel 14, gelistet in Anhang II, lfd. Nr. 306) verbietet die Verwendung von natürlichen oder synthetischen Betäubungsmitteln. Eine Liste aller Betäubungsmittel befindet sich im Betäubungsmittelgesetz § 1 Anhang I bis III.[103] Und da sind keine Inhaltsstoffe von Shampoos gelistet! Keine.

Ob ein Shampoo in den Augen brennt oder nicht, ist abhängig vom eingesetzten Tensid und seiner Konzentration. Denn nicht alle Tenside greifen die Lipidmoleküle der Haut- oder Schleimhautzellen gleichermaßen an. Unter ihnen gibt es auch Vertreter, die weniger reizen. Sie kommen daher als „milde“ Tenside, gerade in Shampoos für Babys und Kinder, zum Einsatz. Wichtig auch hier zu wissen: Augenreizende Tenside in Shampoos brennen nicht nur in den Augen, sie sind auch für trockene und schuppige Kopfhaut verantwortlich oder können in Handseifen zu trockenen und rissigen Händen führen.

Tatsächlich gibt es verschiedene Messmethoden, anhand derer man das Reizpotenzial von Tensiden bestimmen kann. Und so bestimmten und verglichen 2006 Wissenschaftler*innen der Cognis Deutschland GmbH (heute BASF) das Augenreizpotenzial von 18 verschiedenen Tensiden anhand 5 verschiedener Tests, mit folgendem Ergebnis: [104]

Augenreizende Tenside:
- Ammonium Lauryl Sulfate
- Sodium Lauryl Sulfate
- Sodium Myreth Sulfate
- Sodium Laureth Sulfate

Mäßig augenreizende Tenside:
- Disodium Laureth Sulfosuccinate
- Disodium Cocoamphodiacetate
- Cocamidopropyl Betaine

Leicht augenreizende Tenside:
- Lauryl Glucoside
- Sodium Lauryl Glucose Carboxylate
- Disodium Cocoyl Glutamate
- Sodium Cocoyl Hydrolyzed Wheat Protein Glutamate

Nicht augenreizende Tenside:
- Coco Glucoside
- Decyl Glucoside
- Sodium Cocoyl Hydrolyzed Wheat Protein
- Laureth-7 Citrate
- Sodium Cocoamphoacetate
- Sodium Lauroamphoacetate
- Laurdimonium Hydroxypropyl Hydrolyzed Wheat Protein

Hinweis: Einige Sulfate wurden im Versuch nicht getestet. So auch Sodium Coco-Sulfate, welches in vielen Baby-Produkten enthalten ist. Sodium Coco-Sulfate ist eine Mischung verschiedener Tenside, darunter auch Sodium Lauryl Sulfate, weswegen es ähnlich reizend für die Haut und Schleimhäute ist.

Erythrozytentest (RBC)

Einer der Tests zur Bestimmung der Hautverträglichkeit von Tensiden ist der RBC-Test (engl.: Red Blood Cell Test) oder auch Rote-Blutkörperchen-Test. Hierfür werden die Erythrozyten, also die roten Blutkörperchen, vom Schwein oder Rind mit verdünnter Tensidlösung beträufelt und photometrisch ihre Augen- oder Schleimhautverträglichkeit ermittelt. Photometrisch bedeutet, dass mittels einer Lichtquelle eine Lösung analysiert wird.

Stellt euch das so vor: Da ist ein kleines durchsichtiges Gefäß (Küvette) mit Flüssigkeit, in der sich die roten Blutkörperchen befinden. Vorne wird ein Lichtstrahl auf das Gefäß gerichtet. Dahinter ist ein Detektor, der die ankommenden Lichtstrahlen misst. Je trüber die Flüssigkeit ist, desto weniger Strahlen kommen an. Gibt man jetzt zu der Lösung mit den roten Blutkörperchen Tensidmoleküle dazu, die sich mit ihrem fettliebenden (lipohilen) Teil an die aus Fetten (Lipide) bestehende Hülle (Membran) der Blutkörperchen setzen, führt das zu Löchern in der Hülle. Wasser dringt in die Zellen und sie platzen. Zusätzlich wird auch das freischwimmende Hämoglobin (Blutfarbstoff) aus den Blutkörperchen abgebaut (denaturiert). Die Lösung wird trüber. Und diese Trübung kann man messen: Je schneller das Tensid die Zellmembran auflöst (lysiert), desto aggressiver ist das Tensid und desto höher sein Augenreizpotenzial.

Laut der Ergebnisse der vergleichenden Studie scheint der RBC-Test jedoch nicht nur eine hohe Vorhersagekraft für die Augenreizung zu haben, sondern auch für die durch Tenside verursachte Hautreizung und Veränderungen ihrer Barrierefunktion.[104] Was also die Augen reizt, reizt auch die Haut.

Doch nicht alle Tenside reizen die Haut gleichermaßen. Es gibt zum Glück mildere Tenside, die genauso gut wirken, dabei aber sanfter zu unserer Haut sind.

Eine Auswahl an Produkten mit milden Tensiden und ohne unnötig reizende Inhaltsstoffe (nicht vollständig, Stand November 22):

Shampoos:
- Babydream MED Waschcreme Haut & Haar
- Babydream Natural 2in1 Feste Dusche & Shampoo
- Babydream Natural Waschgel & Shampoo
- Junglück Shampoo
- Paediprotect Baby Shampoo & Waschlotion 2in1

Flüssigseifen und Duschgele:
- Alverde Naturkosmetik Cremedusche Ultra Sensitiv
- Balea Flüssigseife Waschlotion Ultra Sensitive*
- Balea MED Waschgel Ultra Sensitive
- Jean & Len Schaumseife Hände waschen!*
- Junglück Handseife*
- Klar Seifen-Schaum
- Paediprotect Schaumseife
- Sodasan Flüssigseife Sensitiv
- Sonett Handseife Sensitiv

**enthält Coco-Sulfate*

Ohne Silikone

Silikone (Polysiloxane) bezeichnen eine Gruppe synthetischer Polymere aus Silicium und Sauerstoffatomen. Im Vergleich zu Kunststoffen wie Polyethylen (PE) oder Polypropylen (PP) sind Silikone eine Art Hybrid unter den Polymeren. Denn ihr Gerüst ist anorganisch (Silicium) und die Reste an dem Gerüst sind organisch (CH3).

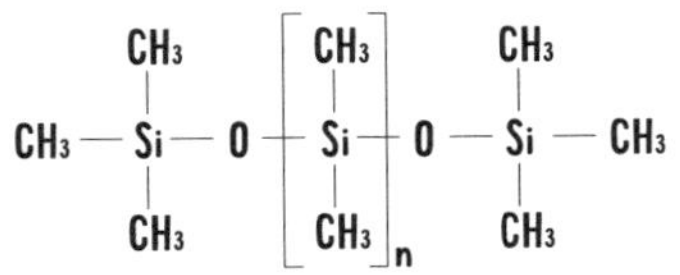

Poly(dimenthylsiloxan)

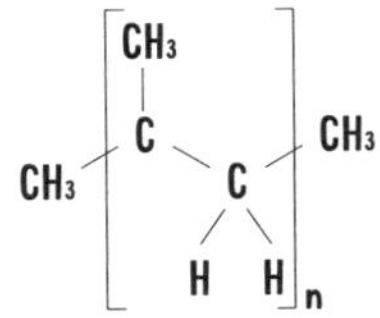

Polypropylen

Die Silicium-Sauerstoff-Bindungen sind im Gegensatz zu den Kohlenstoffverbindungen von Kunststoffen relativ flexibel und die Methylgruppen (CH_3) können sich am anorganischen Gerüst frei drehen. Diese allgemeine Beweglichkeit in der chemischen Struktur sorgt für die charakteristischen Eigenschaften, sie macht Silikone zu weichen elastischen Materialien. Man benötigt also keine Weichmacher wie bei anderen Kunststoffen.

In Shampoos werden Silikone als Conditioner eingesetzt. Sie verleihen den Haaren Glanz und Geschmeidigkeit. Nachteil: Silikone sind schlecht löslich, sowohl in Wasser als auch in Öl. Mittels Tensiden kann man sie jedoch in einer Flüssigkeit stabilisieren, so dass sie sich nicht im Produkt unten am Boden absetzen. Gut formuliert, also in Kombination mit anderen Inhaltsstoffen, sind sie durchaus stabil.

Kommt die Formulierung jedoch mit Wasser in Kontakt, wie es beim Haarewaschen der Fall ist, wird die Formulierung verändert und die Silikone fallen aus. Ausfallen bedeutet, die Silikone lösen sich aus der Formulierung und setzen sich auf dem Haar (und der Kopfhaut) ab. Und dort bleiben sie, da sie ja wasserunlöslich sind. Sie bilden also einen gleichmäßig dünnen Film auf unseren Haaren, der das Sonnenlicht besser reflektiert als unebenes Haar. Sie verleihen Glanz. Außerdem sorgt der glatte Silikonfilm für den „Conditioning-Effekt", also dass sich das Haar besser kämmen lässt und geschmeidig anfühlt. Weil sie jedoch schlecht löslich sind, wird man sie nur schwer wieder vom Kopf los. Bei häufiger Anwendung von Shampoos mit Silikonen kann es daher zu einem sogenannten „Build-up" kommen. Die Haare werden schwerer und fettiger. Auch auf der Kopfhaut sammelt sich eine Schicht an Silikonen an, was die Bildung von Schuppen verstärken kann.

Aber auch in Cremes, Mascara oder Make-up kommen Silikone oder Silikonöle zum Einsatz. Auf der Haut dient der flüssige Kunststoff dazu, Fältchen optisch auszugleichen und ein angenehmes Hautgefühl zu suggerieren, das durch den Silikonfilm erzeugt wird. Mascara macht er wasserfest und im Make-up sorgt er für eine starke Deckkraft und einen mattierenden Teint. Alles nur kurzzeitige Effekte ohne langfristige Wirkung. Sowohl auf den Haaren als auch auf der Haut also mehr Schein als Sein. Denn Silikone sind weder pflegende Wirkstoffe noch wasserlöslich (wie es viele Hersteller auf ihren Produkten schreiben). Sie gaukeln gesundes Haar oder gesunde Haut vor und sind in der Regel einfach nur abwaschbar. Silikone weg, Effekt weg.

So gelangen abwaschbare Silikone in den Abfluss – und darüber ins Abwasser und in Gewässer sowie über den Klärschlamm, der bei der Abwasserbehandlung anfällt, in die Umwelt und die Böden. Da sie nur schlecht abbaubar sind, landen die Kunststoffe schließlich in Pflanzen und Fischen, in Futtermitteln und über die Nahrungskette auch nachweislich im Menschen. „Da Silikone zu den biologisch schwer abbaubaren Kunststoffverbindungen gehören, bleiben sie lange im Umlauf", so Öko-Test. Die Daten zur Umweltgefährdung sind laut Umweltbundesamt spärlich und beruhen teilweise nur auf Modellen. Doch eine Gesundheitsgefährdung durch bestimmte Silikone ist nicht auszuschließen und auch Umweltrisiken sind bis heute unklar.

Ihr erkennt Silikone in der Inhaltsstoffliste an den Endungen „-con(e)" oder „-xan(e)". Hier Beispiele für Silikone:

- Cyclomethicone Silicone Quaternium-22
- Dimethicone
- Methicone
- Polysiloxane
- Siloxan
- Simethicone

Da sie also nur einen kurzfristigen oberflächlichen Effekt haben und weder für unsere Gesundheit noch für die Umwelt förderlich sind, sind sie in meinen Augen unnötig. Mittlerweile gibt es auch gute Alternativen wie beispielsweise Glycin, Glycerin oder Panthenol (und noch viele mehr), die sowohl antistatisch und haarkonditionierend als auch biologisch abbaubar sind.

Frei von unnötigen und bedenklichen Inhaltsstoffen

Die bedenklichen Konservierungsmittel wie Parabene, halogenorganische Verbindungen und Isothiazolinone sowie Formaldehyd und Aldehyd-Abspalter habt ihr bereits bei den Feuchttüchern in Kapitel 4C kennengelernt. Und weil Shampoos, Duschgele oder Seifen größtenteils aus Wasser bestehen (Ausnahme feste Produkte), kommen auch sie nicht ohne Konservierungsmittel aus. Von einzelnen Stoffen geht ein erhöhtes Allergierisiko aus, etwa von Formaldehyden und Formaldehyd-Abspaltern, sowie von Methylisothiazolinonen oder Sodium Benzoaten. Hersteller verzichten mittlerweile weitestgehend auf bedenkliche Formaldehyd-Abspalter und Isothiazolinone, wohingegen Sodium Benzoate noch breit eingesetzt werden. Gerade Personen mit Neigung zu atopischen Erkrankungen wie Neurodermitis, Heuschnupfen oder Asthma sollten auf Nummer Sicher gehen und das Sodium Benzoat meiden.

Und wie bei allen anderen kosmetischen Produkten zuvor, sind auch hier Duftstoffe unnötig. Ja, ich weiß, schön duftendes Haar kann etwas Tolles sein, jedoch hat jedes einzelne Duftstoffmolekül das Potenzial, eine allergische Reaktion (auch noch nach Jahren ohne Probleme) auszulösen. Es sollte also abgewogen werden, ob gerade Babyhaare oder Kinderhände auf Kosten der Hautgesundheit duften müssen.

Ein weiterer Inhaltsstoff ist Polyethylenglykol (PEG) und seine Derivate. Sie werden in Kosmetika wie Shampoo, Duschgel, Seife oder Zahnpasta unter anderem als Tenside eingesetzt.[105] Sie finden aber auch in anderen Bereichen Anwendung: In der pharmazeutischen Industrie werden sie beispielsweise als Träger- und Bindemittel bei der Herstellung von Kapseln oder Zäpfchen eingesetzt. Auch in Reinigungsmitteln, Holzschutzmitteln, Druckerzeugnissen sowie in der Textil-, Leder-, Kunststoff-, und Metallindustrie sind PEG-Verbindungen von Nutzen.[106] Auch als Lebensmittelzusatzstoffe sind PEG und PEG-Derivate (E 1521, Sorbitol) in verschiedenen Lebensmitteln zugelassen.[107]

Derivate

Bei den PEG-Derivaten handelt es sich um eine große Gruppe von sehr ähnlichen, jedoch unterschiedlichen Substanzen. Als ein Derivat wird in der Chemie ein abgeleiteter Stoff ähnlicher Struktur bezeichnet. Derivate besitzen die Stammverbindung einer Grundsubstanz, die sogenannte Wiederholeinheit (in diesem Fall Ethylenoxid, C_2H_{40}), daran gebunden sind jedoch andere funktionelle Gruppen. Stellt euch das wie einen Wald voller Bäume vor. Die Bäume haben alle denselben Stamm, ihre Äste und deren Verzweigungen sehen jedoch unterschiedlich aus. Sie sind also alle Bäume der gleichen Art, jeder einzelne von ihnen hat nur eine andere Form.

Die Derivate des Polyethylenglykols werden meist mit „PEG" und einer Zahl angegeben. Diese gibt an, aus wie vielen Wiederholeinheiten der Stoff besteht (z. B. PEG-6, PEG-32 usw.). Dabei werden mit steigender Moleküleinheit die PEG-Derivate zunehmend fester und an einer bestimmten Molekülmasse auch schwerer biologisch abbaubar.

Polyethylenglykol (n ≈ 5 bis 900)

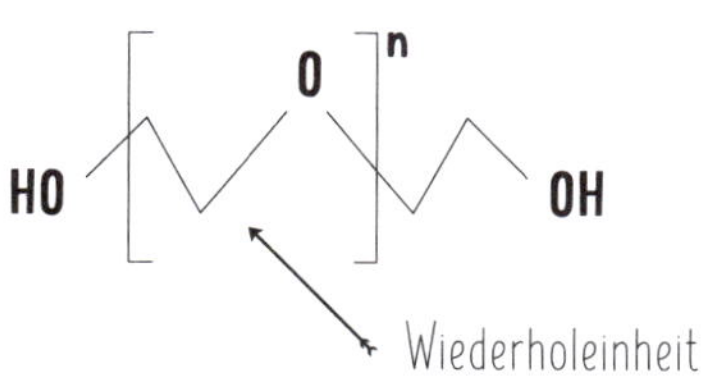

Sodium Laureth Sulfate

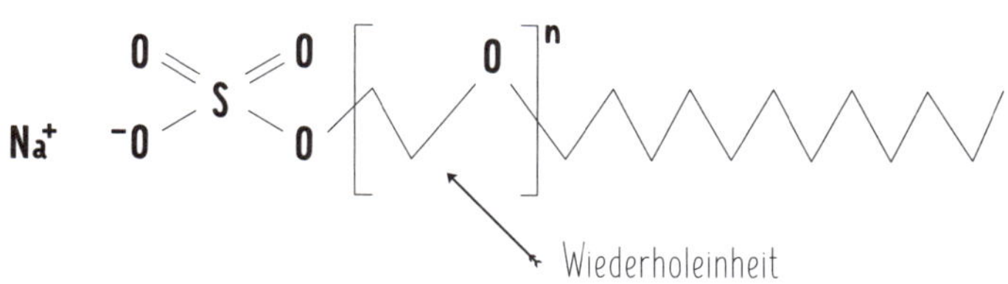

In kosmetischen Mitteln werden PEG zusammen mit ihren typischerweise nicht-ionischen Derivaten in kosmetischen Produkten als Tenside, Emulgatoren, Reinigungsmittel, Feuchthaltemittel und Hautpflegemittel in großem Umfang verwendet und gelten als gut verträglich.[105] Ich kann der „allgemeinen" Verträglichkeit jedoch nur teilweise zustimmen. Denn wie soll man eine allgemeine Verträglichkeit für viele unterschiedliche chemische Verbindungen festlegen, hat doch jede von ihnen individuelle Eigenschaften.

Beispielsweise haben Monosaccharide (Einfachzucker) und ihre Derivate wie Zuckerphosphate (Glucose oder Fructose), Desoxyzucker (Desoxyribose in unserer DNS) oder Zuckersäuren (Ascorbinsäure/Vitamin C) zwar alle die gleiche Wiederholeinheit, ihre Eigenschaften und Funktionen können jedoch vollkommen unterschiedlich sein. Eine „allgemeine" Verträglichkeit für einen Stoff und seine Derivate festzulegen, sehe ich deswegen als eher ungenau, da eigentlich jede Verbindung separat beurteilt werden sollte. Und ja, einige von ihnen sind gut verträglich und haben ein geringes allergenes Potenzial, jedoch gibt es Verbindungen wie PEG-Lanolin oder Sodium Laureth Sulfate, die sehr wohl allergen und hautreizend sein können.[106]

Einige PEG-Verbindungen (z. B. PEG-20 oder Laureth-4) werden nicht nur als Tenside, sondern auch als Penetrationsverstärker eingesetzt, um die Aufnahme von anderen Inhaltsstoffen in die Haut zu verstärken. Von Vorteil, wenn man sie dafür nutzt, dass therapeutische Wirkstoffe aus Arzneimitteln besser in die Haut eindringen, jedoch von Nachteil, wenn es sich bei der Aufnahme um schädliche Inhaltsstoffe handelt. Auch kritisch zu betrachten ist der Stoff Ethylenoxid, der zur Herstellung von PEG verwendet wird. In Tierversuchen hat sich diese Substanz als krebserregend und erbgutverändernd erwiesen. Solange PEG also nicht zwingend notwendig sind (wie etwa in Arzneimitteln), besser auf PEG und PEG-Derivate verzichten.

Folgende Liste zeigt Bezeichnungen für PEG und PEG-Derivate, wie sie in der Inhaltsstoffliste vieler kosmetischer Mittel zu finden sind:

- Celeth 20, -24
- Ceteth-10 Phosphate
- Laureth-2, -3, -4, -7, -1
- Macrogol
- Olive Oil PEG-10 Esters
- PEG-32 Stearate
- PEG-40 Castor Oil
- PEG-7 Hydrogenated Castor Oil
- PEG-75 Lanolin
- Polyethylene Glycol (PEG)
- Sodium Laureth Sulfate
- Steareth-2, -10, -21

6 kurz & knapp

- Die ersten Wochen und Monate benötigen Babys weder Shampoos noch Seifen oder andere Reinigungsprodukte.
- Shampoos und Seifen für empfindliche (Kinder-)Haut sollten milde Tenside enthalten, frei von unnötigen Silikonen sein und keine reizenden Duftstoffe und PEG-Verbindungen sowie bedenkliche Konservierungsmittel enthalten.
- Wenn die Haare kaum fetten und wenig verschmutzt sind, kann einfach nur mit Wasser gewaschen werden.
- Ein Produkt für alles und alle: Die für Babys deklarierten Shampoos, Waschlotionen und Waschgele können für den ganzen Körper und für die Haare benutzt werden. Was der Kinderhaut guttut, kann natürlich die ganze Familie nutzen.
- In Kindershampoos sind keine Betäubungsmittel enthalten, wie es im Internet teils verbreitet wird. Es sind milde Tenside und eine gute Formulierung, die dafür sorgen, dass Shampoo nicht in den Augen brennt.

Trotzdem gilt: Die Augen beim Haarewaschen am besten mit einem Waschlappen oder einer Taucherbrille vor Schaum schützen. Das Shampoo nach der Anwendung gut ausspülen und bei langen Haaren (das manche Babys tatsächlich schon im ersten Jahr haben) beim Waschen nicht zu stark verstrubbeln.

- (Kinder-)Hände müssen nicht mit Seife gewaschen und zusätzlich desinfiziert werden. Waschen mit Wasser und Seife reicht vollkommen aus.
- Um trockene und rissige Hände zu vermeiden, ist es wichtig ist, dass die Hände mit Seifen gewaschen werden, die frei von reizenden Inhaltsstoffen, wie Duftstoffe oder bestimmte Konservierungsmittel, sind. Zudem sollten nur milde Tenside zum Einsatz kommen. Danach sollten die Hände gut abgetrocknet und wenn nötig mit einer reichhaltigen Creme gepflegt werden.
- Die Fettsäuren, die zur Herstellung von Tensiden benötigt werden, können pflanzlicher, petrochemischer (also aus Erdöl) oder tierischer Herkunft sein. Wer Produkte ohne tierische Inhaltsstoffe sucht, sollte auf das V-Label (vegan) achten. Ob ein Tensid petrochemischer oder pflanzlicher Herkunft ist, ist nur bedingt an der Bezeichnung des Tensids erkennbar.
- Werbeversprechen wie „sensitiv“, „für sensitive Haut geeignet" und „mild zu den Augen“ oder „keine Tränen“ sind keine geschützten Aussagen und garantieren nicht, dass das Produkt nicht doch reizende Inhaltstoffe enthält oder nicht in den Augen brennt.

KAPITEL 7

SONNENSCHUTZ

im ersten Lebensjahr

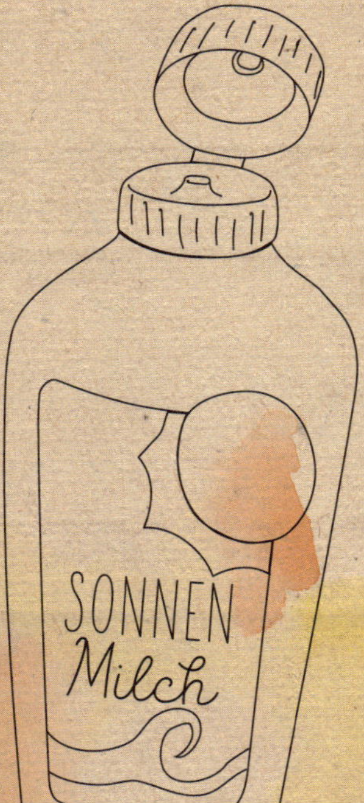

Wusstest du, dass schon fünf Sonnenbrände im Kindesalter das Risiko, später an Hautkrebs zu erkranken, um das Doppelte erhöhen?[109] Mir wurde das tatsächlich erst bewusst, nachdem ich Mutter geworden war und mich intensiver mit dem Thema Sonnenschutz auseinandergesetzt hatte. Hatte ich doch bis dahin – und vor allem in meinen Teenie-Jahren – nicht wirklich viel Wert auf Sonnenschutz gelegt.

Aber warum ist das so, warum sind Sonnenbrände im Kindesalter so viel schädlicher als im Erwachsenenalter? Das liegt daran, dass Säuglinge zwar mit einer kompetenten Hautbarriere geboren werden, ihre Entwicklung ist jedoch noch nicht vollständig abgeschlossen.

Die Haut unserer Kleinen unterscheidet sich in Struktur, Funktion und Zusammensetzung von erwachsener Haut. So ist die Hautoberfläche eines Säuglings im Verhältnis zum Körpergewicht relativ groß, und die einzelnen Hautschichten (v. a. die oberste Hornschicht) sowie das Unterhautfettgewebe sind etwa 20 bzw. 30 % dünner als die von uns Erwachsenen. Hinzu kommt, dass ihre Haut weniger verhornt und pigmentarm ist und die Stammzellen bei Kinderhaut viel näher an der Oberfläche liegen (Abb. 10).[110] Das macht sie anfälliger für Reizungen oder Schäden, die durch äußere Faktoren wie kaltes oder trockenes Wetter, Wind, Schad- und Wirkstoffe oder eben ultraviolette Strahlung (UV-Strahlung) verursacht werden können.

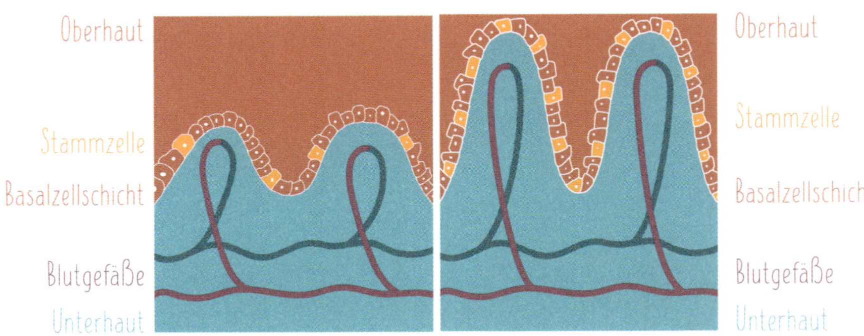

Abb. 10: Schematische Darstellung der anatomischen Unterschiede von Erwachsenhaut und Kinderhaut. In der Kinderhaut ragen die Papillen der Unterhaut weiter in die Oberhaut hinein als bei der Haut von Erwachsenen. Ein Teil der epidermalen Stammzellen, die sich in der Basalzellschicht befinden, liegen dadurch dichter unter der Hautoberfläche und sind so der schädigenden UV-Strahlung stärker ausgesetzt.

Stammzellen unserer Haut

Unsere Haut ist ein sich ständig regenerierendes Gewebe. Hautzellen halten sich im Durchschnitt rund 4 Wochen – am Bauch und an den Fußsohlen nutzen sie sich schneller ab und sind schon nach fast 3 Wochen ersetzt. Die Hautzellen an den Ohren leben da etwas länger: Statt 2 bis 4 Wochen sind es hier 5 Wochen. Die Hautzellen an den Lippen haben die kürzeste Lebensdauer: Hier ist die Haut besonders dünn und schon nach etwa 2 Wochen komplett erneuert.[111] Doch wo kommt die neue Haut her?

Die lebenslang anhaltende Erneuerung unserer Haut beruht auf der Existenz von adulten epidermalen Stammzellen. Stammzellen sind Zellen, die sich noch in jedes beliebige Gewebe unseres Körpers ausdifferenzieren (entwickeln) können. Sie befinden sich in unseren Organen wie Knochenmark, Leber, Gehirn oder eben in der Haut und sind in der Lage, dort neue Zellen zu bilden, indem sie durch Zellteilung Kopien von sich selbst hervorbringen. Bei dieser Teilung entstehen 2 verschiedene Zellen: ein Duplikat der Mutterzelle, also eine neue Stammzelle, und eine spezialisierte Zelle – im Falle der Haut also eine spezielle Hautzelle fürs Ohr, für den Bauch oder für die Fußsohle.

Stammzellen agieren wie eine Art Produktionsstätte für Hautzellen. Eine ganze Menge an Produktionsstätten, die wir am Anfang unseres Lebens erhalten und die nicht erneuert werden können. In ihrem Zellkern (also in der DNS) sind die Baupläne der verschiedenen Hautzellen gespeichert. Schädigt nun einfallendes UV-Licht genetische Information, also nur eine Seite eines Bauplanes einer einzigen Produktionsstätte, kann das zur Folge haben, dass alle darauffolgenden Zellen fehlerhaft produziert werden. Das ist die Grundlage für Hautkrebs!

Da die UV-empfindlichen Stammzellen bei Kindern dichter unter der Hautoberfläche liegen, sind sie den UV-Strahlen stärker ausgesetzt und können einfacher geschädigt werden. Das hat zur Folge, dass viele Hautkrebserkrankungen, die Jahrzehnte später auftreten, durch Sonnenschäden aus der Kindheit verursacht werden. Dabei zählen nicht nur Sonnenbrände, sondern auch leichtere UV-Schäden, die sich über die Jahre summieren und später schwarzen Hautkrebs begünstigen. Wir besitzen also so eine Art lebenslanges Sonnenkonto, auf das wir regelmäßig einzahlen, von dem wir jedoch nie mehr etwas abheben können. Und dieses Konto wird eben besonders im Kindesalter (oder im Solarium) belastet.[112]

Es ist also wichtig, gerade im Kindesalter die Haut von Säuglingen und Kindern vor UV-Strahlung zu schützen, um akute (Sonnenbrand oder Verblitzung der Augen) oder langfristige Schäden (Hautkrebs und Hautalterung) zu vermeiden. Viele denken beim Thema Sonnenschutz direkt an Sonnencreme. Doch Sonnencreme ist nicht die einzige Option, Haut vor UV-Strahlung zu schützen. Sie sollte sogar als letzte Option in Sachen UV-Schutz im ersten Lebensjahr (oder auch später) eingesetzt werden.

Wie aber sieht ein optimaler UV-Schutz im ersten Lebensjahr aus?

Direkte Sonneneinstrahlung meiden

Die wohl beste Art sich vor UV-Strahlung der Sonne zu schützen ist: Sonnenstrahlen vermeiden. Gerade Kinder, deren Haut eben (noch) nicht über natürliche Mechanismen zum Schutz vor UV-Strahlung verfügt, sollten keiner direkten Sonneneinstrahlung ausgesetzt werden. Direkte Sonneneinstrahlung bedeutet, dass die UV-Strahlung ungehindert auf die Haut trifft, ohne Schutz durch richtigen Schatten oder Kleidung. Ich schreibe hier bewusst „richtiger" Schatten, denn es gibt auch nicht-richtigen Schatten.

So verfügen z. B. nicht alle Sonnenschirme, Markisen oder auch Sonnensegel über einen ausreichenden UV-Schutz. Sie bieten vielleicht Schutz vor sichtbarem Licht, das kurzwelligere UV-Licht dringt jedoch hindurch. Das Fatale: Man kann UV-Licht nicht sehen! Wir sitzen also unter einem Schirm und fühlen uns geschützt, dabei gelangen trotzdem UV-Strahlen durch das Material und wir laufen Gefahr, einen Sonnenbrand zu bekommen. Ein nichtrichtiger Schatten also. Das gleiche gilt auch für den Aufenthalt unter einem Baum. Auch hier gelangen durch die Zwischenräume des Blätterdaches UV-Strahlen auf unsere Haut. Also kein richtiger Schatten!

Sitzt man jedoch im Schatten einer Hauswand (richtiger Schatten) oder unter einer Markise, die über einen ausgeschriebenen UV-Schutz verfügt (ebenfalls richtiger Schatten), ist man ausreichend vor UV-Strahlung geschützt. Am besten ist man jedoch drinnen geschützt. Vor allem zur Mittagszeit, also zwischen 11 und 16 Uhr, wenn die UV-Belastung am höchsten ist und der UV-Index seinen Tageshöchstwert erreicht.

Der UV-Index

Unsere Sonne strahlt ein ganzes Spektrum an elektromagnetischer Strahlung Richtung Erde, wovon jedoch nur bestimmte Längenwellen tatsächlich am Boden ankommen. So gelangen neben Infrarot und dem sichtbaren Licht (Wellenlänge von 380 nm bis 780 nm) auch UV-A und UV-B-Strahlung (280 nm bis 380 nm)

zu uns an die Erdoberfläche. Da UV-Strahlung jedoch nicht sichtbar ist, wird diese an bestimmten Messstationen mittels Radiometern ermittelt.

Angegeben werden diese Werte als UV-Index (UV-I), ein international normiertes Maß für UV-Strahlung. Er beschreibt den am Boden erwarteten Wert (meist Tagesspitzenwert) der sonnenbrandwirksamen UV-Strahlung (UV-B-Strahlung). Er wurde von der WHO definiert und ist weltweit einheitlich. Daher bedeutet zum Beispiel ein UV-Index von 7 in Deutschland genau dasselbe wie der gleiche Wert in Kenia oder Kanada. Je höher der UV-Index ist, desto schneller kann bei ungeschützter Haut ein Sonnenbrand auftreten. Der UV-Index dient als Orientierungshilfe zur Beantwortung der Frage, welche Sonnenschutzmaßnahmen wann ergriffen werden sollten:

- Bei einem niedrigen UV-Index von 1 oder 2 sind keine Schutzmaßnahmen erforderlich.
- Bei einem mittleren bis hohen UV-Index von 3 bis 7 ist bereits ein Schutz erforderlich (Schatten, Kleidung oder Sonnenschutzmittel).
- Bei einem sehr hohen bis extremen UV-Index von 8 bis 11 ist ein Schutz absolut notwendig (Schatten, Kleidung oder Sonnenschutzmittel).[113]

Das bedeutet, dass unsere Haut bereits ab einem UVI von 3 vor UV-Strahlung geschützt werden sollte. Wann dieser UVI-Wert erreicht wird, kann sich täglich ändern. Aber auch die Jahreszeit, der Standort (Breitengrad oder Höhe des Ortes) oder die Dicke der Ozonschicht über uns haben einen Einfluss auf den UVI. Für Deutschland veröffentlicht das Bundesamt für Strahlenschutz (BfS) von April bis September täglich UV-Index-Prognosen für 10 Prognosegebiete auf Basis seiner Messnetzdaten. Dabei werden die Vorhersagen im Internet veröffentlicht. Online könnt ihr euch einfach die 3-Tages-UV-Prognosen für euer Gebiet anschauen oder auch als Newsletter abonnieren.[114]
Es gibt aber auch Wetter-Apps, die neben den Temperaturen noch den UV-Index anzeigen. Problem:

- Bei vielen Apps ist nicht ersichtlich, welche Quelle sie für diesen Wert heranziehen.
- Manche Apps geben nur einen geschätzten Tageshöchstwert einer bestimmten Region an, also keine korrekten oder aktuellen Werte.

- Da es keine lokalen Messstationen gibt, sind es modellierte Werte. Die Angaben für einen bestimmten Ort können also je nach Tageszeit und Standort massiv variieren und von dem tatsächlich vorliegenden UVI abweichen.

Viele denken sich jetzt: „Wie, Anni sagt, ich soll jetzt den ganzen Sommer über mit meinem Baby zu Hause bleiben und nicht nach draußen?!" Nein, das ist nicht mein Anliegen. Ich möchte ein Bewusstsein für den respektvollen Umgang mit UV-Strahlung schaffen. Denn gerade bei hohen Temperaturen oder UVI-Werten über 5 sollte das wöchentliche Spieltreffen auf dem Spielplatz, die Abkühlung im Freibad oder am Strand eher auf den Morgen oder Nachmittag verschoben werden, so dass das 6 Monate alte Baby (oder auch ihr) vor Hitze und einer hohen UV-Dosis geschützt bleibt.

In der Theorie klingt also eine Vermeidung direkter Sonneneinstrahlung super, in der Praxis ist das jedoch nicht immer umsetzbar. Ein dringender Einkauf, der Hund muss raus oder das Geschwisterkind wartet um 14 Uhr im Kindergarten darauf, dass es abholt wird. Und das eben mit Baby, das kann man ja schlecht alleine zu Hause lassen. Wenn man also mit Baby in der prallen Mittagssonne raus muss, die richtigen Schutzmaßnahmen treffen! Montiert einen Sonnenschirm am Kinderwagen (viele Hersteller bieten Sonnenschirme mit ausgeschriebenem UV-Schutz an) oder wenn das Baby in der Bauchtrage ist, nutzt selbst einen Schirm. Eine weitere Möglichkeit, sich vor der UV-Strahlung zu schützen, ist Kleidung.

Schutzkleidung

Den besten Sonnenschutz im Freien bietet neben richtigem Schatten auch Kleidung (Shirt, Hose, Kopfbedeckung). Dabei schützt jedes Kleidungsstück vor UV-Strahlung. Wie hoch dieser Schutz ist, hängt in erster Linie vom Gewebetyp, der Dichte des Gewebes sowie der Farbe oder dem Abnutzungsgrad des Gewebes ab. Inzwischen wird aber auch spezielle UV-Schutzkleidung angeboten.

Der UV-Schutz von Textilien wie UV-Kleidung, Sonnenschirm oder Sonnensegel wird mit dem UV-Schutzfaktor (engl.: Ultraviolet Protection Factor, UPF) angegeben, vergleichbar mit dem Lichtschutzfaktor (LSF) eines Sonnenschutzmittels. Auch er gibt an, um welchen Faktor sich die individuelle Eigenschutzzeit der Haut verlängert. Also die Zeit, in der man sich mit dem Textil der Sonne aussetzen kann, ohne einen Sonnenbrand zu bekommen.

Die Eigenschutzzeit der Haut

Die Eigenschutzzeit ist die Zeitdauer, für die man innerhalb von 24 Stunden seine ungebräunte Haut der Sonne maximal aussetzen kann, ohne dass es zu einem Erythem (Rötung, „Sonnenbrand") und/oder zu einem Ödem (Schwellung) kommt. Die Eigenschutzzeit ist abhängig vom Hauttyp. Das bedeutet, je heller die Haut ist, desto schneller kann UV-Strahlung ein Erythem verursachen. Bei dunkelhäutigen Personen hingegen ist die Eigenschutzzeit am höchsten, da mehr UV-Strahlung benötigt wird, um sogenannte eumelaninreiche Haut zu „verbrennen".

Je nach Hauttyp beträgt die Eigenschutzzeit zwischen 10 Minuten für sehr helle Haut (Hauttyp I) und 90 Minuten für sehr dunkle Haut (Hauttyp VI). Sie wird standardisiert bei UV-Index 8 (Mittagssonne im Sommer in Mitteleuropa). Bei höherem UV-Index (Hochgebirge, Mittelmeer, Tropen) und bei reflektierender Umgebung (Wasser, Schnee, Sand) ist die Eigenschutzzeit deutlich niedriger. Multipliziert man die Eigenschutzzeit mit dem UPF oder dem LSF der Sonnencreme erhält man die maximal mögliche Zeit, in der man seine Haut direkter Sonnenstrahlung (UV-Index 8) aussetzen kann, ohne einen Sonnenbrand zu bekommen.

Wenn ihr euch nicht sicher seid, welchem Hauttyp ihr entsprecht, könnt ihr auf der Seite des Bundesamts für Strahlenforschung einen Fragebogen ausfüllen, um den eigenen Hauttyp zu bestimmen.

Wichtig: Die aufgeführten Hauttypen des Fragebogens gelten ausschließlich für die Haut Erwachsener. Die Haut von Kindern reagiert empfindlicher auf UV-Strahlung und kann die mögliche Anpassungsfähigkeit der Haut Erwachsener noch nicht erreichen. Für Kinderhaut gilt also immer die Eigenschutzzeit von Hauttyp I (5 bis 10 Minuten).

Und noch was: Duftstoffe auf der Haut, die Einnahme bestimmter Medikamente (wie z. B. Antibiotika) oder verschiedene Hautkrankheiten können die Lichtempfindlichkeit erhöhen und somit die Eigenschutzzeit verringern.[51,109,115]

Beim Kauf von UV-Schutzkleidung sollte aber nicht nur auf den angegebenen Lichtschutzfaktor geachtet werden, sondern auch auf den angegebenen Standard, also wie das Textil vor dem Verkauf hinsichtlich seines UV-Schutzes getestet wurde. So kann der UPF von spezieller UV-Kleidung nach unterschiedlichen Standards ermittelt werden. Nach welchem Standard der UPF überprüft wurde, steht oftmals im Etikett der Kleidung.

Für die UV-Schutzeigenschaften gibt es grundsätzlich drei Standards (Abb. 11):

- den australisch-neuseeländischen Standard (AS/NZS 4399:1996),
- den europäischen oder amerikanischen Standard (EN 13758-1, AATTC) und den UV-Standard 801.

Zustand des Textils beim Test	Norm EN und AATCC	Norm AS/NZS	UV Standard 801
NEU	✓	✓	✓
NASS	✗	✗	✓
GEDEHNT	✗	✗	✓
ABGENUTZT	✗	✗	✓

Abb. 11: Übersicht der verschiedenen Standards, nach denen UV-Kleidung getestet werden kann

Der australisch-neuseeländische Standard (AS/NZS 4399:1996)

Beim australisch-neuseeländischen Standard erfolgt die Messung an neuwertigen Textilien in ungedehntem und trockenem Zustand. Basis ist das Sonnenspektrum ermittelt am 1. Januar in Melbourne, Australien, beim empfindlichsten Hauttyp.

Der Standard EN 13758-1 (Europa) und AATCC (Amerika)

Da sich das Sonnenspektrum auf der Nordhalbkugel von demjenigen in Australien unterscheidet, kommt bei der Messmethode nach der europäischen und amerikanischen Norm das Sonnenspektrum in New Mexico, USA, zum Einsatz. Geprüft werden auch hier neue und ungedehnte Kleidungsstücke.

Der Standard 801

Während die Messungen zur Bestimmung des UPF für den australisch-neuseeländischen und den europäischen Standard nur am ungedehnten und trockenen Textil im Neuzustand durchgeführt werden, wird beim UV-Standard 801 die Messung auch am nassen, gedehnten und abgenutzten Textil vorgenommen. Geprüft wird der UV-Schutz bei einer maximalen Strahlungsintensität mit dem Sonnenspektrum in Melbourne, Australien, am 1. Januar eines Jahres und dem empfindlichsten Hauttyp.

Was vielleicht vielen nicht bewusst ist: Viele Markisen, Sonnenschirme oder Strandmuscheln besitzen keinen speziellen UV-Schutz. Sie halten zwar sichtbares Licht zurück (spenden Schatten), die nicht sichtbare UV-Strahlung lassen sie jedoch zu großen Teilen oder sogar fast ungehindert durch. Entsprechend empfiehlt die „Internationale Prüfgemeinschaft für angewandten UV-Schutz“ die Messung des UV-Schutzfaktors nach dem UV-Standard 801 nicht nur für alle Arten von Bekleidung, sondern auch für Beschattungstextilien. Denn nur dieser deckt die ungünstigsten Tragebedingungen wie nass, gedehnt und abgenutzt ab („Worst Case“-Szenario).[116]

Wichtig: Unter spezieller UV-Kleidung sind Sonnenschutzmittel nicht notwendig. Unbedeckte Hautstellen müssen jedoch vor UV-Strahlung geschützt werden und sollten daher unbedingt mit Sonnenschutzmitteln wie Cremes oder Sprays geschützt werden. Erst dadurch wird ein umfassender Schutz vor den schädlichen Wirkungen der UV-Strahlung erreicht!

Sonnenschutzmittel und ihre UV-Filter

Nun tritt der Fall ein, dass das Baby im Sommer doch mal im Wasser plantschen oder seine Füße in der Mittagssonne baumeln lassen möchte oder der große Bruder in der Mittagssonne vom Kindergarten abgeholt werden muss. In solchen oder ähnlichen Fällen ist es natürlich vertretbar, zu Sonnenschutzmittel zu greifen. Oder ihr habt bereits ältere Kinder, die ungern UV-Kleidung tragen, bzw. denen man ja nicht wirklich eine textile Maske zum Baden übers Gesicht stülpen kann. Und denkt an euch selbst! Aus eigener Erfahrung weiß ich nur zu gut, dass am Ende des Tages alle Familienmitglieder einen ausreichenden Sonnenschutz hatten, ich aber vergessen hatte, mich selbst ordentlich einzucremen. Es kommt also irgendwann der Zeitpunkt, da benötigt ihr Sonnenschutzmittel. Und das sollte folgende Eigenschaften haben:

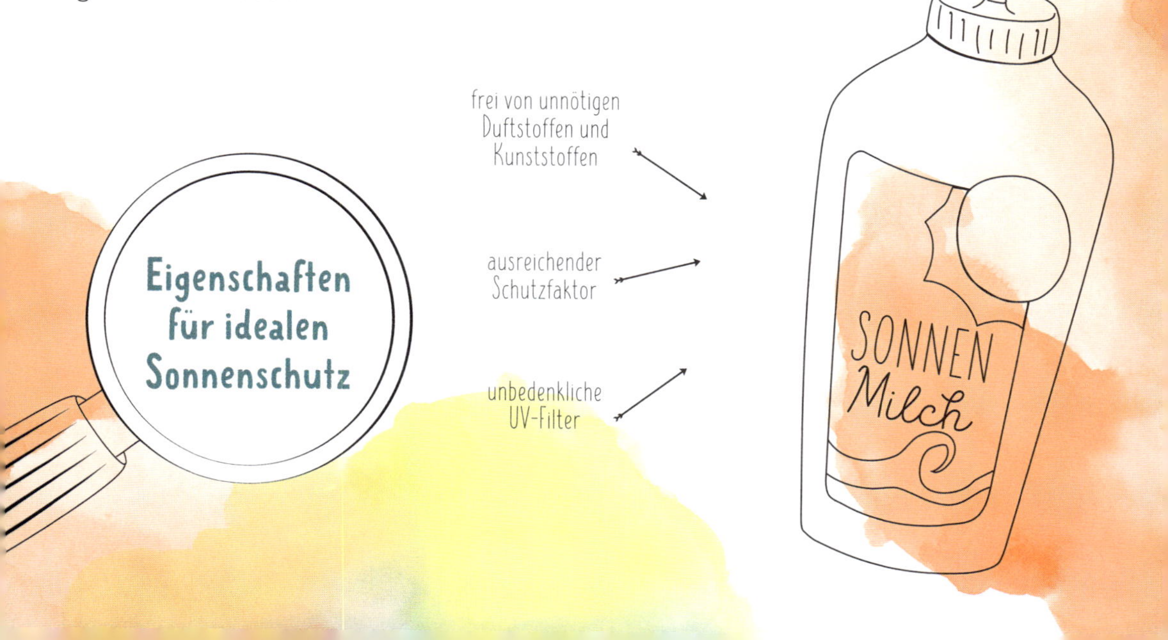

Frei von unnötigen Inhaltsstoffen

Wie auch andere Kosmetika können Sonnenschutzmittel unnötige Duftstoffe enthalten – dieser typische Geruch von Sonnencreme, der keinerlei Funktion hat, als Inhaltsstoff jedoch zu Hautirritationen bei empfindlicher (Kinder-)Haut führen kann. Doch Vorsicht, wie in den Kapiteln davor gilt auch hier: Wenn auf einem Sonnenschutzmittel „für Kinderhaut" oder „für empfindliche Haut geeignet" steht, bedeutet das nicht, dass hier keine Duftstoffe enthalten sind. Eine Liste mit den Duftstoffen findet ihr in Kapitel 3.

Ebenso (teilweise) unnötig sind synthetische Polymere (Plastik). „Teilweise", weil sie zwar unnötig sind (da es natürliche Alternativen gibt), aber im Gegensatz zu Duftstoffen tatsächlich eine Funktion haben. Sogenannte Polymere (synthetisch oder natürlich) machen das Sonnenschutzmittel nämlich wasserfest, indem sie einen Schutzfilm auf der Haut bilden.

Was ist ein Polymer?

Ein Polymer ist ein chemischer Stoff, der durch Verknüpfung vieler gleicher oder ähnlicher Grundbausteine (Monomere) aufgebaut ist. Viele Monomere ergeben ein Polymer. Polymere können in natürliche und synthetische Polymere unterteilt werden:

Natürliche Polymere (Biopolymere) werden in Lebewesen synthetisiert und bilden die Grundbausteine der Organismen. Zu diesen Polymeren zählen zum Beispiel Proteine und unsere DNS, aber auch Zellulose, Stärke und Chitin.

Sonnenschutzmittel aus der Naturkosmetik verwenden sehr häufig Brassica Campestris/Aleurites Fordi Oil Copolymer, ein abbaubarer Biokunststoff, der aus pflanzlichen Monomeren polymerisiert wurde (z. B. aus Rüben, Rapsöl oder chinesischem Holzöl).

Synthetische Polymere hingegen werden industriell oder im Labormaßstab durch Polyreaktionen hergestellt. Dazu gehören zum Beispiel Polyethylen, Polystyrol und Polyvinylchlorid.

Gesundheitsrisiken bei der direkten Verwendung von synthetischen Polymeren in Kosmetika gibt es nicht. Sie sind jedoch nicht abbaubar, egal ob in flüssiger, gel- oder wachsartiger Form. Beim Reinigen oder Abduschen gelangen sie ins Abwasser – und so in unsere Gewässer. Sie sind oftmals langlebig und nicht selten umweltschädlich. Auf ihrem Weg von unserer Haut ins Abwasser und zurück in unser Trinkwasser bildet sich Mikroplastik, was sich im schlimmsten Fall auch noch mit Schadstoffen wie z. B. PCB oder PAK anreichert, bevor wir es dann – inklusive hormonell wirksamer oder krebserregender Anhängsel – wieder mit der Nahrung oder über (Mineral-) Wasser aufnehmen.[117] Indirekt beeinflussen sie also doch unsere Gesundheit und Umwelt.

Um herauszufinden, ob das Sonnenschutzmittel synthetische Polymere enthält, bedarf es eines Blicks auf die Inhaltsstoffe. Leider gibt es nicht den einen Begriff, an dem ihr erkennt, ob ein synthetisches Polymer enthalten ist. Und es gibt mehrere Bezeichnungen dafür. Hinter folgenden INCI verstecken sich synthetische Polymere:

- Acrylate Copolymer
- Acrylate Copolymer
- Acrylate Crosspolymer
- Butylene/Ethylene/Styrene Copolymer
- Carbomer
- Ethylene/Acrylate Copolymer
- Ethylene/Methacrylate Copolymer
- Ethylene/Propylene/Styrene Copolymer
- Polyacrylate
- Polyamide (Nylon)
- Polybutylene Terephthalate
- Polyethylene (PE)
- Polyethylene Glycol (PEG-, schwer abbaubar ab einem Wert über 50)
- Polyethylene Terephthalate
- Polymethyl Methacrylate
- Polypropylene
- Polypropylene Glycol (PPG, schwer abbaubar ab einem Wert über 50)
- Polypropylene Terephthalete
- Polyquaternium
- Polystyrene
- Polytetrafluoroethylene
- Polyurethane
- Siloxane
- Silsesquioxane
- Styrene Acrylates Copolymer

Ein weiterer umstrittener Inhaltsstoff sind Nanopartikel. In der Literatur findet man verschiedene Angaben zur Definition von Nanopartikeln. Die einen sagen, Nanopartikel sind kleiner als 100 Nanometer (nm), andere sprechen von winzigen Materialien (Größe < 1000 nm), die spezifische physikalisch-chemische Eigenschaften haben.[118]

Egal welche Angaben zutreffen, die Partikel sind sehr, sehr klein. Nur so zum Vergleich, damit man diese Dimension besser erfassen kann: Ein Nanopartikel verhält sich in der Größe zu einem Fußball wie der Fußball zur Erde. Nanopartikel bestehen aus unterschiedlichsten Materialien und entstehen entweder unabsichtlich (bei Verbrennungsprozessen in der Industrie oder auch im Straßenverkehr) oder werden gezielt in Lebensmitteln, Verpackungen, Textilien, Düngemitteln, Autozubehör, in Kosmetika oder eben in Sonnenschutzmitteln als UV-Filter beigefügt.

Kosmetische Mittel, die Nanopartikel (oder Nanomaterialien) enthalten, müssen zusätzlich zur Anmeldung ein bestimmtes Notifizierungsverfahren durchlaufen. Laut Angaben des Meldeportals der Europäischen Kommission für kosmetische Mittel (engl.: Cosmetic Products Notification Portal, CPNP) werden jeden Tag etwa 10 neue kosmetische Mittel, die Nanomaterialien enthalten, in der EU in Verkehr gebracht. Die häufigste Anwendung von Nanomaterialien in kosmetischen Mitteln ist der Einsatz in Sonnenschutzmitteln, gefolgt von Nagellack und Make-up auf Platz zwei, Hautpflegeprodukte, Grundierung und Lippen(pflege)produkte auf Platz drei, vier und fünf.[119] Sollte es Bedenken auf Seiten der europäischen Kommission hinsichtlich der Sicherheit von Nanomaterialien geben, fordert sie den „Wissenschaftlichen Ausschuss für Verbrauchersicherheit" (engl.: Scientific Committee on Consumer Safety, SCCS) auf, eine Stellungnahme zur Sicherheit dieser Nanomaterialien abzugeben.

Aber sind Nanopartikel in Sonnenschutzmitteln jetzt bedenklich oder nicht? Diese Frage hat sich auch das Bundesinstitut für Risikobewertung gestellt und kommt in seinem Bericht „Sonnencreme und Co." zu folgendem Ergebnis: „Nanopartikel, die als UV-Filter in Sonnenschutzmitteln eingesetzt werden, müssen vom wissenschaftlichen Expertengremium der EU-Kommission SCCS bewertet werden. Der Kontakt von Nanopartikeln mit der Haut ist zudem gut untersucht. Studien belegen, dass zum Beispiel Nano-Titandioxid (...) nicht in den menschlichen Blutkreislauf eindringen kann. [...] Dies gilt bei gesunder, intakter und sonnenverbrannter Haut. Menschen, deren Haut krankheitsbedingt (Allergiker, Akne, Neurodermitis) geschädigt ist, sollten sich mit einem Facharzt abstimmen. Das SCCS hat seine Schlussfolgerung auf Anwendungen (z. B. Cremes, Lotionen) beschränkt, die nicht zu einer Exposition der Lunge durch Inhalation führen."[120] „Beschränkt" bedeutet in diesem Fall, dass Nanopartikel in Sonnencremes, Lotionen oder Sticks erlaubt sind, in Sprays laut Kosmetikverordnung jedoch verboten.[119]

Auch der Bund für Umwelt und Naturschutz Deutschland e.V. (BUND) hat zum Thema Nanopartikel Stellung bezogen: „Bisher liegen noch zu wenige Daten über die Belastung von Mensch und Umwelt durch Nanoteilchen vor. Es gibt aber einige Ergebnisse aus Tierversuchen, die zeigen, dass bestimmte Nanomaterialien giftig wirken können."

Die einen sehen Nanopartikel als bedenklich an, die anderen winken sie als unbedenklich durch. Ich denke, die Wahrheit liegt irgendwo dazwischen. Zum einen, weil es auf der einen Seite zwar Studien gibt, die Risiken als „unwahrscheinlich" einstufen, auf der anderen Seite jedoch die meisten Stellungnahmen des SCCS zur Sicherheit von CPNP-notifizierten Nanomaterialien aufgrund fehlender oder unzureichender Daten keine schlüssigen Ergebnisse enthalten.

Ich finde es also schwierig, auf Grundlagen der aktuell verfügbaren wissenschaftlichen Erkenntnisse, Nanopartikel in Sonnenschutzmitteln als vollkommen unbedenklich oder als vollkommen bedenklich einzuordnen. Daher verbuche ich sie unter unnötig. Was aber klar ist: Gar keine Sonnencreme zu benutzen, ist auf jeden Fall bedenklicher.

Aktuell sind vier Nanomaterialien als UV-Filter in der Kosmetikverordnung gelistet:[17]

- Methylene Bis-Benzotriazolyl Tetramethylbutylphenol (Nano)
- Titandioxid (Nano)
- Tris-biphenyl Triazine (Nano)
- Zinkoxid (Nano)

Ausreichender Schutzfaktor

Wie hoch der UV-B-Schutz eines Sonnenschutzmittels ist, könnt ihr am Lichtschutzfaktor erkennen. Er gibt an, um welchen Faktor sich die individuelle Eigenschutzzeit der Haut verlängert. Also die Zeit, in der ihr euch mit einem Sonnenschutzmittel der Sonne aussetzen könnt, ohne einen Sonnenbrand zu bekommen.

Ein Beispiel zum Ermitteln der Eigenschutzzeit: Ich gehöre zu den Menschen mit eher heller Haut, habe dunkle Haare und dunkle Augen. Laut den Hauttypen nach Fitzpatrick zähle ich zum Hauttyp 3.[121] Meine individuelle Eigenschutzzeit beträgt somit etwa 20 Minuten. Trage ich nun ein Sonnenschutzmittel mit einem LSF 30 auf, verlängert sich die Zeit, in der ich vor Sonnenbrand geschützt bin, um den Faktor 30. Um also die Schutzzeit zu ermitteln, in der ich innerhalb von 24 Stunden vor Sonnenbrand geschützt bin, multipliziere ich meine individuelle Eigenschutzzeit mit dem angegebenen Lichtschutzfaktor des Sonnenschutzmittels.

20 Minuten x LSF 30 = 600 Minuten

Ich wäre damit theoretisch 10 Stunden vor einem Sonnenbrand geschützt. Praktisch sieht das Ganze jedoch anders aus. Da Sonnenschutzmittel niemals zu 100 % schützen, gelangen dennoch UV-Strahlen auf die Haut und können auch ohne einen entstehenden Sonnenbrand Hautschäden verursachen. Auch der UV-A-Schutz wird in dieser Rechnung nicht miteinbezogen. Dazu kommt, dass ich gerade im Sommer viel schwitze, meine Kleidung den Sonnenschutzfilm abreibt oder ich die Creme nicht sehr dick aufgetragen habe.

Daher wird geraten, alle 2 Stunden nachzucremen, vor allem nach dem Aufenthalt im Wasser (Vorsicht, verlängert nicht die Schutzzeit, sondern hält lediglich den Schutz aufrecht). Und die ermittelte Schutzzeit sollte laut Bundesamt für Strahlenschutz niemals vollkommen ausgeschöpft werden (höchstens zu 60 %).[122]

Kinder besitzen eine weitaus geringere Eigenschutzzeit von etwa 3 bis 5 Minuten. Werden sie mit einem Sonnenschutzmittel mit einem LSF von 20 eingecremt, haben sie eine theoretische Schutzzeit von nur 60 bis 100 Minuten. Zieht man da noch die 60 % ab, wären das nur noch 36 bis 60 Minuten. Wird dann auch noch ungenügend aufgetragen oder sich viel bewegt, sinkt die Schutzzeit noch weiter.

Das Bundesamt für Strahlenschutz empfiehlt daher für Kinder einen Lichtschutzfaktor von mindestens 30 (und für Erwachsene mindestens 20). Aufenthalte in großen Höhen (zum Beispiel auf Gletschern), am Wasser und im Süden erfordern ein Sonnenschutzmittel mit einem noch höheren Schutz. Und wer schwitzt oder Kontakt mit Wasser hat, sollte wasserfeste Produktvarianten wählen.[122]

UV-A-Schutz

Der Lichtschutzfaktor, der auf den Sonnenschutzmitteln steht, sagt lediglich etwas über die Höhe des Schutzes gegen UV-B-Strahlung aus, also die Strahlung, die für die Entstehung eines Sonnenbrandes verantwortlich ist. Neben der UV-B-Strahlung existieren auch noch die UV-A- und UV-C-Strahlung. Letztere wird bereits von der Erdatmosphäre absorbiert, UV-A-Strahlung gelangt jedoch, wie auch UV-B-Strahlung, bis zu uns an die Erdoberfläche. Und so kann auch UV-A-Strahlung für uns schädlich sein. Sie hat zwar weniger Energie als die UV-B-Strahlung, dringt dafür aber tiefer in die Haut ein, wo sie schon nach kürzester Zeit Kollagen- und Elastinfasern unseres Gewebes zerstört. So tragen UV-A-Strahlen zu einer vorzeitigen Hautalterung bei – also zu Fältchen, Faltenentwicklung oder Pigmentflecken. Darüber hinaus begünstigt UV-A-Licht auch die Entstehung von Hautkrebs.

Daher sollte die Sonnencreme nicht nur einen ausreichenden Schutz vor UV-B-Strahlung bieten, sondern auch einen Schutz vor UV-A-Strahlung. Die Höhe des UV-A-Schutzes jedoch ist (aktuell hier in Deutschland) nicht konkret. Lediglich, ob der Schutz mindestens ein Drittel des UV-B-Schutzes beträgt. Erkennbar ist das an einem UV-A-Logo, das in Form eines runden Kreises auf den Sonnencremetuben zu finden ist.

Unbedenkliche UV-Filter

UV-Filter sind Stoffe, die ausschließlich oder überwiegend dazu bestimmt sind, die Haut durch Absorption, Reflexion oder Streuung bestimmter UV-Strahlung gegen bestimmte UV-Strahlung zu schützen.[123] Dabei gibt es verschiedene Arten von UV-Filtern (Abb. 12): Da sind die organischen (chemischen) Filter, die UV-Strahlen in der oberen Hautschicht in Wärme umwandeln, oder die anorganischen (mineralischen oder physikalischen) Filter, die UV-Strahlung auf der Haut reflektieren, absorbieren und streuen. Aber da gibt es auch noch eine Sonderform an UV-Filtern, die nicht in das Schema eingeordnet werden können. Bei diesen UV-Filtern handelt es sich um mikronisierte organische UV-Filter, die in die obere Hautschicht eindringen und dort die UV-Strahlung absorbieren, streuen und reflektieren (wie anorganische Filter).

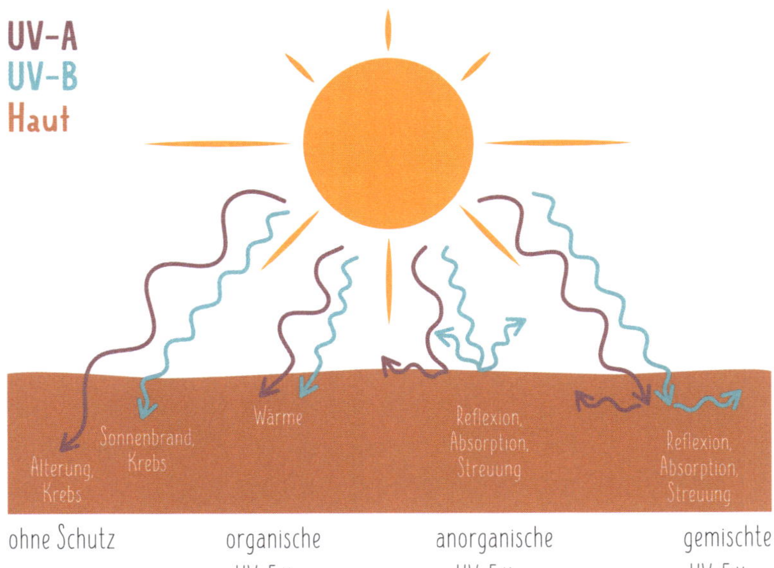

Abb. 12: Ohne Sonnenschutz dringt UV-Strahlung ungehindert in die Haut ein. Energieärmere UV-A-Strahlung dringt dabei in tiefere Hautschichten, zerstört dort das Kollagen. Energiereichere UV-B-Strahlung verursacht auf der oberen Hautschicht Sonnenbrand und kann Mutationen in der Hautzell-DNS hervorrufen. Sonnenschutzfilter schützen vor der UV-Strahlung der Sonne: Chemische Filter dringen in die obere Hautschicht ein und wandeln dort UV-Licht in Wärme um. Mineralische Filter liegen auf der Haut und reflektieren, streuen und absorbieren das UV-Licht. Gemischte UV-Filter dringen in die obere Hautschicht ein und wandeln dort UV-Licht in Wärme um, reflektieren, streuen und absorbieren das UV-Licht.

Welche dieser drei Arten von UV-Filtern nun aber am unbedenklichsten ist, kann so pauschal nicht gesagt werden. Hierfür muss jeder einzelne Filter separat betrachtet werden. Denn es gibt sowohl gute als auch weniger gute organische Filter. Aber auch gute und weniger gute anorganische UV-Filter. Mit „gut" oder „weniger gut" meine ich hier nicht die Schutzleistung, denn die ist bei allen zugelassen UV-Filtern gegeben. Ich möchte damit beschreiben, ob die UV-Filter für Kinderhaut empfehlenswert sind oder eben nicht so optimal.

In folgender Liste sind UV-Filter gelistet, die nicht optimal sind, weil sie bedenklich sind oder gerade neu bewertet werden. Die UV-Filter findet ihr in der INCI-Liste (meist stehen sie ganz weit vorne gleich nach dem Lösungsmittel).

UV-Filter	Begründung
Benzophenone-3	Das SCCS befindet Benzophenone-3 als UV-Filter in Sonnenschutzprodukten für den Körper bis zu einer Gesamtkonzentration von 2,2 % als sicher. In Bezug auf die endokrin schädigende Wirkung besteht weiterer Untersuchungsbedarf.[124]
Ethylhexyl Methoxycinnamate	Steht im Verdacht, das Hormonsystem zu beeinflussen, weswegen er seit 2016 bezüglich menschlicher Gesundheit und Umwelt neu bewertet wird.[125]
Ethylhexyl Salicylate	Steht im Verdacht, das Hormonsystem zu beeinflussen, weswegen er seit 2022 bezüglich menschlicher Gesundheit und Umwelt neu bewertet wird.[126]
Homosalate	Kann Allergien auslösen. Gilt auch nach der Neubewertung 2021 aufgrund der nicht ausreichenden Forschungsergebnisse immer noch als potenzieller endokriner Disruptor. Bis 0,5 % sicher.[127]
Isoamyl p-Methoxycinnamate	Gilt als potenzieller endokriner Disruptor, Neubewertung bezüglich menschlicher Gesundheit läuft seit 2016.[128]

UV-Filter	Begründung
Methylene Bis-Benzotriazolyl Tetramethylbutyl-phenol (nano)	Gilt laut aktuellem Stand der Wissenschaft bei der Anwendung auf intakter Haut als sicher. Der SCCS zieht aber eine Überarbeitung dieser Bewertung in Betracht und äußert zudem Bedenken hinsichtlich möglicher Hautirritationen und Bioakkumulation im Gewebe.[129]
Octocrylene	Bildet bei Alterung den krebserregenden Stoff Benzophenon.[130]
Titanium Dioxide (nano)	Nanopartikelanteil größer als 50 %
Tris-Biphenyl Triazine (nano)	Gilt laut aktuellem Stand der Wissenschaft bis zu 10% als sicher. Neue Bewertungen sind abhängig von der Entwicklung neuer Analysemethoden.[131]
Zinkoxid (nano)	Nanopartikelanteil größer als 50 %
Zinkoxid in Kombination mit organischen UV-Filtern	Reduzierter UV-Schutz, Entstehung von toxischen Abbauprodukten.[132]

Wichtig: In Sonnenschutzmitteln sind nur UV-Filter erlaubt, die geprüft und zugelassen wurden. Unbedenkliche Sonnenschutzfilter sollten weder unserer Gesundheit noch der Umwelt schaden. So kann es kommen, dass aufgrund von neuen wissenschaftlichen Erkenntnissen oder neuen Analysemethoden, bereits zugelassene UV-Filter neu bewertet werden müssen, um beispielsweise neue Grenzwerte zu ermitteln oder eine Unbedenklichkeit zu bestätigen.

Anorganische (mineralische oder physikalische) UV-Filter
Sonnschutzmittel mit anorganischen (mineralischen oder physikalischen) UV-Filtern enthalten viele kleine mineralische Partikel (in der Regel Titandioxid oder Zinkoxid), die unsere Haut vor UV-Strahlung schützen, indem sie sie reflektieren, streuen und absorbieren (Energie aufnehmen). Anorganische UV-Filter bieten Schutz über ein breiteres Spektrum (UV-A, UV-B, Infrarot und sichtbares Licht), sind photostabil (zerfallen nicht bei Kontakt mit UV-Strahlung) und weisen ein geringeres Allergiepotenzial auf.[133] Sie eignen sich daher als UV-Filter in Sonnenschutzmitteln für Kinder, weil sie eben tendenziell weniger Hautreizungen verursachen als die organischen UV-Filter.[134]

Hinweis: Viele Hersteller von mineralischen Sonnenschutzmitteln werben damit, „frei von Nanopartikeln" zu sein. Das ist aber in der Realität nicht umsetzbar. Denn Sonnenschutzmittel mit anorganischen (mineralischen) UV-Filtern enthalten natürlicherweise Partikel in allen Größen. Stellt euch vor, ihr würdet einen großen Stein mit einem Hammer zerkleinern. Ihr könnt bei diesem Vorgang nicht verhindern, dass auch kleine Steinchen entstehen. So ist es auch bei der Herstellung von mineralischen Partikeln in Sonnenschutzmitteln. Ganz ohne Nanopartikel ist es nicht umsetzbar. Wer also Sonnenschutzmittel ohne Nanopartikeln möchte, sollte auf Produkte mit organischen UV-Filtern zurückgreifen. Denn diese enthalten keine mineralischen Partikel und sind somit vollkommen frei von Nanopartikeln.

In der folgenden Tabelle sind Beispiele von aktuell zugelassenen anorganischen UV-Filtern:

INCI	Andere Bezeichnungen	Schutzbereich	Sonstige Eigenschaften
Titanium Dioxide	Titanium Dioxid (non Nano) Titandioxid E 171 (in Lebensmitteln) CI 77891 (als Farbstoff in Kosmetika)	UV-A, UV-B	photostabil
Titanium Dioxid (Nano)*,	Titandioxid	UV-A, UV-B	photostabil, in Sprays verboten
Zink Oxide	Zink Oxide (non Nano) Zinkoxid CI 77947 (als Farbstoff in Kosmetika)	UV-A, UV-B	photostabil
Zink Oxide (Nano)*	Zinkoxid	UV-A, UV-B	photostabil

**Ist der Anteil der enthaltenen Nanopartikel (also Partikel kleiner als 100 nm) über 50 %, muss dies als „nano" in der INCI-Liste aufgeführt sein.*[119]

Warum weißeln Sonnenschutzmittel?

Cremen wir uns mit Sonnenschutzmitteln ein, die anorganische UV-Filter enthalten, erscheint unsere Haut weiß. Das liegt an den mineralischen Partikeln, die auf der Hautoberfläche liegen und das Sonnenlicht (also UV-Strahlung inklusive sichtbarem Licht) reflektieren. Unser Auge erkennt diese Reflexion als weiß (schwarz bedeutet übrigens, dass das gesamte Licht absorbiert wird und nichts reflektiert wird). Je mehr mineralische Partikel in dem Produkt enthalten sind, desto höher ist auch der Lichtschutzfaktor, aber eben auch der Weißel-Effekt. Viele empfinden das Weißeln oder den Weißel-Effekt (also die weiße Schicht auf der Haut) als sehr unangenehm. Auch an Kleidung, Textilien oder Karosserie hinterlassen die mineralischen Pigmente Flecken. Damit man nach dem Eincremen nicht mehr weiß ist, werden die Partikel sehr stark verkleinert (Nanopartikel), damit sie für unser Auge nicht mehr sichtbar sind.

Gibt es also Sonnenschutzmittel, die nicht weißeln? Ja, die gibt es:

- Fall 1: Das Sonnenschutzmittel enthält organische UV-Filter und keine anorganischen Filter, ist also frei von mineralischen Partikeln.
- Fall 2: Die Sonnencreme enthält anorganische UV-Filter in Nanoform (Nanopartikel): Die Partikel sind so klein, dass wir sie mit unserem Auge nicht mehr sehen können.
- Fall 3: Vielen Herstellern gelingt es über eine gute Formulierung, also durch die Zusammensetzung der Inhaltsstoffe, die mineralischen Partikel gut zu lösen. Sie enthalten bestimmte Öle, ummanteln die Partikel oder fügen tönende Farbpigmente (Farbstoffe, meist in getönten Sonnenschutzmitteln fürs Gesicht) bei, die den Weißel-Effekt verringern.

Mich persönlich stört der Weißel-Effekt nicht, ich mag meine Haut lieber weiß statt rot. Und das gilt auch für mein Kind. Ich verstehe es, wenn einen das Auftragen und Verteilen einer zähen mineralischen Sonnencreme stört. Gerade bei Kindern, die es eh schon nicht mögen, dass sie eingecremt werden, kann das schnell in einem Drama enden. Was ich aber nicht verstehe, ist wenn es jemanden stört, dass Kinderhaut im Sommer weiß ist. Lasst euch bitte nicht vom Weißeln der Cremes stören! Viele tragen aufgrund des Weißel-Effektes viel zu wenig vom Sonnenschutzmittel auf oder verdünnen es mit Pflegecremes, damit sie nicht ganz so weiß sind. Das sieht dann zwar „besser" aus (weil nicht so weiß), ist jedoch sehr gefährlich, da dann ein Schutz vor der UV-Strahlung nicht mehr gewährleistet ist.

Viele Hersteller arbeiten daran, das Weißeln zu reduzieren, jedoch werden immer weiße Rückstände bei mineralischen UV-Filtern zu sehen sein. Reine Physik. Seht es positiv: Wenn ihr euer Kind (oder euch selbst) eincremt, könnt ihr anhand der weißen Stellen sehen, wo ihr geschützt seid und welche Stellen beim Eincremen vergessen wurden.

Organische („chemische") UV-Filter

Organische UV-Filter (häufig auch „chemische" UV-Filter genannt) dringen in die obere Hautschicht ein, wo sie UV-Strahlung in Wärme umwandeln (sog. Stokes-Shift). Da durch einen einzelnen organischen UV-Schutzfilter kein vollständiger Schutz über das gesamte UV-Spektrum realisiert werden kann oder er alleine nicht photostabil ist (zerfällt also schnell bei UV-Belastung), werden in Sonnenschutzmitteln oft verschiedene organische Filter oder auch organische und anorganische Filter miteinander kombiniert.

Wichtig: Wissenschaftler*innen fanden 2021 heraus, dass bei der Kombination von organischen UV-Filtern (Avobenzon, Octisalat, Homosalat und Octocrylen) mit dem anorganischen UV-Filter Zinkoxid der UV-Schutz stark reduziert wurde. Das Zinkoxid bzw. seine reaktive Oberfläche führte quasi zu einem Abbau der organischen Filter. Und diese Abbauprodukte sind auch noch toxisch. Zinkoxid ist also als alleiniger UV-Filter unbedenklich, in Kombination mit organischen Filtern können jedoch bedenkliche Abbauprodukte und ein reduzierter UV-Schutz entstehen.[132]

In der folgenden Tabelle sind Beispiele von aktuell zugelassenen organischen UV-Filtern:

INCI	Andere Bezeichnungen	Schutzbereich (Absorptionsmaximum)	Sonstige Eigenschaften
Bis-Ethylhexyloxyphenol Methoxyphenyl Triazine (Bis-EMT)	Tinosorb® S, Bemotrizinol (BEMT)	UV-B (bei 310 nm) UV-A (bei 343 nm)	Photostabil. Bildet keine toxischen oder allergisierenden Photoabbauprodukte.[135]
Butyl Methoxydibenzoylmethane (BM)	Avobenzone, Avis	UV-A (bei 357)	Nur in Kombination mit anderen Filtern photostabil, gilt als unbedenklich.[136]
Diethylamino Hydroxybenzoyl Hexyl Benzoate (DHHB)	Uvinul A Plus	UV-A (bei 354 nm)	Photostabil, gilt als sicher.[137]
Diethylhexyl Butamido Triazone (DBT)	Iscotrizinol, Uvasorb HEB, Bis(2-ethylhexyl)-4,4'-{[6-({4-[(2-methyl-2-propanyl) carbamoyl]phenyl}amino)-1,3,5-triazin-2,4-diyl]diimino} dibenzoat	UV-B (bei 310 nm)	Photostabil. Neubewertung bezüglich Umwelt läuft seit 2015.[138]
Dinatrium Phenyl Dibenzimidazol Tetrasulfonat (DPDT)	Bisdisulizole disodium, Neo Heliopan AP, 6-Sulfo-2-[4-(6-sulfo-4-sulfonato-1H-benzimidazol-2-yl) phenyl]-1H-benzimidazol-4-sulfonatdinatriumsalz	UV-A (bei 335 nm)	Gilt als sicher. [139]

INCI	Andere Bezeichnungen	Schutzbereich (Absorptionsmaximum)	Sonstige Eigenschaften
Drometrizole Trisiloxane (DT)	Meroxyl XL	UV-B (bei 303 nm) UV-A (bei 344 nm)	Bei der ECHA liegen kaum Daten vor, lediglich der Hinweis „Für diesen Stoff gibt es keine harmonisierte Einstufung und keine gemeldeten Gefahren durch Hersteller, Importeure oder nachgeschaltete Anwender."[140]
Ethylhexyl Methoxycinnamate (EM)	Octinoxat Octyl Methoxycinnamate Tinosorb OMC Eusolex 2292	UV-B (280 nm–320 nm)	In manchen Ländern zum Schutz des Ozeans seit 1. Januar 2021 also Inhaltsstoff in Sonnenschutzmitteln verboten. Gilt als potenzieller endokriner Disruptor. Eine Neubewertung bezüglich menschlicher Gesundheit und Umwelt läuft seit 2016.[125]
Ethylhexyl Salicylate (EHS)	Octisalate, Salicylsäure-2-ethylhexylester	UV-B (bei 305 nm)	Photostabil. Gilt als potenzieller endokriner Disruptor. Neubewertung bezüglich menschlicher Gesundheit läuft seit 2022.[126]
Ethylhexyl Triazone (ET)	Uvinul T 150, Octyltriazon	UV-B (280–320 nm)	Photostabil, kann dauerhaft schädliche Wirkungen auf Wasserlebewesen haben.
Homosalate	Homomenthylsalicylat, Salicylsäure-3,3,5-trimethylcyclohexylester	UV-B (295–315 nm)	Kann Allergien auslösen. Gilt auch nach der Neubewertung 2021 aufgrund nicht ausreichender Forschungsergebnisse immer noch als potenzieller endokriner Disruptor. Bis 0,5 % sicher.[127]

INCI	Andere Bezeichnungen	Schutzbereich (Absorptionsmaximum)	Sonstige Eigenschaften
Isoamyl p-Methoxycinnamate	Amiloxat, Isopentyl-4-methoxycinnamat, Isopentyl p-methoxycinnamate	UV-B (280–320 nm)	Gilt als potenzieller endokriner Disruptor. Neubewertung bezüglich menschlicher Gesundheit läuft seit 2016.[128]
Octocrylene	Octocrilen, 2-Ethylhexyl-2-cyano-3,3-diphenylacrylat	UV-B (bei 303 nm)	Photostabil. Gilt als sicher. Verdacht als potenzieller endokriner Disruptor konnte durch Neubewertung nicht bestätigt werden.[141] Kann in seltenen Fällen allergische Reaktionen auslösen.[141] Bildet bei Alterung krebserregenden Stoff Benzophenon.[130] Neubewertung bezüglich Umwelt läuft seit 2012.[142]
Benzophenone-3	Oxybenzone	UV-B und UV-A (280–400 nm)	Photostabil. Schadet Korallenriffen. Das SCCS befindet Benzophenone-3 als UV-Filter in Sonnenschutzprodukten für den Körper bis zu einer Gesamtkonzentration von 2,2 % als sicher. In Bezug auf endokrin schädigende Wirkung besteht weiterer Untersuchungsbedarf.[124]
Phenylbenzimidazole Sulfonic Acid	Enzulisol	UV-B (bei 305 nm)	Photostabil. Gilt als sicher (bis 8 %).[143]

Gemischte UV-Filter
Eine besondere Form von UV-Filtern stellen mikronisierte organische UV-Filter dar. Sie dringen minimal in die oberste Hautschicht ein, wo sie UV-Strahlung streuen, reflektieren und absorbieren. Über eine genaue Funktionsweise hält sich die BASF, die die gemischten UV-Filter entwickelt hat und vertreibt, leider sehr bedeckt. Man kann sie also als einen Hybrid-Filter bezeichnen (organische Partikel mit der Eigenschaft von anorganischen Substanzen). Dadurch bieten sie einen sehr guten und vor allem sehr breiten UV-Schutz.

Beispiele von aktuell zugelassenen organischen Hybrid-UV-Filtern:

INCI	Andere Bezeichnungen	Schutzbereich (Absorptionsmaximum)	Sonstige Eigenschaften
Methylene Bis-Benzotriazolyl Tetramethylbutylphenol (Nano)	MBBT, Tinosorb M	UV-B und UV-A (280 – 380 nm)	Gilt laut aktuellem Stand der Wissenschaft bei der Anwendung auf intakter Haut als sicher. Der SCCS zieht aber eine Überarbeitung der Bewertung in Betracht und äußert zudem Bedenken hinsichtlich möglicher Hautirritationen und Bioakkumulation im Gewebe.[127]
Tris-Biphenyl Triazine (Nano)	TBT, Tinosorb A2B, ETH50	UV-B und UV-A (290 - 340 nm)	Gilt laut aktuellem Stand der Wissenschaft bis zu 10 % als sicher. Neue Bewertungen abhängig von der Entwicklung neuer Analysemethoden möglich.[131]

Und auch hier wieder stellt sich mir die Frage: Sind die beiden UV-Filter unbedenklich oder nicht?

Ich weiß nicht, wie ihr das seht, aber mich befriedigt die Aussage „based on the currently available scientific evidence" (also basierend auf den derzeitig verfügbaren wissenschaftlichen Erkenntnissen) des SCCS nicht wirklich. Auch die Tatsache, dass die Beurteilungen über die Sicherheit des UV-Filters MBBT auf einer 39-wöchigen Studie basiert oder im Falle von TBT lediglich eine 13-wöchige Studie an Ratten durchgeführt wurde, sehe ich als kritisch, da Langzeitstudien fehlen.

Und auch der SCCS sagt selbst: „Diese Einschätzung soll jedoch keine Musterlösung (‚Blueprint') für zukünftige Beurteilungen sein. Sobald Analysemethoden besser entwickelt oder bessere Testverfahren verfügbar sind, können von Fall zu Fall neue Daten angefordert und die UV-Filter neu bewertet werden."[129] In beiden Beurteilungen also keine klare Aussage seitens des SCCS. Daher würde ich für Kinderhaut, auch wenn beide UV-Filter einen wirklich guten UV-Schutz bieten, andere Alternativen nutzen.

Folgende Sonnenschutzmittel enthalten weder unnötige noch bedenkliche Inhaltsstoffe und verfügen über einen ausreichenden LSF (Stand November 2022):

Sonnenschutzmittel	UV-Filter	Anmerkung
Atitude Fragrance-free Baby & Kids Sunscreen LSF 30	anorganisch	
Attitude Fragrance-free Sunscreen LSF 30	anorganisch	
Attitude Sensitive Skin Sunscreen LSF 30	anorganisch	
Attitude Tropical Sunscreen LSF 30	anorganisch	
Attitude Vanilla Blossom Baby & Kids Sunscreen LSF 30	anorganisch	
Babylove Sonnenstick Sensitive LSF 50+	organisch	nicht vegan (Cera alba)
Badger Balm Baby Sunscreen Cream Chamomile & Calendula LSF 30	anorganisch	nicht vegan (Cera alba)
Biossance Squalane Zinc Sheer Mineral Sonnencreme LSF 30	anorganisch	
Lavozon Kids Stick LSF 50+	organisch	nicht vegan (Cera alba)
Mabyen Baby Sonnencreme LSF 50	anorganisch	
Naïf Sonnenlotion parfümfrei für Baby und Kind LSF 50	anorganisch	
Omuci Sonnenschutz Nothing to Hide LSF 30	organisch	

Sonnenschutzmittel	UV-Filter
Omuci Sonnenschutz Nothing to Hide LSF 50	organisch
Paediprotect Alpinsonnencreme mit Kälteschutz	organisch
Paediprotect Sonnen-Spray	organisch
Paediprotect Sonnen-Spray LSF 50+	organisch
Paediprotect Sonnencreme Gebirge	organisch
Paediprotect Sonnencreme Meer	organisch
Sundance Lippenpflege sensitiv	organisch
Sundance Sonnenmilch Kids LSF 50	organisch
Sunozon Sensitiv Lippenpflege Stift	organisch
Sunozon Sensitiv Sonnenfluid LSF 50	organisch
Sunozon Sport Sonnenbalsam Sport LSF 50+	organisch

Eincremen im Kindergarten

Ich werde ganz oft gefragt, ob ich mein Kind morgens, bevor es in den Kindergarten geht, eincreme. „Das würde sich ja nicht lohnen, da die Schutzzeit ja dann aufgebraucht ist, wenn sie erst später rausgehen." Dem ist aber nicht so. Die Schutzzeit läuft nicht sofort nach dem Auftragen ab, sondern erst, wenn UV-Strahlung auf die Hautoberfläche trifft. Es ist also sehr wohl von Vorteil, wenn die Kinder bereits eingecremt morgens abgegeben werden. Zumal das für die Erzieher*innen sehr viel Zeit spart und sie so nicht noch jedes Kind eincremen müssen, bevor es rausgeht. Allerdings sollten Kinder, die viel schwitzen oder geschlafen haben, vor dem Rausgehen nochmals nachgecremt werden. Viele Einrichtungen haben draußen keinen optimalen UV-Schutz, weil Bäume oder Sonnensegel fehlen. Hier wäre es am besten, wenn die Kinder vormittags rausgehen und den Nachmittag drinnen verbringen.

Sonnencremes mit unterschiedlichen UV-Filtern am besten nicht mischen, da der anorganische UV-Filter Zinkoxid organische UV-Filter abbaut und so der UV-Schutz beeinträchtigt sein kann.

Einfache Regeln für einen optimalen Sonnenschutz im Kindergarten:

- Kind morgens eingecremt in die Einrichtung bringen.
- Am besten LSF 50 wählen, da sich der Schutz gerne durchs Spielen oder Schwitzen verringert.
- UV-Kleidung in Form von Hut oder Mütze ist ein Muss.
- Selbstständiges Eincremen mit dem Kind üben.
- Eigenes Sonnenschutzmittel, wenn möglich, in die Einrichtung mitgeben.
- Kleidung wählen, die auch mit Flecken von UV-Filtern gut aussieht.
- Bei schwieriger Kommunikation mit der Einrichtung könnt ihr euch an die Einrichtungsleitung oder den Träger wenden. Bei vollständiger Verweigerung von Sonnenschutzmaßnahmen ggf. den Kontakt zum Krebsverband des jeweiligen Bundeslandes suchen.
- Vielleicht können sich die Erzieher*innen und Eltern auf eine gemeinsame gute Sonnencreme einigen.
- Für Kinder, die das Eincremen nicht zulassen, UV-Kleidung als Alternative in Betracht ziehen.

Weitere wichtige Sonnenschutzregeln und Tipps zum Schluss:

- Regelmäßiges Nachcremen sorgt für ein Aufrechterhalten des UV-Schutzes, nicht aber für eine Verlängerung der Eigenschutzzeit.
- Bei wasserfesten Produkten mit organischen UV-Filtern nach dem Eincremen am besten 20 Minuten warten, bis man ins Wasser geht. Anorganische UV-Filter hingegen bieten einen sofortigen Schutz.
- Bei der Verwendung von Sonnenschutzmitteln gilt: Viel hilft viel. Nur bei ausreichender Menge an Sonnenschutzmittel ist der angegebene LSF gewährleistet.
- Vorsicht: Die orale Aufnahme von Sonnenschutzmitteln, die sich auf der Haut befinden, ist i. d. R. nicht problematisch. Achtet nur bitte auf die Augen. Denn gerade die ganz Kleinen fassen sich doch noch öfter mit den Händen ins Gesicht. UV-Filter brennen in den Augen stark und sollten sofort ausgewaschen werden (gilt auch für die Augen von uns Erwachsenen).
- Sonnenschutzmittel sind keine Pflegecremes und sollten daher nach der Nutzung mit milden Tensiden oder Reinigungsölen abgewaschen werden, gerade mineralische Partikel können die Haut schnell austrocknen.

- Sonnenschutzmittel können besonders auf weißen Kleidungsstücken gelbe Flecken hinterlassen. Schuld sind meist die UV-A-Filter, welche den blauen Anteil des sichtbaren Lichts absorbieren. Da die UV-Filter meist in Fett gelöst sind, handelt es sich um ölige Flecken. Am besten also mit starken Tensiden reinigen, aber keine Bleiche oder optischen Aufheller verwenden, da sich Flecken orange-pink verfärben können. Unter den Bezeichnungen Bleichmittel oder optische Aufheller sind sie (wenn enthalten) in der INCI-Liste der Waschmittel oder Fleckenentferner gelistet (meist in Waschmitteln für weiße Wäsche oder Vollwaschmitteln).

6 kurz & knapp

- Die Haut von Babys ist viel dünner und pigmentarm, weswegen die Stammzellen viel näher und ungeschützter an der Hautoberfläche liegen. So kann es schneller und leichter zu DNS-Schäden kommen, die im Laufe des Lebens das Risiko, an Hautkrebs zu erkranken, stark erhöhen.
- Daher sollten Babys und Kleinkinder idealerweise in den ersten beiden Lebensjahren nicht direkter Sonnenstrahlung ausgesetzt werden.
- Die Mittagsonne, wenn möglich, meiden (gilt übrigens für jede ungeschützte Haut). Denn 80 % der täglichen UV-Strahlungsdosis fällt zwischen 11 und 16 Uhr an.
- Sonnenschutz ist ab einem UV-Index von 3 nötig.
- Optimalen Sonnenschutz bieten Schatten, Kleidung und Sonnencreme – genau in dieser Reihenfolge.
- UV-Kleidung, Sonnenschirme, Sonnensegel oder andere Textilien, die angeben, Schutz vor UV-Strahlung zu bieten, sollten vorher durch ein Testinstitut auf ihre UV-Schutzeigenschaften getestet worden sein. Der optimalste Standard, nach dem UV-Textilien getestet werden, ist der Standard 801. Nach welchem Standard der UPF überprüft wurde, steht oftmals im Etikett der Kleidung etc.
- Wenn kein Schatten und keine UV-Kleidung die Haut schützen, können

Sonnenschutzmittel zum Einsatz kommen. Gerade im Gesicht oder an den Händen kann Kleidung nicht schützten.

- Kinderhaut ist nicht nur anfälliger für Schäden durch UV-Strahlung, sie ist auch durchlässiger für Wirk- oder Schadstoffe. Daher Sonnenschutzmittel ohne bedenkliche Inhaltsstoffe verwenden.
- Sonnenschutzmittel sollten frei von unnötigen Inhaltsstoffen wie synthetische Polymere oder Duftstoffe sein.
- Für Kinder wird ein LSF von mindestens 30 empfohlen. Aufenthalte in großen Höhen, im Schnee oder am Wasser erfordern ein Sonnenschutzmittel mit einem höheren LSF.
- Sonnenschutzmittel sollten einen ausreichenden UV-A Schutz haben, erkennbar an einem UV-A-Logo auf dem Produkt.
- Die Sonnencreme sollte einen UV-Filter enthalten, der als sicher gilt und weder im Verdacht steht, das Hormonsystem zu beeinflussen, noch Allergien auslösen kann.
- Nach einer neuen Studie aus dem Jahr 2021 sollte dabei der mineralische UV-Filter Zinkoxid nicht mit organischen (chemischen) UV-Filtern vermischt werden, da dabei bedenkliche Abbauprodukte entstehen können und Zinkoxid organische UV-A-Filter abbaut. Dadurch verringert sich der Lichtschutzfaktor teils erheblich, was die Gefahr von Hautschäden erhöht.[132]
- Sonnenschutzmittel, die für Kinder in Ordnung sind, können natürlich auch von uns Erwachsenen benutzt werden.

KAPITEL 8

ZAHNPASTA

Ein weiteres großes Thema im ersten Jahr mit Baby, was viele beschäftigt, ist die Wahl der richtigen Zahnpasta. Denn spätestens beim Durchbruch vom ersten Zähnchen kommen wir nicht drum herum uns damit auseinanderzusetzen. Total verrückt eigentlich, machen wir uns um unsere eigene Zahnpasta ja nicht wirklich Gedanken (ich zumindest, bis ich mich von tierischen Inhaltsstoffen in meinem Leben verabschiedet hatte). Dabei ist es ein Produkt, welches wir mindestens zweimal am Tag nutzen.

Mir ist wichtig, dass ich hier nochmal betone, dass ich keine Zahnärztin bin und weder verbindliche Empfehlungen hinsichtlich Dosierung, Anwendung noch zur Fluoridgabe geben werde. Ich konzentriere mich hier auf die Inhaltsstoffe und werde euch lediglich die Empfehlungen der Expert*innen weitergeben. Und die (u.a. die Europäischen Akademie für Kinderzahnheilkunde oder die Bundesärztekammer) sagen: „Ab dem Durchbruch des ersten Milchzahns bis zum zweiten Geburtstag sollte zweimal täglich eine Kinderzahnpasta mit 0,10 % (= 1000 ppm) Fluorid in einer reiskorngroßen Menge auf die Zahnbürste aufgetragen werden (ohne zusätzliche Gabe von Tabletten mit Fluorid). Ab dem zweiten Geburtstag sollte zweimal täglich eine Kinderzahnpasta mit 0,10 % (= 1000 ppm) Fluorid in einer erbsengroßen Menge verwendet werden (Abb. 13)."[144,145]

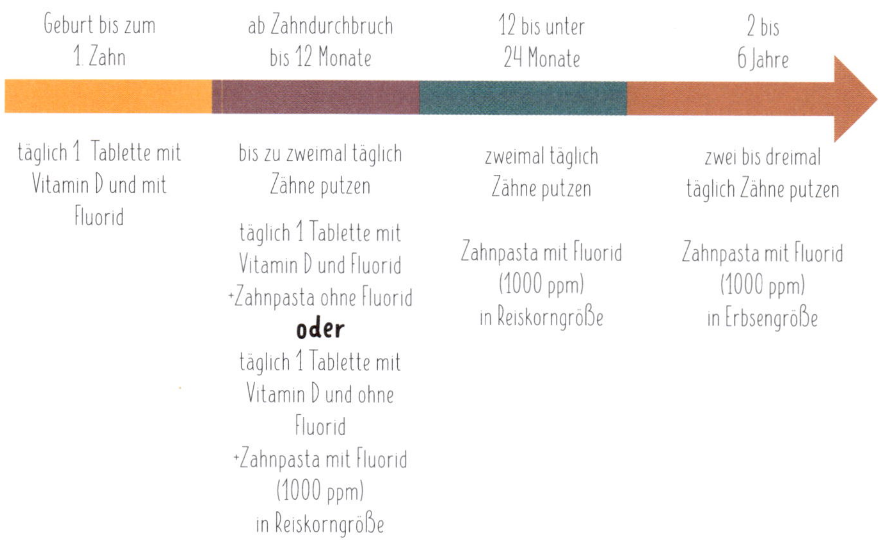

Abb. 13: Expertenempfehlung zur aktuellen Kariesprävention mit Fluorid im Säuglings- und frühen Kindesalter[145]

Damit haben wir nun also vorab den aktuellen Stand der Wissenschaft hinsichtlich der Anwendung, Dosierung oder Fluoridkonzentration in Kinderzahnpasta geklärt.

Inhaltsstoffe Zahnpasta

Eine Zahnpasta besteht größtenteils aus Wasser, Putzkörpern und Feuchthaltemittel. Der restliche Anteil sind Puffer, Bindemittel, Schaummittel, Süßstoffe, Geschmacksstoffe, Farb- und Konservierungsmittel. Im Falle einer fluoridhaltigen Zahnpasta auch der therapeutische Wirkstoff Fluorid. Im Einzelnen sind es:

- Wasser zum Lösen der Substanzen
- Putzkörper, die die Zähne mechanisch reinigen
- Feuchthaltemittel, die das Austrocknen der Zahnpasta verhindern
- Bindemittel, die für die gelartige Konsistenz verantwortlich sind und verhindern, dass sich im Inneren der Tube Wasser absetzt
- Schaummittel, die, wie der Name sagt, Schaum beim Putzen bilden
- Puffer, die den pH-Wert der Zahnpasta neutral halten
- Konservierungsmittel, die verhindern, dass die Zahnpasta schlecht wird
- Geschmacks-, Aroma- Duft- und Farbstoffe sowie Süßungsmittel für den Geschmack
- spezielle therapeutische Wirkstoffe zur Karies- und Parodontal-Prophylaxe wie auch zur Desensibilisierung überempfindlicher Zahnhälse

Auf alle Inhaltsstoffgruppen werde ich jedoch nicht eingehen, das wäre zu viel. Die Wichtigsten davon und vor allem, wie ihr nun die richtige Zahnpasta für euer Kind (und vielleicht auch für euch) findet, das folgt jetzt.

Eigenschaften für ideale Zahnpasta

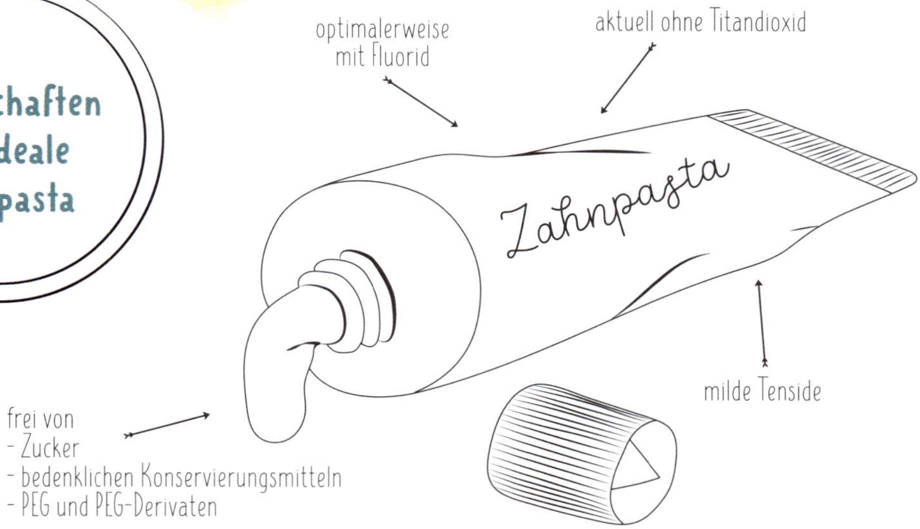

Fluorid in Zahnpasta

Im Internet findet man die wildesten Aussagen über Fluorid in Zahncremes: „Das Zeug ist hochgiftig. Tödlich. Lagert sich in unserem Gehirn ab. Macht uns dumm." Hobby-Ärzte und Freizeit-Chemiker verbreiten, dass die geld- und machtgierigen Firmen uns mit dem Fluor in Zahnpasten vergiften wollen. Auch wenn man dem Ganzen keinen Glauben schenkt, erreichen sie damit, dass wir beginnen, all das zu hinterfragen. Was per se nicht schlecht ist, jedoch den ein oder anderen von uns zu falschen Quellen und somit zu verdrehten Ansichten führt. Das gefährliche Halbwissen lässt grüßen. Klären wir also erst einmal, was Fluoride überhaupt sind.

Extrawissen: Fluoride

Fluoride sind die neutralen Salze der Fluorwasserstoffsäure. Ich betone „neutral", weil es hier sehr oft zu Verwechslungen kommt. Wir verwenden ja auch kein reines Chlor zum

Salzen unserer Mahlzeiten, sondern lediglich das Salz des Chlors (Natriumchlorid, Kochsalz).

Im menschlichen Organismus kommen Fluoride in allen Geweben, Knochen und Zähnen vor. Fluorid ist für den Menschen nach derzeitigem Kenntnisstand nicht essentiell, hat aber eine günstige Wirkung für die Zahngesundheit und die Mineralisierung der Knochen und Zähne. Wir nehmen Fluoride über unsere Ernährung oder Mineralwasser zu uns. Da Fluoride natürlicherweise in der Umwelt vorkommen, sind sie auch in unserem Trinkwasser enthalten. In Deutschland sind die Fluoridgehalte des Trinkwassers im Allgemeinen niedrig (mehr als 90 % des Trinkwassers enthalten weniger als 0,3 mg Fluorid pro Liter). Dabei können die Fluoridgehalte regional variieren. Die zuständigen Gesundheitsämter oder Landesbehörden können euch über die regionalen Fluoridgehalte im Trinkwasser Auskunft geben.[146]

In Zahncremes werden Fluoride zur Prophylaxe vor Zahnkaries verwendet (meist Aminofluoride oder Natriumfluorid). Ihre Konzentration wird in „parts per million" (ppm) angegeben. Dabei entspricht ein ppm einem Milligramm pro Liter. In Produkten für Erwachsene – das sollte auf der Tube vermerkt sein – liegt die Konzentration bei maximal 1450 ppm, in Kinder-Zahnpasta darf sie 1000 ppm nicht überschreiten.

Ein Rechenbeispiel:
1000 ppm entsprechen 1000 mg Fluorid pro Liter (1000 ml).
50 ml Zahnpasta (1000 ppm) enthalten somit 50 mg Fluorid.
0,125 mg Zahnpasta (1000 ppm) enthalten 0,125 mg Fluorid (reiskorngroß).
0,25 mg Zahnpasta (1000 ppm) enthalten 0,125 mg Fluorid (erbsengroß).

Fluoride in Zahnpasta findet ihr in der INCI-Liste unter folgenden Bezeichnungen:

- Aminfluorid/Olaflur (nicht vegetarisch, nicht vegan, Inhaltsstoff tierischen Ursprungs)
- Zinkfluorid
- Sodium Fluoride
- Sodium Monofluorophosphate

Doch was ist nun an den Aussagen, dass Fluoride pures „Gift“ seien, dran? Wie auch bei vielen anderen Inhaltsstoffen, ist die Toxizität von Fluorid abhängig von der Konzentration pro Kilogramm Körpergewicht. Das BFR unterscheidet hier zwischen akuter und chronischer Toxizität, also schädlichen Wirkungen, die innerhalb von 14 Tagen nach Verabreichung einer Einzeldosis oder nach langfristiger Anwendung von zu viel Fluorid auftreten.

Symptome einer akuten Vergiftung sind Übelkeit, Erbrechen und Kopfschmerzen. Sie treten ab einer Menge von 5 mg pro kg Körpergewicht auf. Für einen 70 Kilogramm schweren Erwachsenen wären das 350 mg. Er müsste also etwa 7 Tuben einer Kinderzahnpasta (1000 ppm) auf einmal zu sich nehmen. Eine sichere tödliche (letale) Dosis von Fluorid liegt bei Erwachsenen bei 15 mg/kg Körpergewicht[147], was etwa 100 Tuben (1000 ppm) entspricht. Bei Kindern unter 6 Jahren ist bei einer Dosis von mehr als 15 mg Fluorid/kg Körpergewicht „der Tod wahrscheinlich“.[147] Das wären bei einem 15 Kilogramm schweren Kind 225 mg, also etwa 4,5 Tuben (1000 ppm). Solange also dein Kind nicht über 4 Tuben auf einmal aufisst, sind keine akuten Symptome zu erwarten.

Die „optimale“ Dosis mit dem höchsten kariespräventiven Effekt bei gleichzeitig geringem Risiko (ca. 10 %) für die Entstehung von Dentalfluorosen wird von der EFSA mit 0,05 mg/kg Körpergewicht pro Tag angegeben und entspricht dem abgeleiteten „Adequate Intake“ (AI) aus allen Aufnahmequellen (EFSA, 2013). Bei Dosierungen oberhalb von 0,1 mg/kg Körpergewicht pro Tag („Tolerable Upper Intake Level“ (UL), EFSA, 2006) kann es sowohl zu Dentalfluorosen (mit weniger widerstandsfähiger Zahnschmelzoberfläche) kommen als auch – bei extrem hohen Überschreitungen des UL – zur Skelettfluorose, bei der die Knochenbrüchigkeit zunimmt.

Ein 15 Kilogramm schweres Kind sollte also täglich 0,75 mg Fluorid am Tag zu sich nehmen, jedoch nicht mehr als 1,5 mg. Da wir Fluorid auch über unsere Nahrung und das Trinkwasser zu uns nehmen, ist es also wichtig, dass die Zahnpasta nicht einfach großzügig auf die Zahnbürsten aufgetragen wird, sondern die Angaben wie „reiskorngroß“ (0,125 g; 0,125 mg Fluorid) und „erbsengroß“ (0,25 g; 0,25 mg Fluorid) eingehalten werden, um chronische Folgen zu vermeiden (Abb.14).

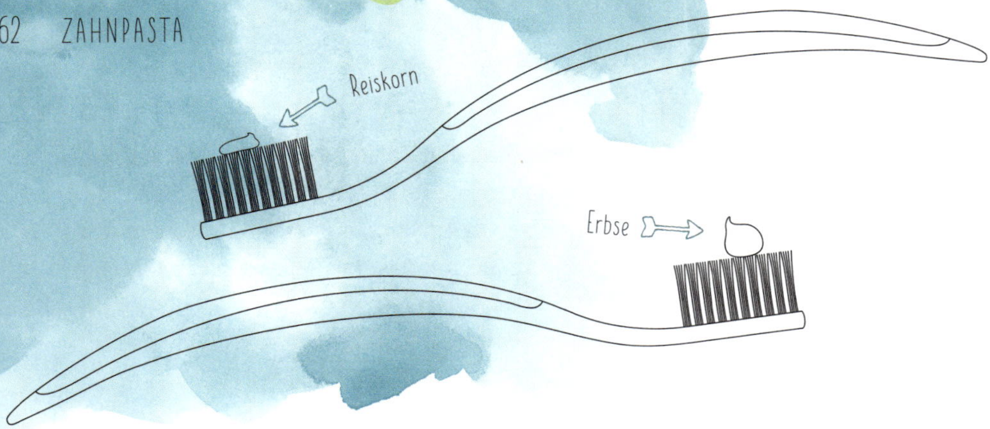

Abb. 14: Korrekte Dosierung der fluoridhaltigen Kinderzahnpasta, oben reiskorngroße Menge, unten erbsengroße Menge[148]

Milde Tenside

Tenside habt ihr ja bereits in den vorherigen Kapiteln kennengelernt. Als waschaktive Substanzen in Zahnpasta lockern sie die Zahnbeläge auf und sorgen dafür, dass sie sich besser abbürsten lassen. Tenside sind außerdem auch für den typischen „Schaum" verantwortlich. Darin sind die abgelösten Partikel gebunden, so dass wir sie anschließend ausspucken können. Wie bei Shampoo, Duschgel oder Seife gilt auch hier: Besser Produkte mit milderen Tensiden wie Betainen oder Glucosiden wählen, die die Mundschleimhaut weniger reizen. Das gilt übrigens auch für uns Erwachsene. Denn gerade Menschen, die zu Aphten im Mundraum neigen, sollten natriumlaurylsulfat-haltige Zahnpasten meiden.

Frei von Zucker und anderen unnötigen Inhaltsstoffen

Zucker ist der Zahnfeind Nummer eins, denn er bietet ideale Nahrung für kariesfördernde Bakterien wie z. B. die Bakterienart Streptococcus mutans. Dabei greifen aber nicht die Bakterien selbst den Zahn an, vielmehr scheiden sie bei der Verstoffwechselung von Zucker Säure aus, die dann die Zahnsubstanz angreift. Hinter Namen wie Glucose (Traubenzucker), Maltose, Dextrose oder Maltodextrin verbergen sich süßende Zutaten, welche genau wie üblicher Haushaltszucker (Saccharose), eine zahnschädigende Wirkung haben.

Kariesfördernde Zuckerarten haben also nichts in Zahnpasta zu suchen. Damit die Zahnpasta dennoch etwas süßlich schmeckt, kommen Süßungsmittel als Alternative in Form von Zuckeraustauschstoffen oder Süßstoffen zum Einsatz. Die Bakterien können nämlich die Zuckeraustauschstoffe wie Mannit, Sorbit und Xylit oder Süßstoffe wie Sodium Saccharin nicht verstoffwechseln. Ihre Süßkraft ist dabei sogar höher als die von Zucker. Aber Achtung: Die Zuckeraustauschstoffe können bei übermäßigem Verzehr abführend wirken (gilt aber eher für Lebensmittel, da ich davon ausgehe, dass die Zahnpasta nicht in Mengen gegessen wird).

Da Zahnpasta hauptsächlich aus Wasser und Feuchthaltemitteln besteht, sind Konservierungsmittel notwendig, um zu verhindern, dass sich dort gesundheitsbedenkliche Mikroorganismen ansiedeln oder die Zahnpasta ranzig wird. Doch wie ihr bereits wisst, sind nicht alle Konservierungsmittel optimal. Und gerade im Mundbereich, wo Inhaltsstoffe direkten Kontakt mit Schleimhäuten haben oder sogar geschluckt werden, sollten diese nicht unnötig reizen. Die Listen problematischer Konservierungsmittel findet ihr in Kapitel 3 C. Viele Hersteller haben jedoch bereits auf unbedenkliche Konservierungsmittel umgestellt.

Ein weiterer umstrittener Inhaltsstoff in Zahnpasta ist Polyethylenglykol (PEG) und seine Derivate. Ihr seht schon, ich wiederhole mich. Denn bei diesen PEGs handelt es sich um die gleichen Substanzen, wie sie auch im Shampoo, Duschgel oder in Seifen vorkommen. PEG werden auch hier als Tenside und Emulgatoren eingesetzt und sorgen neben der Schaumbildung dafür, dass sich das enthaltene Wasser mit den restlichen Inhaltsstoffen der Zahnpasta gut vermischt und alles feucht bleibt. PEG und seine Derivate wie beispielsweise PEG-6 gehören also auch hier zu den eher unnötigen Inhaltsstoffen.

Putzkörper ohne Titandioxid oder Kunststoffe

Putzkörper (oder auch Schleifmittel genannt) sind feinste Partikel, die Plaque und Bakterien, zusammen mit der Zahnbürste, mechanisch von der Zahnoberfläche entfernen. Sie können sowohl aus mineralischen Verbindungen wie Titandioxid, Silica oder Calciumcarbonat als auch aus synthetischen Kunststoffen wie Polyethylen oder Polypropylen bestehen und sind neben der Beschaffenheit der Zahnbürste und dem Druck, mit dem geputzt wird, vorrangig für die positive Wirkung der Zahnpasta verantwortlich.

Insbesondere Kieselerde (Silica-Putzkörper, INCI: Hydrated Silica) kommt oft zum Einsatz, da die Abrasions- und Reinigungseigenschaften hier gezielt angepasst werden können. Zudem sind die Silica-Partikel innerhalb der Zahnpastenformulierung weitestgehend inert, was bedeutet, dass sie nicht mit den sonst noch enthaltenen Wirkstoffen wie etwa Fluoriden reagieren. Sie gelten in non-Nanoform als sicher und unbedenklich.[149] Titandioxid hingegen, was neben seiner Funktion als Schleifpartikel hauptsächlich für die weiße Farbe der Zahnpasta verantwortlich ist, ist neuerdings in Lebensmitteln verboten, in Zahnpasta jedoch weiterhin als Farbstoff CI 77891 im Einsatz. In seltenen Fällten kommen auch Kunststoffe wie beispielsweise Calcium/Sodium PVM/MA Copolymer zum Einsatz. Die Mikroplastik-Kügelchen wurden einige Zeit als schonende Alternative zu aggressiven Putzkörpern angepriesen, sind aber mittlerweile kaum noch in Zahnpasta zu finden.

Titandioxid in Zahnpasta

Titandioxid (TiO_2) ist eine weiße, anorganische Verbindung, die sowohl in technischen Anwendungsgebieten wie der Herstellung von Farben, Lacken, Papier und Kunststoffen, aber auch in der Lebensmittel- und der Kosmetikindustrie, verwendet wird. Und wie ihr bereits im letzten Kapitel gelesen habt, wird Titandioxid auch als Filter zum Schutz vor ultravioletter

Strahlung in Sonnenschutzmitteln eingesetzt. Als Lebensmittelzusatzstoff E 171 kommt Titandioxid mittlerweile jedoch nicht mehr zum Einsatz.

Lange galt Titandioxid als Zusatzstoff unbedenklich. Ja, bis neue Erkenntnisse französischer Wissenschaftler*innen 2017 veröffentlicht wurden. Sie hatten Ratten Titandioxid über eine Sonde sowie mit dem Trinkwasser verabreicht und Veränderungen im Darm festgestellt, die sie als krebsverdächtig einstuften.[150] Ein Befund, der zwar nicht direkt auf Menschen übertragbar ist – jedoch Zweifel weckte. Die EFSA kommentiert die Studienergebnisse und ist der Ansicht, dass die Empfehlung der Wissenschaftler*innen erst mal weiter überprüft werden sollten.[151] Nachdem sich aber Frankreich 2019 auf Basis einer neuen Studienauswertung dazu entschied, Titandioxid für Lebensmittel auf nationaler Ebene zunächst für ein Jahr befristet zu verbieten,[152] prüfte auch die EFSA erneut und kam im März 2021 zu dem Ergebnis: „E171 kann als Lebensmittelzusatzstoff nicht mehr als unbedenklich angesehen werden".[153,154] Sie sieht E171 als Lebensmittelzusatzstoff aufgrund der neuen Hinweise nicht mehr als sicher an und entzieht ihm daraufhin die Zulassung EU-weit. Seit August 2022 dürfen also keine Lebensmittel mehr E171 enthalten. So sollten mittlerweile keine Kaugummis oder andere Lebensmittel mehr mit dem Zusatzstoff zu kaufen sein.

Die entzogene Zulassung von E171 als Lebensmittelzusatzstoff gilt nicht für Medikamente oder Kosmetika und so ist Titandioxid dort weiterhin enthalten. Im Falle der Medikamente vollkommen verständlich, gibt es bisher einfach keine Alternativen, und Neuformulierungen wären laut der Industrieverbände aufwendig und teuer. Zusätzlich erfordern solche Änderungen neue Zulassungen, was Jahre bis Jahrzehnte dauern könnte. Fatal für viele, die dann plötzlich ohne lebensnotwendige Medikamente dastehen.

Auch den Einsatz von Titandioxid als UV-Filter sehe ich nicht kritisch, da die Verwendung auf der Haut (dermal) weiterhin als sicher gilt. Aber warum Titandioxid als Farbpigment CI 77891 in Zahnpasta weiterhin zugelassen ist, ist mir ein Rätsel. Denn es wird ja auch oral aufgenommen und nicht vollständig ausgespuckt! Ich denke da vor allem an meinen fünfjährigen Sohn, der bis heute den Großteil seiner Zahnpasta einfach herunterschluckt.

Das BFR bezieht im Mai 2021 hierzu Stellung und übergibt den Kelch an den SCCS weiter. „Dem BfR liegen derzeit keine Daten zu Gehalten und Spezifikationen von Titandioxid in Zahnpasta vor. [...] Das BfR kann nicht beurteilen, ob die Bewertung der EFSA zu E 171 auf dieses Pigment übertragbar ist. Das BfR hat den zuständigen Behörden des Risikomanagements empfohlen, den SCCS mit einer Risikobewertung zu mandatieren."[155]

Nun ist also der SCCS am Zuge, über mögliche Bedenken hinsichtlich Titandioxid in Zahnpasta zu entscheiden. Ich sehe es so: Titandioxid übernimmt keine wichtige Funktion in der Zahnpasta. Ich kann gut auf ein kräftiges Weiß in meiner Zahnpasta verzichten. Bis weitere wissenschaftliche Erkenntnisse folgen, rate ich daher, den Inhaltsstoff, soweit möglich, zu meiden.

Produkte, die frei von unnötigen oder bedenklichen Inhaltsstoffen sind (Stand November 2022 inkl. Rezeptänderungen 2023):

Kinderzahnpasta mit Fluorid (500 ppm):
- Elmex Zahnpasta Baby (nicht vegetarisch, nicht vegan, Aminofluorid (Olaflur))

Kinderzahnpasta mit Fluorid (1000 ppm):
- Signal Kids Zahnpasta bis 6 Jahre (keine Angabe, ob vegan)
- Bevaola naturals Zahncreme Kids (vegan)**
- Bevola Zahngel Kids Berry (keine Angabe, ob vegan)
- Elmex Zahnpasta Kinder, 2 bis 6 Jahre (nicht vegetarisch, nicht vegan, Aminofluorid (Olaflur))
- Truemorrow Kinder-Zahnpasta (mit Fluorid) Erdbeer Zauber (vegan)

Kinderzahnpasta ohne Fluorid:
- Alverde Naturkosmetik Zahnpasta Gel Kinder (vegan)
- Attitude Baby Leaves Training Toothpaste Strawberry – fluoridfreie Zahnpasta (vegan)*
- Lavera Zahncreme Kids (vegan)**

- Weleda Zahnpasta Gel Kinder fluoridfrei (vegan)**
- Neobio Kinderzahngel (vegan)

**enthält Sodium Benzoate*
*** enthält Calendula Officinalis Flower Extract*

Nachtrag: Noch während ich das letzte Kapitel dieses Buches schreibe, erreicht mich ein Urteil des Europäischen Gerichtshofs: „Das Gericht erklärt die Delegierte Verordnung der Kommission aus dem Jahr 2019 für nichtig, soweit sie die harmonisierte Einstufung und Kennzeichnung von Titandioxid in bestimmten Pulverformen als karzinogenen Stoff beim Einatmen betrifft."[156]

Verschiedene Händler und Unternehmen, u. a. Hersteller für Farben, haben gegen die von der Europäischen Kommission erlassene Verordnung geklagt, die einen Warnhinweis für Produkte vorschreibt, die Titandioxid in entsprechenden Mengen enthalten. Am 23.11.2022 hat der europäische Gerichtshof entschieden, dass die Einstufung von Titandioxid als krebserregend nicht zulässig ist. Die EU-Kommission und die zuständige Europäische Chemikalienagentur hätten einen offensichtlichen Fehler bei der Beurteilung der Zuverlässigkeit der Studie begangen, auf der die Einstufung beruhte. Denn solch eine Einstufung müsse auf zuverlässigen und anerkannten Untersuchungen beruhen und das sei nicht der Fall gewesen. Außerdem dürfe ein Stoff nur als krebserregend eingestuft werden, wenn er tatsächlich die „intrinsische Eigenschaft" habe, Krebs zu erzeugen. Titandioxid müsste also für sich genommen krebserregend sein. Der Ausschuss für Risikobeurteilung der Chemikalienagentur habe die Gefahr aber als „nicht intrinsisch im klassischen Sinn" eingestuft.[157]

Was bedeutet das nun für Titandioxid in Zahnpasta und Lebensmitteln? Das Verbot von Titandioxid in Lebensmitteln bleibt, weil negative Effekte auf das menschliche Erbgut und mögliche Krebsrisiken weiterhin nicht ausgeschlossen werden können. Bei dem Urteil ging es lediglich um die Pulverform des Stoffes. Ein Verbot in Zahnpasta ist aktuell nicht geplant.

6 kurz & knapp

- Ab dem Durchbruch des ersten Milchzahnes bis zum zweiten Geburtstag sollte laut Expert*innen zweimal täglich mit 1000 ppm Fluorid in einer reiskorngroßen Menge geputzt werden. Ab dem zweiten Geburtstag sollte zweimal täglich eine Kinderzahnpasta mit 1000 ppm Fluorid in einer erbsengroßen Menge verwendet werden.
- Fluoride sind die neutralen Salze der Fluorwasserstoffsäure. Nicht zu verwechseln mit Fluor. Natriumchlorid (Kochsalz) würdet ihr in Form von Chlor auch nicht zu euch nehmen.
- Zahnpasta mit milderen Tensiden wie Betainen oder Glucosiden wählen, da sie die Mundschleimhaut weniger reizen. Zudem sollten sie frei von kariogenen Zuckern wie Glucose oder Maltodextrin sein. Auch bedenkliche Konservierungsmittel und PEG haben nichts in Zahnpasta für Babys zu suchen.
- Titandioxid ist als Lebensmittelzusatz E171 seit August 2022 in Lebensmitteln verboten. In Medikamenten und Zahnpasta ist es jedoch weiterhin erlaubt. Seine Einstufung als krebserregend in Pulverform ist seit November 2022 nicht zulässig.

ZUSATZKAPITEL

SÄUGLINGS
Anfangsmilch

Kommen wir zu einem sehr sensiblen, aber wichtigen Thema, welches im ersten Lebensjahr sehr essentiell sein kann. Sensibel, weil viele ein schlechtes Gewissen haben, wenn sie zur Säuglingsanfangsmilch (auch Formula oder kurz Pre genannt) greifen (müssen). Eines muss euch klar sein: Ihr seid keine schlechteren Eltern, nur weil euer Kind keine Muttermilch bekommt.

Die Wahl der Nahrung im ersten Lebensjahr sagt überhaupt gar nichts über eure Liebe, Zuneigung oder Bindung zu eurem Kind aus! Und wenn ihr beim Kauf von Säuglingsanfangsmilch einen Warnhinweis entdeckt, der besagt, dass „Stillen ideal für dein Kind ist“ oder „Stillen die beste und natürlichste Ernährung für dein Baby ist“, dann stimmt das wohl, jedoch beabsichtigen die Verfasser*innen damit nicht, euch ein schlechtes Gewissen einzureden, weil ihr nicht stillen könnt oder wollt. Hersteller von Säuglingsanfangsmilch sind verpflichtet, solch einen Warnhinweis aufzuführen.

Hintergrund ist eine Verordnung der EU, die besagt, dass eben solche Lebensmittelinformationen „verpflichtende Angaben“ sind. Konkret steht in der Verordnung: „[...] für Säuglingsanfangsnahrung und Folgenahrung sind zusätzlich folgende Angaben verpflichtend: [...] ein Hinweis auf die Überlegenheit des Stillens sowie die Empfehlung, das Erzeugnis nur auf den Rat unabhängiger Fachleute auf dem Gebiet der Medizin, der Ernährung oder der Pharmazie bzw. anderer für Säuglings- und Kinderpflege zuständiger Personen zu verwenden. Den Angaben gemäß diesem Buchstaben werden die Worte ‚wichtiger Hinweis‘ oder eine Formulierung gleicher Bedeutung vorangestellt, und sie werden auch in die Aufmachung und Bewerbung von Säuglingsanfangsnahrung aufgenommen.“[158]

Selbst das Werben ist laut Verordnung indirekt verboten, bzw. sollten die „Kennzeichnung, Aufmachung, Werbung sowie Verkaufsförderungs- und Handelspraktiken [...] mit den Grundsätzen und Zielen des Internationalen Kodex für die Vermarktung von Muttermilchersatzprodukten übereinstimmen.“[158] „Indirekt“, weil sich die europäische Kommission an den Internationalen Kodex für die Vermarktung von Muttermilchersatzprodukten der Weltgesundheitsorganisation (engl.: World Health Organisation, WHO) hält.

Dieser WHO-Kodex wurde zum Schutz und zur Förderung des Stillens sowie zur richtigen Verwendung von Muttermilchersatzprodukten definiert, um zu einer sicheren und angemessenen Ernährung von Säuglingen beizutragen. Er enthält eine Reihe von Grundsätzen und Regelungen, die eben u. a. vorschreiben, dass die Kennzeichnung, Aufmachung und Bewerbung von Säuglingsanfangsnahrung und Folgenahrung nicht so gestaltet werden darf, dass sie vom Stillen abhält.

Nicht nur Muttermilchersatzprodukte sollten lediglich angewendet werden, wenn sie medizinisch notwendig sind, auch der Einsatz von Flaschen und Saugern darf nur sachgemäß mit Aufklärung und Anleitung eingesetzt werden. Wortwörtlich schreibt die WHO: „Der Kodex ist eine Reihe von Empfehlungen zur Regulierung der Vermarktung von Muttermilchersatz, Babyflaschen und Saugern. Der Kodex zielt darauf ab, die aggressive und unangemessene Vermarktung von Muttermilchersatz zu stoppen.“[159] Er befürwortet aber auch die Nutzung der am sichersten und besten verfügbaren Ernährungsalternativen (also Säuglingsanfangsmilch), wenn Babys nicht gestillt werden, aus welchen Gründen auch immer.

Und als sicherste und einzige Ernährungsalternative zu Muttermilch gilt ausdrücklich Säuglingsnahrung. Weder Muttermilch anderer Spezies (von beispielsweise Kuh, Ziege oder Hund) noch pflanzliche Milch können die wichtigen und lebensnotwendigen Inhaltsstoffe liefern, die euer Kind gerade im ersten Lebensjahr für eine gesunde Entwicklung benötigt. Grund dafür ist, dass jede Spezies eine einzigartige Zusammensetzung ihrer Milch besitzt. So ähneln sich zwar Kuh- und Muttermilch in ihren Inhaltsstoffen, nicht aber in ihrer prozentualen Zusammensetzung (unterschiedlicher Kohlehydrat-, Fett- und Eiweißanteil).

Kuhmilch enthält mehr Proteine (Eiweiß) als Muttermilch, da Kälber schneller wachsen müssen als Menschenkinder. Die hohen Konzentrationen an Eiweiß und auch Mineralien können die unreifen Nieren eines Neugeborenen belasten. Darüber hinaus fehlen Kuhmilch die richtigen Mengen an Eisen, Vitamin C und anderen Nährstoffen, die Säuglinge benötigen. Damit sich das Gehirn und die Nerven eines Säuglings schnell entwickeln können, müssen bestimmte Proteine, Mineralien und Fettarten vorhanden sein, die in Kuhmilch teils nicht verfügbar sind oder von Säuglingen nicht verwertet werden können.[160]

Hinweis: Pre-Säuglingsnahrung ist der Muttermilch am ähnlichsten. Einige Hersteller werben damit, dass 1er, 2er- und 3er-Milch die veränderten Bedürfnisse des älteren Säuglings besser berücksichtigen. Dafür gibt es jedoch keine wissenschaftlichen Belege. Sie enthalten meist einfach nur mehr Kohlenhydrate in Form von Stärke.

In Säuglingsmilch werden Proteine, Vitamine und Mineralien so aufbereitet, dass sie leichter verdaulich sind. Damit auch jede Säuglingsanfangsnahrung alle lebensnotwendigen Inhaltsstoffe enthält, sind sowohl ihre Zusammensetzung, die Rückstandshöchstmengen und die Etikettierung innerhalb der Europäischen Union einheitlich geregelt.[161] Die Verordnung über diätetische Lebensmittel (Diätverordnung) setzt diese EG-Richtlinie über Säuglingsnahrung in deutsches Recht um.[162] Damit wird gewährleistet, dass alle in Deutschland zugelassenen Säuglingsanfangsnahrungen nach aktuellen wissenschaftlichen Erkenntnissen, unabhängig von Marken und Preisen, einen im gesetzlichen Rahmen vorgeschriebenen Gehalt an Energie und Nährstoffen aufweisen.

Hinweis: Die Verordnung gilt nur für Pre-Nahrung, also nicht für Folgenahrung oder Spezialnahrung.

2015 wurden Anpassungen an der Verordnung über Lebensmittel für Säuglinge und Kleinkinder vorgenommen, die nun seit dem 22. Februar 2020 gelten. Die neue Verordnung soll die bestehenden Vorschriften verbessern und die Werte den aktuellen wissenschaftlichen Erkenntnissen anpassen. Die Hersteller hatten bis 22.2.2021 Zeit, die Inhaltsstoffe ihrer Säuglingsanfangsnahrung an die neue EU-Verordnung anzugleichen. Und so muss mittlerweile jede Säuglingsanfangsnahrung folgende Inhaltsstoffe enthalten (Anhang I, Anforderungen an die Zusammensetzung gemäß Artikel 2, Absatz 1):[158]

- Energie: Brennwert zwischen 60 und 70 kcal
- Kohlenhydrate: zwischen 9 und 14 g/100 kcal
- Fett: zwischen 4,4 und 6 g/100 kcal

- Proteingehalt:
    - Kuhmilch/Ziegenmilch: zwischen 1,8 und 2,5 g/100 kcal
    - Sojaproteinisolate: zwischen 2,25 und 2,8 g/ 100 kcal
    - Proteinhydrolysate: zwischen 1,86 und 2,8 g/100 kcal
- Proteine: L-Carnitin (neu, vorher optional) und Cholin
- Essentielle Fettsäuren: wie Linolsäure, Alpha-Linolensäure und Docosahexaensäure* (DHA, auch zu finden in „Fischöl" oder „Öl aus der Mikroalge Schizochytrium sp.")
- Mineralstoffe
- Vitamine
- Inositol

**Für Spezialnahrung wie Prophylaxennahrung (wie hypo-allergene oder Anti-Reflux-Nahrung) findet die Umsetzung der Verordnung erst zu einem späteren Zeitpunkt statt. Bis dahin muss zum einen DHA nicht enthalten sein, oder wenn es enthalten ist, muss es nicht in der Nährstofftabelle aufgelistet werden. Ist z. B. Fischöl in der Zutatenliste, dann ist auch DHA in dem Pulver, auch wenn es nicht explizit in der Nährstofftabelle deklariert ist. Es ist dann in der Nährstofftabelle unter den mehrfach ungesättigten Fettsäuren zusammengefasst.*

Es gibt aber auch Inhaltsstoffe, die in Säuglingsanfangsnahrung (Pre) enthalten sein können, aber nicht müssen. Auch sie sind in der Verordnung aufgeführt:[158]

- Ballaststoffe/Probiotika: Fructooligosaccharide (FOS) oder Galactooligosaccharide (GOS) sowie Lacto-N-Neotetraose
- Präbiotika (Bakterienkulturen) wie z.B. Lactobacillus
- Arachidonsäure (AHA, ARA, AA): Da Arachidonsäure aktuell kein verpflichtender Inhaltsstoff ist, muss er nicht explizit in der Nährstofftabelle gelistet werden. Viele Säuglingsnahrungen enthalten dennoch ARA, zu finden in der Zutat „Öl aus Mortierella alpina" (eine Pilzart) oder „Öl aus der Mikroalge Schizochytrium sp."
- Taurin
- Nukleotide wie Cytidin-, Uridin-, Adenosin- oder Guanosinmonophosphat

Und dann gibt es noch die Inhaltsstoffe, die rechtlich gesehen nicht in Säuglingsanfangsnahrung enthalten sein dürfen:

- Sesamöl
- Baumwollsaatöl
- Pestizidrückstände

Aber hier gibt es noch den Hinweis: Ein Verbot des Einsatzes bestimmter Pestizide würde nicht zwangsläufig garantieren, dass Säuglingsanfangsnahrung und Folgenahrung frei von diesen Pestiziden sind, da einige Pestizide über lange Zeiträume unverändert in der Umwelt verbleiben und Rückstände davon in Lebensmittel gelangen können. Aus diesem Grund werden diese Pestizide als nicht verwendet betrachtet, wenn ihre Rückstände unter einem bestimmten Wert liegen.

Was mir hier noch fehlt, sind Mineralöl- sowie Desinfektionsmittel-Rückstände. Die sind in dieser Verordnung leider rechtlich nicht festgehalten. Es existieren nicht einmal Grenzwerte, auch für andere Lebensmittel nicht.

Wir haben jetzt also geklärt, was in Säuglingsnahrung laut Verordnung enthalten sein muss, kann oder nicht enthalten sein darf. Aber warum gibt es dann nicht die eine Säuglingsanfangsmilch, sondern gefühlt 100 verschiedene? Grundsätzlich enthalten alle ausgeschriebenen Säuglingsanfangsnahrungen die verpflichtenden Inhaltsstoffe und unterscheiden sich daher in ihren optionalen Inhaltsstoffen wie Präbiotika, Probiotika, Fettsäuren, Aminosäuren oder Nukleotiden. Außerdem kann die Herkunft der Proteine unterschiedlich sein. So können die Proteine aus dem Milcheiweiß der Ziege oder Kuh gewonnen werden oder Proteinisolate aus Soja enthalten.[158] Hinzu kommen Säuglingsnahrungen, bei denen das Milcheiweiß vorher behandelt wurde (hypoallergene Nahrung), oder Spezialnahrungen, die extra angedickt werden, damit die Nahrung besser im Magen bleibt (Anti-Reflux-Nahrung).

HA-Säuglingsanfangsmilch

Durch ein spezielles Herstellungsverfahren werden bei der hypoallergenen Nahrung (HA-Nahrung) die Milchproteine in kleine Eiweißbausteine aufgespalten. Dieser Prozess heißt Hydrolyse, weshalb HA-Milch auch als Proteinhydrolysat bezeichnet wird. Dadurch soll das Risiko, eine Allergie zu entwickeln, reduziert werden.

Das Proteinhydrolysat kann entweder partiell hydrolysiert (engl.: partially hydrolyzed formula, pHF) oder extensiv hydrolysiert (engl.: extensively hydrolyzed formula, eHF) werden. Hier ändert sich lediglich die Proteinstruktur (Abb. 15). Die restlichen Bestandteile bleiben unverändert.

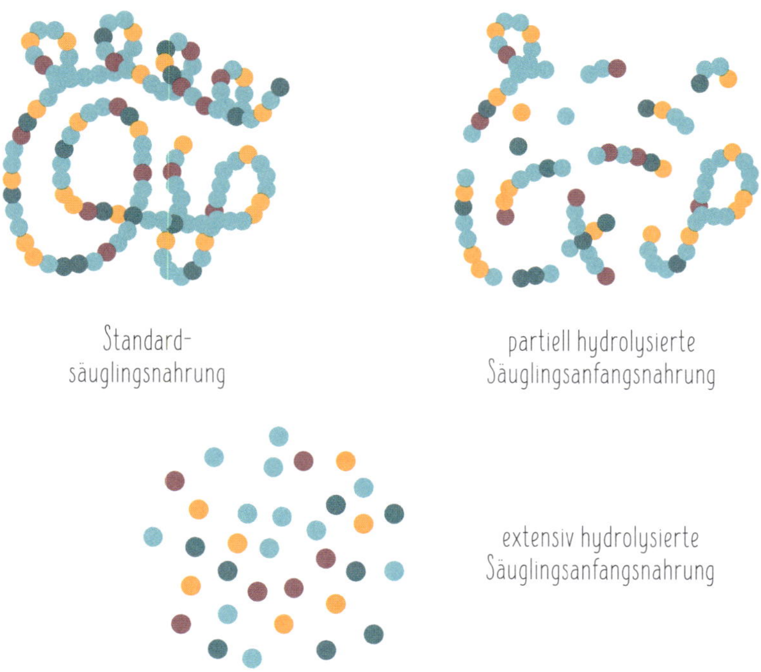

Abb. 15: In der Standardsäuglingsnahrung liegen die Eiweißbausteine aneinandergereiht als lange Eiweißkette (Protein) vor. Bei der HA-Säuglingsnahrung werden die langen Eiweißketten teilweise gespalten. Lediglich bei der Säuglingsnahrung, die extensiv hydrolysiert wurde, sind die Ketten größtenteils in die einzelnen Eiweißbausteine aufgespalten.

Seit vielen Jahren wird diskutiert, dass die Art der Ernährung bzw. die in der Nahrung enthaltenen Proteine und der Zeitpunkt der Einführung von Lebensmitteln in der Säuglingszeit das Risiko für atopische Erkrankungen beeinflussen können. Gerade Familien, in denen genetische Prädispositionen oder andere Risikofaktoren für eine atopische Erkrankung bekannt sind, wurde bisher geraten, bis zur Einführung von Beikost eine partiell hydrolysierte Säuglingsanfangsnahrung zu verwenden, um den Kontakt mit Kuhmilchallergenen möglichst gering zu halten. Die aktualisierte S3-Leitlinie zur Allergieprävention hat diese Empfehlung jedoch aufgehoben, da derzeit keine ausreichenden Evidenzen vorliegen.[163,164] Die Autor*innen der Leitlinie sind sich allerdings darin einig, dass bei Stillwunsch der Mutter und medizinischer Indikation für eine vorübergehende Zufütterung in den ersten Lebenstagen eine extensiv hydrolysierte Säuglingsnahrung verwendet werden soll.[165]

Derzeit laufen viele klinische HA-Milch-Studien, da die Hersteller seit 2021 belegen müssen, dass ihr Produkt das Allergierisiko senkt. Das schreibt eine EU-Verordnung vor.[158] Bisher durften sie dies auch ohne den konkreten Nachweis für ihr Produkt auf die Packung schreiben.

Bei der GINI-Studie (German Infant Nutritional Intervention), eine deutschlandweite Allergiepräventionsstudie wird untersucht, ob eine Säuglingsnahrung mit hydrolysiertem Eiweiß das Risiko für Allergien bei allergiegefährdeten Säuglingen senken kann. Zwischen 1995 und 1998 wurden hierfür 2252 gesunden Neugeborenen mit hohem Allergierisiko nach dem Zufallsprinzip eine von drei hydrolysierten Säuglingsnahrungen (partiell hydrolysierte Molke, pHF-W, extensiv hydrolysierte Molke, eHF-W, und extensiv hydrolysiertes Kasein, eHF-C) oder eine Säuglingsnahrung auf Basis von intakter Kuhmilch als Referenz zugewiesen, die während der ersten vier Lebensmonate gefüttert werden sollte, wenn ausschließliches Stillen nicht möglich war.

Alle fünf Jahre wurden und werden immer noch die Daten von den mittlerweile Erwachsenen Probanden gesammelt. Es konnte gezeigt werden, dass sowohl eHF-C als auch pHF-W die Prävalenz von Asthma nach der Pubertät in einer Hochrisikopopulation verringern und auch das Risiko, bis zum zwanzigsten Lebensjahr an Neurodermitis zu erkranken, um 41 % senken. Eine präventive Wirkung für eHF-W konnte hingegen nicht bestätigt/belegt werden.[166]

Die Ergebnisse sind jedoch mit Vorsicht zu genießen, da zum einen nur Säuglinge mit einem familiären Allergierisiko an der Studie teilgenommen haben und zum anderen die Produkte, die damals verwendet wurden, so heute nicht mehr in ihrer Zusammensetzung auf dem Markt sind. Die Zusätze, die mittlerweile in HA-Säuglingsnahrung enthalten sind, könnten eine Wirksamkeit beeinflussen.[165,167] Daher raten Allergolog*innen momentan weiterhin, nicht gestillte Risiko-Säuglinge mit HA-Milch zu füttern, auch wenn der durch Hydrolysat-Nahrungen erreichbare allergiepräventive Effekt äußerst gering sein könnte. Die EFSA ist dagegen nicht überzeugt und fordert von den Herstellern weitere Belege zur allergievorbeugenden Wirkung, denn nicht jede hypoallergene Säuglingsnahrung ist gleich gut zur Allergievorbeugung geeignet und die Bezeichnung „hypoallergen" allein ist kein verlässlicher Hinweis auf eine allergievorbeugende Wirkung.[164]

Gibt es allerdings einen Hinweis auf eine Kuhmilchallergie (beispielsweise, wenn Blutfäden im Babystuhl sind) bitte von eurem Kinderarzt/eurer Kinderärztin abklären lassen. Bei einer diagnostizierten Milcheiweißallergie nutzt auch eine HA-Nahrung nichts. Sofern ihr euer Kind nicht stillt, braucht es dann unbedingt eine Spezialnahrung.

Ihr steht jetzt also vor dem Regal mit all den unterschiedlichen Säuglingsanfangsnahrungen und wisst nicht, welche ihr kaufen sollt? Vorneweg: Alle diese Produkte vor euch enthalten die lebensnotwendigen Inhaltsstoffe, die euer Kind für eine gesunde Entwicklung benötigt. Ihr macht also nichts falsch, wenn ihr euch für irgendeine davon entscheidet – egal ob aus finanzieller Sicht oder auch aus Überforderung vor dem großen Angebot. Einzig und allein gibt es optionale Inhaltstoffe, die einfach „nice to have" sind. Hier noch einmal die Übersicht:

Optimalerweise mit Arachidonsäure

Neben den gesetzlichen vorgegebenen Inhaltsstoffen für die Säuglingsanfangsnahrung, die einen bereits sehr guten Mindeststandard darstellt, gibt es noch optionale Inhaltsstoffe, die freiwillig zugesetzt werden können. Sie sind bisher nicht verpflichtend, stellen aber durchaus wichtige Inhaltsstoffe dar. So ist auch die Arachidonsäure (ARA) ein optionaler Inhaltsstoff in Säuglingsanfangsnahrung.

ARA ist eine ungesättigte Fettsäure in der Gruppe der Omega-6-Fettsäuren. Wir stellen die Fettsäure aus der essentiellen Aminosäure Linolsäure über die Zwischenstufen her oder nehmen sie über pflanzliche Öle oder tierische Lebensmittel zu uns. Zusammen mit der Docosahexaensäure (DHA, Omega-

3-Fettsäure) übernimmt ARA eine Schlüsselrolle sowohl für die Entwicklung des Gehirns als auch für die Struktur und Funktion des menschlichen Gewebes im Säuglingsalter.[168] Hierbei scheint es jedoch besonders wichtig zu sein, dass beide Fettsäuren in gleichen Mengen enthalten sind.

Mehrere Gremien haben Empfehlungen zur wünschenswerten Aufnahme von DHA und ARA im Säuglings- und frühen Kindesalter auf Grundlage einer Überprüfung der vorhandenen Evidenz herausgegeben. Sie empfehlen übereinstimmend die Zufuhr von DHA und ARA, wobei der DHA-Gehalt nicht höher sein sollte als der ARA-Gehalt: „Basierend auf den verfügbaren Informationen empfehlen wir, dass alle Säuglingsanfangsnahrung und Folgenahrung sowohl DHA als auch ARA enthalten sollten. [...] Der ARA-Gehalt in Säuglingsnahrung sollte dabei mindestens dem DHA-Gehalt entsprechen."[169]

Entgegen der wissenschaftlichen Empfehlungen muss ARA also der Säuglingsanfangsnahrung nicht zugesetzt werden und gilt im Gegensatz zu DHA lediglich als optionaler Inhaltsstoff, der freiwillig enthalten sein kann. Bei der Kaufentscheidung solltet ihr daher in der Nährstofftabelle nach dem Inhaltsstoff Arachidonsäure Ausschau halten. Optimalerweise sollte dabei der ARA-Gehalt genauso hoch sein wie der von DHA.

Säuglingsanfangsnahrungen (Milchpulver), die ARA in einem ausgeglichenen Verhältnis zu DHA enthalten (nicht vollständig, Stand Dezember 2022):

- Aptamil Anfangsmilch Pre Care, von Geburt an
- Aptamil Anfangsmilch Pre Profutura Duo Advance, von Geburt an
- Babydream Anfangsmilch Pre von Geburt an (vegetarisch)
- Bambinchen Anfangsmilch 1 aus Ziegenmilch, von Geburt an
- Bebivita Anfangsmilch Pre, von Geburt an
- Bimbosan Bisoja (vegan)
- dm Bio-Anfangsmilch Pre Bio, von Geburt an
- Hipp Anfangsmilch Pre Combiotik, von Geburt an
- Holle Baby Food Bio-Anfangsmilch Pre, von Geburt an
- Nestlé BEBA Anfangsmilch Pre, von Geburt an

- Nestlé BEBA Anfangsmilch Supreme Pre, von Geburt an
- Löwenzahn Organics Pre Bio, von Geburt an (vegetarisch)
- Löwenzahn Organics Anfangsmilch Pre auf Ziegenmilchbasis, von Geburt an(vegetarisch)
- Töpfer Anfangsmilch Pre Bio, von Geburt an
- Töpfer Anfangsmilch Pre aus Ziegenmilch, von Geburt an

Hinweis: Viele der hier nicht aufgelisteten Säuglingsanfangsnahrungen enthalten arachidonsäurereiches Öl, machen jedoch keine Angaben zum genauen ARA-Gehalt. Daher kann nicht beurteilt werden, ob ein ausgeglichenes 1:1-Verhältnis zu DHA vorliegt.

Optional mit Biotika, Taurin und Nukleotiden

Eine gesunde Darmentwicklung ist gerade im Säuglingsalter von großer Bedeutung. Sie trägt zum Wachstum und der Entwicklung bei, indem sie die Verdauung und Aufnahme von Nährstoffen und Flüssigkeiten sicherstellt. Der Darm spielt auch eine Schlüsselrolle bei der Entwicklung der Immunität, da er eine Barriere gegen Infektionserreger darstellt und direkt mit dem Immunsystem interagiert.[170]

Einer der wichtigsten Faktoren für eine gute Darmfunktion und -entwicklung ist eine ausgewogene Darmmikrobiota (früher „Darmflora").[171] Mehrere pränatale und perinatale Faktoren, darunter die Art der Entbindung, der Einsatz von Antibiotika, die Ernährung und andere Umweltfaktoren, einschließlich der geografischen Region, können die mikrobielle Besiedlung des Säuglingsdarms und damit die Reifung des Immunsystems beeinflussen.[172] Allgemein ist man sich einig, dass die Darmmikrobiota eines gesunden, vaginal geborenen und gestillten Säuglings den Goldstandard für eine günstige mikrobielle Zusammensetzung im frühen Leben darstellt.

Damit die Säuglingsanfangsnahrung der menschlichen Milch so nah wie möglich kommt, setzen viele Hersteller Biotika oder andere Substanzen wie Taurin oder Nukleotide zu, deren positive Effekte in Studien zwar belegt wurden, zu denen jedoch die Evidenz fehlt, um sie als verpflichtende Inhaltsstoffe in Säuglingsanfangsmilch einzustufen.

Biotika

Zu der Biotika-Familie gehören Probiotika und Präbiotika (sowie Synbiotika und die Postbiotika, auf die ich hier aber nicht eingehen werde). Nach aktueller Definition sind Probiotika lebende, nicht pathogene Mikroorganismen, die dem Wirt einen gesundheitlichen Nutzen bringen (präventiv oder therapeutisch), wenn sie in ausreichender Menge verabreicht werden,[173] während Präbiotika als Substanzen definiert werden, die im oberen Intestinaltrakt (Speiseröhre, Magen, Zwölffingerdarm und der erste Abschnitt des Dünndarms) weder verdaut noch absorbiert werden. Stattdessen werden Präbiotika von den Mikroorganismen im Dickdarm selektiv verwertet.

Säuglinge, die gestillt werden, bekommen durch die in der Muttermilch enthaltenen Galacto-Oligosaccharide (GOS) ihre erste Doris an Präbiotika. Vermutlich haben daher gestillte Säuglinge eine von Bifidobakterien dominierte Darmmikrobiota, im Gegensatz zu nicht gestillten Babys, bei denen höhere Zahlen an potenziell pathogenen Bakterien wie Clostridien und Enterokokken im Stuhl gefunden werden. Vorraussetzung für die Wirksamkeit von Präbiotika ist allerdings die Präsenz von Mikroorganismen. Daher werden mittlerweile Synbiotika eingesetzt, also eine Kombination aus Prä- und Probiotika.

Das letzte Familienmitglied sind die Postbiotika. Sie werden von Mikroorganismen produziert und aus Lebensmittel- oder mikrobiellen Bestandteilen, einschließlich nicht lebensfähiger Zellen, freigesetzt. Wenn sie in ausreichender Menge verabreicht werden, können sie die Gesundheit und das Wohlbefinden fördern.

Präbiotische Oligosaccharide

Präbiotika (auch Prebiotika) sind Ballaststoffe, die aus langkettigen Kohlehydratketten bestehen und weitestgehend unverdaut wieder ausgeschieden werden. Wir können diese Ballaststoffe zum einen nicht aufspalten, weil uns Menschen das passende Verdauungsenzym fehlt, und zum anderen können sie nicht durch die Darmwand ins Blut transportiert werden, da das passende Transportprotein für solch eine Absorption fehlt.

Jetzt fragt ihr euch bestimmt, für was wir denn dann die Ballaststoffe benötigen, wenn wir sie eh nicht verdauen. Sind sie nicht, wie der Name schon sagt, einfach nur Ballast für uns? Für uns Menschen sind sie tatsächlich Ballast, jedoch wichtig für das Wachstum und die Aktivität von nützlichen Bakterien in unserem Dickdarm (bifidogener Effekt). Darüber hinaus haben sie zahlreiche immunologische Funktionen, schützen vor Infektionen und beeinflussen Entzündungsreaktionen.[174] Wichtiger Ballast also.

Und damit die nützlichen Bakterien, die sich gerade im ersten Lebensjahr im Darmtrakt der Säuglinge ansiedeln, ausreichend mit Ballaststoffen versorgt werden, enthält Muttermilch sogenannte präbiotische Oligosaccharide (Mehrfachzucker), die humanen Milch-Oligosaccharide. Sie bilden nach Fetten und Laktose den drittgrößten Anteil der „festen" Bestandteile menschlicher Muttermilch.[174,175]

Humane Milch-Oligosaccharide (HMOs) sind ein komplexes Gemisch aus mehr als 200 nicht verdaulichen und nicht nahrhaften Kohlenhydraten (mehrfach ungesättigte Fettsäuren, engl.: Long Chain Polyunsaturates (LCPs). Dabei variiert die Menge und die Zusammensetzung der HMOs von Frau zu Frau und auch während der Stillzeit. Es wird angenommen, dass diese verschiedenen Verbindungen zahlreiche positive Funktionen bei Säuglingen haben, einschließlich des Schutzes vor Infektionskrankheiten.[176] Damit aber auch die Säuglinge, die nicht gestillt werden, HMOs erhalten, werden der Säuglingsanfangsnahrung spezielle Oligosaccharide beigefügt. Zwei HMOs, die häufig zum Einsatz kommen sind Fructo-Oligosaccharide (FOS) und Galacto-Oligosaccharide (GOS). Obwohl diese GOS/FOS-Mischung strukturell nicht mit den HMOs identisch ist, scheint sie dennoch eine bifidogene Wirkung zu haben.[177]

2013 untersuchten niederländische Wissenschaftler*innen die Darmmikrobiota von gestillten und nicht gestillten Säuglingen. In der Säuglingsanfangsmilch der nicht gestillten Kinder war eine spezifische Mischung aus 90 % kurzkettigen Galacto-Oligosacchariden und 10 % langkettigen Fructo-Oligosacchariden enthalten. Sie konnten zeigen, dass diese GOS-/FOS-Mischung sich als sicher erwies und die Entwicklung der frühen Mikrobiota beeinflusst. So hatte sich die Menge an Bifidobakterien im Stuhl der Säuglinge, deren Anfangsnahrung GOS/FOS enthielt, erhöht, ähnlich wie es bei Säuglingen, die mit menschlicher Milch ernährt wurden, beobachtet wurde (Abb. 16).[178]

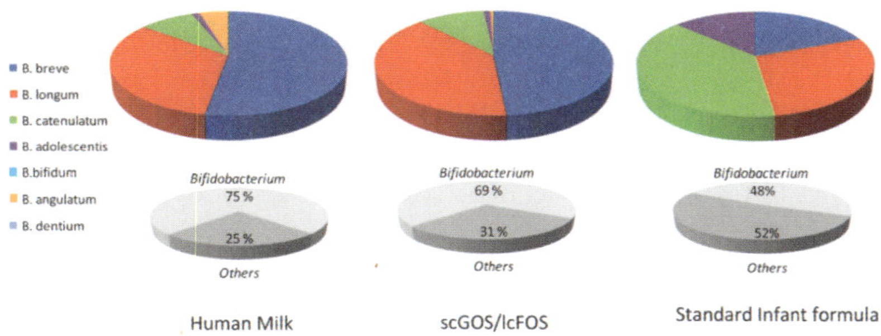

Abb. 16: Originaldiagramme der Bifidobakterium-Arten im Stuhl von Säuglingen, die entweder mit Muttermilch, GOS/FOS oder einer Standard-Säuglingsanfangsnahrung ohne GOS/FOS ernährt wurden. Das untere Diagramm zeigt jeweils den prozentualen Anteil der Bifidobakterien an der Gesamtkeimzahl. Die oberen Diagramme zeigen den Anteil der verschiedenen Arten nach Abzug von Bifidobacterium infantis, einer dominanten Art mit ähnlichem Anteil in allen Gruppen. [178]

Die Ergebnisse stammen von Analysen, die bei 10 Säuglingen im Alter von 1 bis 3 Monaten in einem Zeitraum von 6 Wochen durchgeführt wurden. Wissenschaftlich gesehen ist das Beweismaterial sehr dünn (zu wenig Säuglinge, zu kurzer Zeitraum), so dass die Ergebnisse der Wissenschaftler*innen keine Evidenz darstellen (die Hypothese also nicht als gesichert gilt). Auch andere Studien konnten bisher noch keine Evidenz für die Vorteile einer Zugabe von Präbiotika in Säuglingsanfangsmilch liefern und so bleibt die Zugabe von Oligosacchariden optional und nicht verpflichtend. Die Forschung und Entwicklung von Säuglingsanfangsnahrung steht jedoch nicht still und der Anspruch, sie so weit wie möglich der Muttermilch anzugleichen, treibt die Wissenschaftler*innen weiterhin an.

So stehen u. a. die humanen Milch-Oligosaccharide 2'-Fucosyllactose (2'-FL) oder Lacto-N-Neotetraose (LNnt) im Fokus der aktuellen Forschung. Neuere Studien an Neugeborenen haben gezeigt, dass beispielsweise die HMOs 2'-FL, separat oder in Kombination mit kurzkettigen Galacto-Oligosacchariden, als Nahrungsergänzung sicher und verträglich sind.[179,180] Darüber hinaus zeigten Säuglinge, die mit 2'-FL angereicherter Nahrung gefüttert wurden, ähnliche Immun-Biomarker, wie sie bei gestillten Säuglingen nachgewiesen wurden.[181] Und so sind 2'-FL, LNnt oder auch weitere HMOs bereits in einigen Säuglingsanfangsnahrungen zu finden, aufgelistet in der Nährwertetabelle unter Ballaststoffen.

Säuglingsanfangsnahrungen, die HMOs enthalten (nicht vollständig, Stand November 2022):

- Aptamil Anfangsmilch Pre Pronutra, von Geburt an (GOS/FOS 90 % /10 %)
- Aptamil Anfangsmilch Pre Care, von Geburt an (GOS/FOS 90 %/10 % und 2'-FL)
- Aptamil Anfangsmilch Pre Organic, von Geburt (GOS/FOS 90 %/10 %)
- Aptamil Anfangsmilch Pre Profutura Duo Advance, von Geburt an (GOS/FOS 90 %/10 %)
- Bimbosan Bio 1 Säuglingsmilch (nur GOS)
- Bimbosan Bisoja (nur FOS)
- Bimbosan Classic Säuglingsmilch (nur GOS)
- Hipp Anfangsmilch Pre Combiotik, von Geburt an (nur GOS)
- Humana Anfangsmilch Pre, von Geburt an (nur 2'-FL)
- Löwenzahn Organics Pre Bio, von Geburt an (nur GOS)
- Milupa Anfangsmilch Pre Milumil, von Geburt an (GOS/FOS 90 %/10 %)
- Nestlé BEBA Anfangsmilch Pre, von Geburt an (nur 2'-FL)
- Nestlé BEBA Anfangsmilch Supreme Pre, von Geburt an (2'-FL und LNnt)
- PureGoat Bio Anfangsmilch 1 (nur GOS)

Bakterienkulturen

Die menschliche Milch ist auch eine wichtige Quelle für nützliche Bakterien (natürlich vorkommende „Probiotika"), die den Darm des Säuglings besiedeln und zur Zusammensetzung einer günstigen Darmmikrobiota beitragen. Es wird angenommen, dass Bakterien in der menschlichen Milch die

Entwicklung des Immunsystems des Säuglings regulieren und Entzündungsprozesse abschwächen. Schätzungen zufolge enthält die menschliche Milch im Median zwischen 103 und 106 Bakterien pro Milliliter.[170,182–184] Das sind sehr, sehr viele kleine Mikroorganismen, die nicht gestillten Kindern vorenthalten sind. Und so rücken auch sie als Probiotika in den Fokus der Weiterentwicklung von Säuglingsanfangsnahrung.

Probiotika sind lebende Mikroorganismen, die dem Wirt einen gesundheitlichen Nutzen bringen, wenn sie in ausreichender Menge verabreicht werden.[185] Die meisten probiotikahaltigen Säuglingsanfangsnahrungen enthalten Bifidobacterium spp. und/oder Milchsäurebakterien wie Lactobacillus spp., die in der Europäischen Union auf der Grundlage der QPS-Liste (engl.: Qualitative Presumption of Safety) von Bakterien allgemein als sicher für die Verwendung in Lebensmitteln angesehen werden.[186]

Es gibt zwar Daten zu spezifischen Probiotika in Säuglingsnahrung, die mit einer großen Vielfalt an Studienergebnissen einhergehen,[187] die gesundheitlichen Vorteile sind jedoch sehr belastungs- und krankheitsspezifisch. Und so gilt auch hier: Säuglingsanfangs- und Folgenahrungen, die mit Probiotika angereichert sind, haben nach derzeitigem Kenntnisstand für gesunde Säuglinge keinen sicher nachgewiesenen Vorteil. Sie zählen daher zu den optionalen Inhaltsstoffen und sind keine verpflichtenden Zusätze in Säuglingsanfangsmilch.[158]

Säuglingsanfangsnahrungen (Milchpulver), die Probiotika enthalten (nicht vollständig, Stand Dezember 2022):

- Aptamil Anfangsmilch Pre Care, von Geburt an (Bifidobacterium breve M-16 V)
- Hipp Anfangsmilch Pre Combiotik, von Geburt an (Limosilactobacillus fermentum hereditum)
- Nestlé BEBA Anfangsmilch Pre, von Geburt an (Lactobacillus reuteri)
- Töpfer Anfangsmilch Pre Bio, von Geburt an (Bifidobacterium breve, Bifidobacterium bifidum, Bifidobacterium infantis, Bifidobacterium longum)

Taurin

Taurin ist die am häufigsten vorkommende freie Aminosäure in der Muttermilch. Es gibt Hinweise darauf, dass Taurin eine wichtige Rolle bei der intestinalen Fettabsorption, der Leberfunktion und der auditiven und visuellen Entwicklung von Frühgeborenen oder Kindern mit niedrigem Geburtsgewicht spielt.[189] Da Taurin jedoch eine nicht essentielle Aminosäure ist (also vom Körper selbst hergestellt werden kann) und Beweise für einen Vorteil einer Anreicherung mit Taurin in Säuglingsanfangsnahrung bei voll ausgetragenen Säuglingen fehlen, ist die Zugabe von Taurin aktuell gesetzlich nicht verpflichtend.

Nukleotide

Als Nukleotide werden die Grundbausteine von Nukleinsäuren sowohl in Strängen der Ribonukleinsäure (RNS) wie auch der Desoxyribonukleinsäure (DNS) bezeichnet.[190] Vielleicht kann sich der ein oder andere von euch noch an den Biologieunterricht erinnern, als man die Buchstaben T, A, C oder G in dem DNS-Strang eingezeichnet hat. Das sind die Nukleotide.

Ihr werdet jedoch das Wort „Nukleotide“ nicht in der Liste der Inhaltsstoffe finden, da sie einzeln mit ihrer Bezeichnung bei den Zutaten gelistet werden. In Säuglingsanfangsnahrung dürfen laut Verordnung (EU) Nr. 609/2013 folgende Nukleotide zugesetzt werden:

- Adenosin-5‘-Monophosphat
- Cytidin-5‘- Monophosphat
- Guanosin-5‘-Monophosphat
- Inosin-5‘-Monophosphat
- Uridin-5‘-Monophosphat

Dabei müssen die Höchstgehalte der einzelnen Nukleotide und die Summe aller Nukleotide eingehalten werden.

Nukleotide werden der Säuglingsnahrung zugesetzt, weil sie in der menschlichen Milch enthalten sind. Dabei ist aber der gesundheitliche Nutzen von Nukleotiden nicht klar. Denn nur, weil Nukleotide in der menschlichen Milch vorkommen, bedeutet das nicht, dass sie auch einen besonderen gesundheitlichen Nutzen haben. Sie könnten einfach ein Nebenprodukt des Körpers bei der Milchproduktion sein.

In Anbetracht der Tatsache, dass Nukleotide Bestandteil von Muttermilch sind, wurden die Auswirkungen oder der Nutzen einer Nukleotid-Zugabe nur sehr wenig untersucht und die Forschungsergebnisse sind widersprüchlich. Der Zusatz von Nukleotiden hat nachweislich keine nachteiligen Auswirkungen oder Schäden verursacht, aber eben auch keine evidenzbasierten Vorteile. Daher sind sie in Säuglingsnahrung nur optional und nicht verpflichtend.

Frei von Fremd- und Schadstoffen

Säuglingsanfangsnahrungen werden regelmäßig von Stiftung Warentest, Ökotest oder auch Foodwatch auf Schadstoffe getestet. Und leider werden sie auch jedes Mal fündig. Dieses Jahr wurden wieder Rückstände von Fettumwandlungsprodukten (wie 3-MCPD-, 2-MCPD- oder Glycidyl-Fettsäureestern), Mineralölrückstände (wie MOSH oder MOAH) oder Rückstände von Desinfektionsmitteln (wie Chlorat oder Perchlorat) in Säuglingsnahrungen gefunden. Aber was sind diese Fremdstoffe, wie gelangen solche Rückstände überhaupt in das Milchpulver von Säuglingsanfangsnahrung und wie bedenklich sind sie wirklich?

Fettumwandlungsprodukte

Bei der chemischen Verbindung 3-Monochlorpropandiol (3-MCPD), 2-Monochlorpropandiol (2-MCPD) und deren Fettsäureestern sowie Glycidyl-Fettsäureestern (GE) handelt es sich um prozessbedingte Kontaminanten. Sie bilden sich unbeabsichtigt während der Raffination (also dem Erhitzen) von pflanzlichen Ölen und Speisefetten. Die höchsten Gehalte an diesen Verbindungen wurden in raffinierten Palmölen und -fetten gefunden, gefolgt von anderen raffinierten pflanzlichen Ölen und Fetten. Auch sämtliche Lebensmittel, die auf Basis von raffinierten pflanzlichen Speiseölen und -fetten hergestellt werden, wie beispielsweise Margarine, Backwaren und eben Säuglingsmilchnahrung, können belastet sein.[191]

Tierstudien zeigen, dass 3-MCPD bei männlichen Ratten Unfruchtbarkeit verursacht und in der Niere und den Hoden eine krebserzeugende Wirkung hat. Daher hat die EFSA für 3-MCPD eine tolerierbare tägliche Aufnahmemenge (engl.: Tolerable Daily Intake, TDI) von 2,0 µg/kg Körpergewicht abgeleitet.[192]

Auch die GE gelten als bedenklich. Sie setzen während der Verdauung Glycidol frei, welches als genotoxisch und karzinogen gilt, d. h. es kann die DNS schädigen und wahrscheinlich Krebs verursachen.[193] Da Glycidyl-Fettsäureester in unserem Organismus gespalten werden und nahezu vollständig Glycidol freigesetzt wird, werden die GE aus toxikologischer Sicht wie Glycidol behandelt. Aufgrund des genotoxischen Potenzials hat daher das BFR in Übereinstimmung mit der EFSA einen T25-Wert von 10,2 mg Glycidol/kg Körpergewicht und Tag abgeleitet. Der auf den T25- Wert bezogener MoE-Wert sollte größer als 25.000 sein.

T25-Wert und MoE-Wert

Der T25-Wert gibt die Dosis an, bei der innerhalb der Lebenspanne bei 25 % der Tiere in einem bestimmten Gewebe Krebs festgestellt wurde. Dabei sollte ein auf T25 bezogener MoE-Wert bei Glycidyl-Fettsäureester größer als 25.000 sein.[193]

MoE-Werte (engl.: Margin of Exposure, Expositionsspanne) sind keine gesundheitsbasierten Grenzwerte, sondern beschreiben den Abstand zwischen der aus experimentellen Daten abgeleiteten Konzentration (Referenzwert), die noch toxische Effekte (z.B. Tumoren) auslöst, und der erwarteten bzw. durch Messungen ermittelten Konzentration, gegen die der Mensch ausgesetzt (exponiert) ist (Expositionswert).

Der MoE-Wert wird berechnet, indem man den Referenzwert von 10,2 mg/kg Körpergewicht pro Tag durch die Expositionswerte dividiert. Je niedriger der MoE-Wert einer bestimmten Substanz liegt, desto größer sind die gesundheitlichen Bedenken bezüglich eines Krebsrisikos für den Menschen.[194]

Damit es besser verständlich ist, hier ein Beispiel:
Bei einem Kind von 3,5 Kilogramm wäre der Referenzwert 3 x 10,2 mg = 35,7 mg.

Das Labor findet 1 Mikrogramm Glycidol. Das sind umgerechnet 0,001 mg. Der MoE-Wert beträgt somit 35.700 (35,7 mg : 0,001 mg). Der Wert ist also größer als 25.000 und somit im grünen Bereich. Würde das Labor jedoch 2 Mikrogramm finden, ergäbe das einen MoE-Wert von 17.859 (35,7 mg : 0,002 mg), welcher unterhalb 25.000 liegt und somit als bedenklich gilt.

Stiftung Warentest fand 2022 in 11 von 21 Produkten 3-MCPD und in einem Produkt Glycidyl-Fettsäureester. Angaben zu den Grenzwerten oder MOE-Werten machen sie leider nicht, auch nicht über die Höhe an gefundenen Mengen (also ob es nur Spuren waren oder erhöhte Werte). „Schadstoffe lassen sich selbst bei sorgfältiger Herstellung nicht ganz vermeiden. [...] Die Funde sind nicht besorgniserregend: Grenzwerte werden klar eingehalten. [...] Die Gehalte an schädlichen Umwandlungsprodukten aus der Fettraffination – Glycidyl- und 3-MCPD-Ester – sind gesunken."[195]

2022 testete Ökotest 16 Säuglingsanfangsnahrungen und fand Spuren von Fettschadstoffen in allen getesteten Produkten. Der Gehalt an Glycidyl-Fettsäureestern (berechnet als Glycidol für ein Kind von 3,5 kg) war bei 15 von 16 Produkten unterhalb des gesetzlichen Grenzwerts. Lediglich bei einem Produkt wurde ein erhöhter Gehalt an Glycidyl-Fettsäureestern festgestellt. [196]

Mineralölrückstände

Die Mineralölrückstände MOAH und MOSH habt ihr ja bereits in Kapitel 2C kennengelernt. Sie gelangen meist über die Verpackungen, genauer aus der Beschichtung der Innenbeutel oder Metalldosen, in die Anfangsmilch.

Mineralöl-Kohlenwasserstoffe (MKW)

Es folgt ein kurzer Chemie-Exkurs, damit ihr die beiden Bezeichnungen MOAH und MOSH besser einordnen könnt. Sowohl MOAH als auch MOSH gehören zu den Mineralöl-Kohlenwasserstoffen (MKW; engl.: Mineral Oil Hydrocarbons, MOH) und bestehen aus 10 bis etwa 50 Kohlenstoffatomen (Abb. 17 und 18). Größtenteils werden MKW aus fossilen Quellen gewonnen, aber gleichwertige Produkte können auch aus Kohle, Erdgas oder Biomasse synthetisiert werden. MKW umfassen komplexe Kohlenwasserstoffverbindungen, die in 2 Gruppen, also MOAH und MOSH, unterteilt werden können.[29]

Zu den MOSH gehören sowohl unverzweigte und verzweigte offenkettige Alkane als auch gesättigte Cycloalkane (Naphthene/Cycloparaffine). „Cyclo" bedeutet, dass die Kohlenstoffatome ringförmig verbunden sind. Und „gesättigt" bedeutet hier nicht, dass die Kohlenstoffatome satt sind, sondern dass die Verbindungen zwischen ihnen Einfachbindungen sind (gezeichnet wird die Verbindung als einfacher Strich).

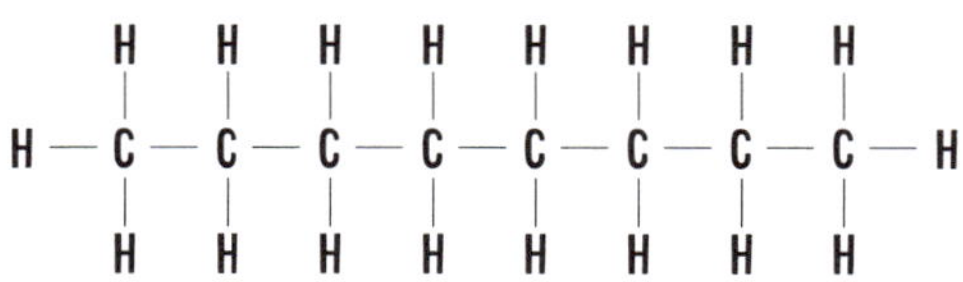

Alcane
Bsp.: n-Octan (C_8H_{18})

Naphtene:
Bsp.: Cyclohexan (C_6H_{12})

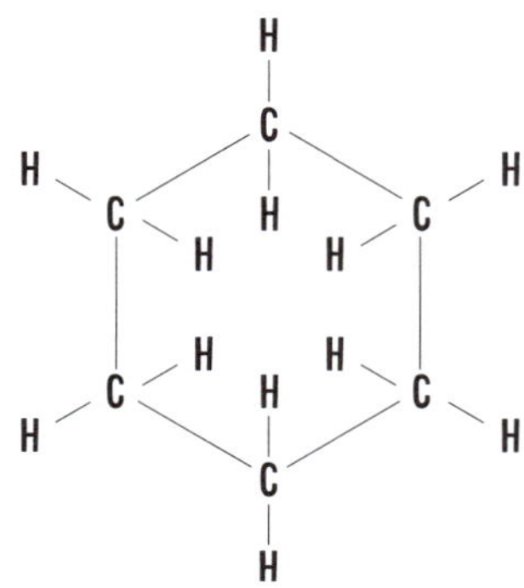

Abb. 17: Gesättigte Kohlenwasserstoffe MOSH nach EFSA[29]

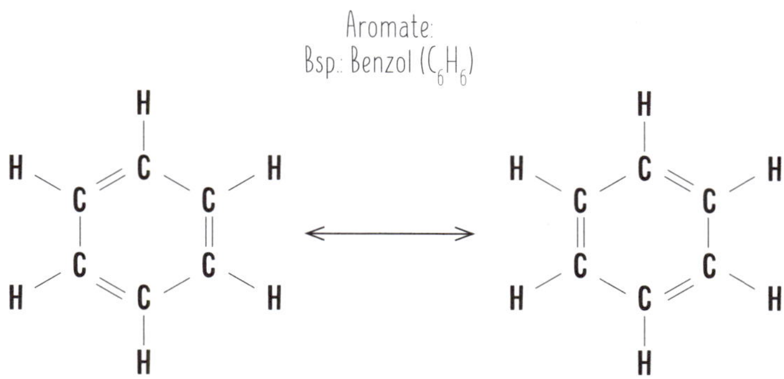

Abb. 18: Ein Beispiel für einen ungesättigten Kohlenwasserstoff MOAH nach EFSA[29]

MOAH hingegen bestehen aus ringförmigen, ungesättigten Kohlenwasserstoffverbindungen. „Ungesättigt" bedeutet hier, dass zwischen den Kohlenstoffatomen eine Doppelbindung vorliegt (gezeichnet wird das als doppelter Strich – oder als innerer Kreis, wenn die Doppelbindungen konjugiert (aromatisch) vorliegen, also immer im Wechsel Einfachbindung, Doppelbindung).

Die stoffliche und prozentuale Zusammensetzung der einzelnen Mineralölfraktionen kann jedoch sehr unterschiedlich ausfallen, abhängig von der Herkunft und dem Herstellungsverfahren der aus Rohöl gewonnenen Mineralölprodukte. So enthalten rohe und technische Mineralöle relativ hohe Gehalte an MOAH, während in raffinierten medizinischen Mineralölen in der Regel nur noch Spuren bis keine nachweisbaren Gehalte an aromatischen Bestandteilen enthalten sind.

Doch wie bedenklich (oder unbedenklich) sind MOSH und MOAH?

MOSH: Die gesättigten Kohlenwasserstoffe werden vom Körper aufgenommen und können auch beim Menschen in einigen Organen nachgewiesen werden. Aus tierexperimentellen Studien ist bekannt, dass Mineralölgemische, die solche Verbindungen enthalten, zu Ablagerungen und entzündlichen Effekten in der Leber in einem bestimmten Rattenstamm führen können. Die Relevanz dieses Befundes für den Menschen ist jedoch noch nicht geklärt.[197] Ein TDI-Wert (Total Daily Intake) wurde aufgrund einer unsicheren Datenlage nicht festgelegt.

MOAH: Die MOAH-Fraktion ist ein komplexes Stoffgemisch aus überwiegend alkylierten polyzyklischen aromatischen Kohlenwasserstoffen, zu denen auch krebserzeugende Substanzen gehören können. Auch hier ist eine gesundheitliche Bewertung aufgrund der unzureichenden Datenlage nicht möglich. Die Aufnahme von MOAH sollte jedoch generell vermieden werden, „weil nicht ausgeschlossen werden kann, dass sich darunter Substanzen mit einem krebserregenden Potential befinden können."[197]

Der Ständige Ausschuss für Pflanzen, Tiere, Lebensmittel und Futtermittel (PAFF-Ausschuss), der sich aus Vertretern aller EU-Länder und der Europäischen Kommission zusammensetzt, hat sich im April 2022 darauf geeinigt, die Verwendung von Mineralölen in allen Lebensmitteln zu beschränken. In seiner Sitzung am 21.04.22 beschloss der Ausschuss, Grenzwerte für aromatische Mineralöle (MOAH) festzulegen, die potenziell krebserregend und genotoxisch sind. Diese Grenzwerte sind jedoch nicht rechtsverbindlich.[198] Die Mitgliedstaaten können noch entscheiden, ob sie die neuen Anforderungen durchsetzen. Eine verbindliche Regelung ist nur vonseiten der EFSA möglich, deren abschließende Risikobewertung zu Mineralölen für Ende 2022 erwartet wird. Sie steht also, während ich diese Zeilen schreibe, noch aus.[199]

Perchlorat und Chlorat aus Desinfektionsmitteln

Neben den Rückständen, wie Fettumwandlungsprodukten und Kohlenwasserstoffen, kann es sein, dass in Säuglingsnahrungen Chlorverbindungen nachgewiesen werden. Solche Chlorate und Perchlorate können als Nebenprodukte entstehen, wenn Chlor oder Chlorverbindungen zur Reinigung oder zur Desinfektion von Wasser eingesetzt werden. Damit soll verhindert werden, dass Wasser zum Beispiel in Rohrleitungen verkeimt. Im Gegensatz zu Chlorat, das rechtlich als Rückstand geregelt wird, gilt Perchlorat als Verunreinigung (Kontaminante).

Im Unterschied zu Rückständen handelt es sich bei Kontaminanten um unerwünschte Stoffe, die einem Lebensmittel nicht absichtlich hinzugefügt werden bzw. die im Zuge der Gewinnung, Fertigung, Verarbeitung, Zubereitung, Behandlung, Verpackung, Lagerung oder dem Transport in das Lebensmittel gelangt sind. Seit Mai 2022 betragen die Höchstgehalte für Perchlorat zum Beispiel in Säuglingsanfangsnahrung oder Folgenahrung 0,01 mg/kg.[200]

Eine längerfristige Exposition gegenüber Perchlorat in Lebensmitteln, insbesondere im Trinkwasser, ist potenziell bedenklich für die Gesundheit von Kindern, vor allem jenen mit leichtem oder moderatem Jodmangel, da es die Bildung von Hormonen in der Schilddrüse reversibel hemmt. Reversibel bedeutet, dass die Hemmung wieder rückgängig gemacht werden kann.

Öko-Test fand lediglich Spuren von Chlorat in 10 von 16 Säuglingsnahrungen und in keiner einzigen war Perchlorat nachweisbar.[30] Das Ergebnis teilt auch Stiftung Warentest: „Die Gehalte an schädlichen Umwandlungsprodukten aus der Fettraffination sind gesunken, ebenso die an Chlorat und Perchlorat, die etwa über Desinfektionsmittel in die Produkte gelangen können."[195]

Schwermetalle, Schimmelpilzgifte, Weichmacher oder Krankheitserreger

Säuglingsnahrungen werden regelmäßig von Testinstituten oder auch internen Laboren auf Schwermetalle wie Nickel oder Blei, Schimmelpilzgifte wie Aflatoxine, Weichmacher wie BPA und auf Krankheitserreger untersucht. Produkte, die solche Kontaminanten enthalten, werden nicht auf den Markt gebracht bzw. müssten sofort zurückgerufen werden. Festsetzung der Höchstgehalte für bestimmte Kontaminanten in Lebensmitteln werden in der Verordnung der europäischen Kommission geregelt.[202] Kontaminanten konnten aber bisher weder von Öko-Test noch von Stiftung Warentest in Säuglingsnahrung nachgewiesen werden.

Ihr seht also, im Zuge der Gewinnung, Fertigung, Verarbeitung, Zubereitung, Behandlung, Verpackung, Lagerung oder dem Transport können Rückstände oder Kontaminanten in Lebensmittel wie auch Säuglingsnahrung gelangen. Sie sind unvermeidbar und nicht mehr aus unserer heutigen Welt wegzubekommen. Ich bitte euch daher, kein schlechtes Gewissen zu bekommen, weil euch die letzten Abschnitte mit „krebserregend" oder „gentoxisch" Angst einjagen oder ihr eine Säuglingsanfangsnahrung verwendet, bei der Rückstände gefunden wurden.

Die Testergebnisse von Stiftung Warentest oder Öko-Test mögen auf den ersten Blick erschreckend sein, vergesst aber nicht, dass hier weder Grenzwerte überschritten wurden noch gesundheitsgefährdende Spuren von Rückständen oder Kontaminanten gefunden wurden. Durch immer bessere Analysemethoden oder -technologien ist es mittlerweile möglich, bereits allerkleinste Mengen von Substanzen nachzuweisen. Und nicht alles, was man nachweisen kann, muss auch gleich bedenklich sein. Denn nicht jeder Fremdstoff ist auch automatisch ein Schadstoff. Behaltet diese Tatsache bitte im Hinterkopf, wenn ihr mal wieder über Testergebnisse stolpert, die euch beunruhigen.

Säuglingsanfangsmilch ist die einzige Alternative zu Muttermilch, die eurem Kind im ersten Lebensjahr alle lebensnotwendigen Nährstoffe bietet. Und sie werden regelmäßig getestet. Rechtlich gesehen müssen sich die Hersteller z. B. hinsichtlich mikrobiologischer Parameter an die EU-Verordnung über mikrobiologische Kriterien für Lebensmittel halten, die Grenzwerte für verschiedene Keime vorgibt oder auch die Testverfahren vorschreibt, die angewandt werden müssen.[203] Außerdem gibt es noch die „Mikrobiologischen Richt-und Warnwerte“ der DGHM (Deutsche Gesellschaft für Hygiene und Mikrobiologie), welche zwar nicht rechtlich bindend sind, jedoch von der Lebensmittelindustrie anerkannt und angewandt werden.[204]

So überprüfen Hersteller jede Charge Milchpulver intern in ihrem eigenen Qualitätslabor und lassen sie in manchen Fällen auch regelmäßig von externen unabhängigen Laboren kontrollieren. Ich habe mehrere Hersteller angefragt, ob ich irgendwo die Testzertifikate einsehen kann, doch leider sind diese „nicht für den Kunden“ gedacht. Sie sind jedoch „dokumentiert und können z. B. von Behörden nachgehalten werden.“ Bei einem Anbieter wurde ich dann doch noch fündig. Hier werden regelmäßig auch externe unabhängige Analysen durchgeführt und die Zertifikate stehen online zur Verfügung.[205]

Aber egal, ob Testergebnisse einsehbar sind oder nicht, keine Säuglingsnahrung schafft es in den Handel, bevor sie nicht auf Keime wie Bakterien, Hefen oder Schimmelpilze als auch weitere Rückstände oder Kontaminanten wie Fettschadstoffe, Mineralöle, Pestizide, Schwermetalle, Mykotoxine oder Desinfektionsmittel getestet wurde.

Fremdstoffe in Muttermilch

Lange habe ich überlegt, ob ich dieses Extra-Wissen über Fremd- oder Schadstoffe in Muttermilch hier thematisiere. Denn ich möchte niemanden verunsichern oder vom Stillen abbringen. Und nein, es ist auch keine Aufforderung, auf Säuglingsanfangsnahrung umzustellen. Stillen mit Muttermilch ist und bleibt die beste Ernährungsform für Babys im ersten Lebensjahr – und wer will und kann, kann sein Baby natürlich auch länger stillen (die WHO empfiehlt übrigens mindestens zwei Jahre).

Mir ist es aber wichtig, dass euch bewusst ist, dass auch ihr auf eure Schadstoffaufnahme achten solltet, gerade wenn ihr stillt. Und das gilt nicht nur für Alkohol oder Nikotin, sondern auch für Pestizide oder Weichmacher. Wie oft habe ich schon gehört oder gelesen, wie stillende Mütter sich in Sicherheit wiegen und unter Beiträgen zum Thema Schadstoffe in Säuglingsanfangsmilch gerne Folgendes kommentieren: „Zum Glück stille ich und muss mir um das keine Sorgen machen." Dabei wird oft außer Acht gelassen, dass auch voll gestillte Säuglinge Fremd- oder Schadstoffe zu sich nehmen, und zwar über die Milch der Mutter.

Ein Großteil der für die Muttermilch relevanten Fremdstoffe wird über fettreiche Nahrung (z. B. Fisch, Fleisch, Muttermilch anderer Tiere oder Margarine) aufgenommen. Das liegt daran, dass viele bedenkliche Substanzen fettliebende Stoffe sind, nicht abgebaut werden und sich dann in fetthaltigen Geweben anreichern. In unserem Fettgewebe. Und weil die Muttermilch u. a. aus den Fettreserven der Mutter generiert wird, gehen die Fremdstoffe in die Muttermilch über.[206] Deshalb wird auch empfohlen, während der Stillzeit nicht zu versuchen, stark abzunehmen, damit die lang angesammelten fettlöslichen Fremdstoffe nicht durch die Auflösung von Körperfett in die Muttermilch übergehen.

Aber nicht nur fetthaltige Lebensmittel können Fremdstoffe enthalten, auch Obst und Gemüse sowie Kleidung sind oftmals mit Pestiziden belastet. Denn neben dem Weg über die Nahrungskette gelangen auch über die Atemluft oder über die Haut Fremd- und Schadstoffe in unseren Organismus. Mitte der 1980er Jahre empfahl die Deutsche Forschungsgemeinschaft (DFG) den Müttern, die länger als vier Monate stillen wollten, die Rückstandsgehalte in ihrer Milch bestimmen zu lassen und davon das Ausmaß und die Dauer des weiteren Stillens abhängig zu machen. Grund zur Sorge waren Rückstände an Chlorverbindungen wie Dichlordiphenyltrichlorethan (DDT) oder Polychlorierte Biphenyle (PCB), die in der Muttermilch gefunden wurden. Rückblickend waren diese Empfehlungen und der Protest von betroffenen Müttern sehr wichtig. Es folgte ein umweltpolitisches Umdenken mit Verbot und Anwendungsbeschränkungen von schädlichen, persistenten Chlorverbindungen und Einschränkungen der Immissionen, etwa von Dioxinen und Furanen. Und so sank die Konzentration an nachweislichen Chlorverbindungen in Muttermilch in den darauffolgenden Jahrzehnten deutlich, so dass heute keinerlei Einschränkungen des Stillens mehr ausgesprochen werden müssen.[207]

Das gilt jedoch nur für Chlorverbindungen. Im Laufe der Jahre sind weitere umweltbelastende chemische Verbindungen wie Halogenkohlenwasserstoffe (aus Flammschutzmitteln), Nitroaromate (einige Duftstoffe), Weichmacher (Phthalate, Bisphenol A) oder Stoffe, die bei Verbrennungsprozessen anfallen (Dioxine, Furane, dioxinähnliche PCB), hinzugekommen. Aber auch diese Schadstoffe scheinen aufgrund vielfältiger Umweltschutzmaßnahmen deutlich rückläufig zu sein (deswegen eigentlich eher Fremdstoffe als Schadstoffe). Außerdem unterschreiten die angeführten Konzentrationen die tolerierbare tägliche Aufnahmemenge sowohl für Flammschutzmittel als auch für Moschusverbindungen in Duftstoffen, Phthalate und Bisphenol A.[207] Rückstände von Fremdstoffen sind also nachweisbar, aber nach aktuellem Stand der Wissenschaft nicht bedenklich.

Wer sich dennoch unsicher ist (oder sich einfach dafür interessiert), der kann seine Milch bei den Muttermilch-Untersuchungsstellen der Bundesländer kontrollieren lassen (bieten leider aktuell nicht alle an). Sie geben nicht nur Auskunft über die eigene Fremdstoffbelastung, sondern ermöglichen gleichzeitig eine Überwachung der Fremdstoffbelastung der gesamten Bevölkerung.

Wie ihr eure eigene Schadstoff- bzw. Fremdstoffbilanz verbessern könnt:

- Über die Haut: Hierfür gelten alle Erkenntnisse der Kapitel 1 bis 8. Hinzu kommt Kleidung, über die wir, neben Kosmetika, Fremdstoffe dermal (über die Haut) aufnehmen. Am besten gebrauchte Kleidung oder Kleidung, die regional und nachhaltig produziert wurde, nutzen. Kleidung vor dem Tragen immer waschen!
- Über die Nahrung: bevorzugt biologisch erzeugte, saisonale und regionale Lebensmittel konsumieren. Biologischer Anbau nutzt weniger Pestizide, saisonale Lebensmittel müssen nicht lange gelagert werden und regionale Lebensmittel haben keinen langen Transport. So werden bei Lagerung und Transport ebenfalls weniger Pestizide benötigt. Kunststoffe und Kunststoffverpackungen soweit es geht reduzieren und auf Lebensmittelkontaktmaterialien wie Glas, Edelstahl oder Keramik wechseln (gilt für alles, was mit euren Lebensmitteln in Kontakt kommt: Geschirr, Babyfläschchen, Aufbewahrungsdosen, Pfannen...).
- Über die Luft: Die Umwelt, in der wir uns täglich bewegen, können wir nur schwer beeinflussen, also die Luftschadstoffe, denen wir außerhalb unserer vier Wände ausgesetzt sind. Was aber bei uns zu Hause hilft, ist die Wahl der Einrichtung, Tapeten, Wandfarbe, Möbel, Teppiche, Fußbodenmaterialien ... ein sehr komplexes Thema, denn auch Gegenstände können Schadstoffe ausgasen (Klebstoffe, Lösungsmittel, Beschichtungen). Kurzum: Auch hier auf Siegel wie beispielsweise den Blauen Engel achten und regelmäßig korrekt Lüften, vor allem, wenn neue Möbel eingezogen sind.

kurz & knapp

- Hersteller von Säuglingsanfangsmilch und Folgenahrung sind verpflichtet, ihre Produkte mit Warnhinweisen zu versehen, die auf die Vorteile des Stillens hinweisen.
- Der WHO-Kodex untersagt das Bewerben, also die Vermarktung, von Muttermilchersatz, Babyflaschen oder Saugern. Die Verordnung für Säuglingsanfangsnahrung hält sich an diese WHO-Grundsätze.[147, 170]

- Alle in Deutschland zugelassenen Säuglingsanfangsnahrungen enthalten unabhängig von Marke oder Preis, gesetzlich vorgeschriebene Nährwerte. So wird gewährleistet, dass jedes Baby, das nicht gestillt werden kann oder möchte, im ersten Lebensjahr mit allen lebensnotwendigen Inhaltsstoffen wie Vitaminen, Mineralstoffen oder Proteinen versorgt ist.
- Als sicherste und einzige Ernährungsalternative von Muttermilch gilt ausgeschriebene Säuglingsnahrung. Weder Muttermilch anderer Spezies (von beispielsweise Kuh, Ziege oder Hund) noch pflanzliche Milch können die wichtigen und lebensnotwendigen Inhaltsstoffe liefern, die euer Kind gerade im ersten Lebensjahr für eine gesunde Entwicklung benötigt.
- Pre-Säuglingsnahrung ist der Muttermilch am ähnlichsten. Einige Hersteller werben damit, dass 1er, 2er- und 3er-Milch die veränderten Bedürfnisse des älteren Säuglings besser berücksichtigen. Dafür gibt es jedoch keine wissenschaftlichen Belege.
- Verpflichtende Inhaltsstoffe sind Mineralstoffe, Vitamine, Linolsäure, Alpha-Linolensäure, DHA, L-Carnitin, Cholin und Inositol.
- Optional sind Arachidonsäure, ARA, Biotika, Nukleotide und Taurin. ARA sollte jedoch optimalerweise enthalten sein. Für die Zugabe von Probiotika, Präbiotika, Nukleotiden oder Taurin gibt es aktuell keine Beweise für einen Vorteil einer Anreicherung. Auch mit der Einführung von Beikost können diese Säuglingsanfangsnahrungen weiter gefüttert werden, eine Umstellung auf Folgemilch ist daher unnötig. Pre-Nahrungen sind für Säuglinge im gesamten ersten Lebensjahr geeignet. Das heißt, sie können vom Zeitpunkt der Geburt bis zum Ende des 1. Lebensjahrs (oder darüber hinaus) gefüttert werden.[208]
- In Säuglingsmilch und Säuglingsanfangsnahrung werden immer wieder Fremdstoffe wie Fettumwandlungsprodukte, Mineralölrückstände oder Rückstände von Desinfektionsmitteln in Spuren nachgewiesen. Diese stellen aber keine Gefahr für euer Baby dar, da sie keine bedenklichen Grenzwerte überschreiten.
- Säuglingsnahrungen werden, bevor sie in den Handel kommen, auf gesundheitsbedenkliche Inhaltsstoffe wie Schwermetalle, Schimmelpilzgifte, Weichmacher oder auch Krankheitserreger getestet.
- Auch Muttermilch kann mit Fremd- oder Schadstoffen belastet sein. Jedoch überwiegt hier immer der Nutzen des Stillens oder die Gabe von

Säuglingsanfangsmilch gegenüber möglichen gesundheitlichen Nachteilen durch eine Fremdstoffbelastung.

- Sollte es Probleme beim Stillen oder bei der Gabe von Säuglingsanfangsmilch geben, wendet euch bitte an Fachkräfte wie Ärzt*innen, ausgebildete Stillberater*innen oder zertifizierte Fachkräfte für mit Formula ernährte Säuglinge.

Selbst-Check Säuglingsanfangsmilch

Anhand folgender Liste könnt ihr die Inhaltsstoffe eurer Säuglingsanfangsmilch selbst checken. Alle benötigten Informationen findet ihr in der Nährstoffliste oder bei den Zutaten. Achtung: Die vorgeschriebenen Konzentrationen der EU-Verordnung sind auf 100 kcal standardisiert. Mittels Dreisatz solltet ihr die Angaben an den angegebenen Brennwert eurer Säuglingsanfangsmilch anpassen.

Beispiel: Säuglingsanfangsmilch mit 67 kcal. Alle Angaben müssen hier mittels Dreisatz angepasst werden:

- Fettgehalt laut Verordnung zwischen 4,4 und 6 g/100 kcal
- Die Säuglingsnahrung aus meinem Beispiel enthält 3,6 g/67 kcal
- Mittels Dreisatz errechnet, muss der Fettgehalt einer Säuglingsnahrung mit 67 kcal also zwischen 2,95 g und 4,92 g/67 kcal enthalten
    - 100 kcal/67 kcal = 1,49
    - 4,4 g/100 kcal : 1,49 = 2,95 g/kcal
    - 6,0 g/100 kcal : 1,49 = 4,02 g/kcal
    - 3,6 g/67 kcal Fettgehalt der Beispielanfangsmilch liegt also im grünen Bereich

Durchschnittliche Nährwertangaben	**pro 100 ml des verzehrfertigen Erzeugnisses**	**EU-Verordnung**		**Urteil**
		min.	**max.**	
Brennwert	67 kcal/279 kJ	60 kcal	70 kcal	✓
Fett	3,6 g	4,4 g/100 kcal (**2,95 g**/67 kcal)	6,0 g/100 kcal (**4,02 g**/67 kcal)	✓

Checkliste Säuglingsanfangsmilch

Verpflichtende Inhaltsstoffe[158]

Durchschnittliche Nährwertangaben	pro 100 ml des verzehrfertigen Erzeugnisses	EU-Verordnung (EU) 2016/127		Checkliste ✓
		min.	max.	
Brennwert	____ kcal	60 kcal	70 kcal	
Fett		4,4 g/100 kcal	6,0/100 kcal	
Kohlenhydrate		9 g/100 kcal	14 g/100 kcal	
Eiweiß (Proteine)		1,8 g/100 kcal	2,5 g/100 kcal	

Mineralstoffe

Durchschnittliche Nährwertangaben	pro 100 ml des verzehrfertigen Erzeugnisses	EU-Verordnung (EU) 2016/127		Checkliste ✓
		min.	max.	
Natrium		25 mg/100 kcal	60 mg/100 kcal	
Calcium		50 mg/100 kcal	140 mg/100 kcal	
Chlorid		60 mg/100 kcal	160 mg/100 kcal	
Eisen		0,3 mg/100 kcal	1,3 mg/100 kcal	
Fluorid		-	100 µg/100 kcal	
Jod		15 µg /100 kcal	29 µg/100 kcal	
Kalium		80 mg/100 kcal	160 mg/100 kcal	
Kupfer		60 mg/100 kcal	100 mg/100 kcal	
Magnesium		5 mg/100 kcal	15 mg/100 kcal	
Mangan		1 µg /100 kcal	100 µg/100 kcal	
Molybdän		-	14 µg/100 kcal	
Phosphor		30 mg/100 kcal	100 mg/100 kcal	
Selen		3 µg /100 kcal	8,6 µg/100 kcal	
Zink		0,5 mg/100 kcal	1 mg/100 kcal	

Vitamine

Durchschnittliche Nährwertangaben	pro 100 ml des verzehrfertigen Erzeugnisses	EU-Verordnung (EU) 2016/127		Checkliste ✓
		min.	max.	
Vitamin A		70 µg /100 kcal	114 µg/100 kcal	
Vitamin B1, Thiamin		40 µg/100 kcal	300 µg/100 kcal	
Vitamin B12		0,1 µg/100 kcal	0,5 µg/100 kcal	
Vitamin B2, Riboflavin		60 µg/100 kcal	400 µg/100 kcal	
Vitamin B6		20 µg/100 kcal	175 µg/100 kcal	
Vitamin C		4 mg/100 kcal	30 mg/100 kcal	
Vitamin D		2 µg/100 kcal	3 µg/100 kcal	
Vitamin E		0,6 mg/100 kcal	5 mg/100 kcal	
Vitamin K		1 µg/100 kcal	25 µg/100 kcal	
Folsäure (Folat)		15 µg/100 kcal	47,6 µg/100 kcal	
Niacin		0,4 mg/100 kcal	1,5 mg/100 kcal	
Pantothensäure		0,4 mg/100 kcal	2 mg/100 kcal	
Biotin		1 µg/100 kcal	7,5 µg/100 kcal	

Fettsäuren

Die Omega-3- und Omega-6-Fettsäuren Linolsäure und Alpha-Linolensäure sind nicht immer explizit aufgelistet. Sie verstecken sich u. a. in den Zutaten Fischöl, Olivenöl, Rapsöl oder in Palmöl.

Durchschnittliche Nährwertangaben	pro 100 ml des verzehrfertigen Erzeugnisses	EU-Verordnung (EU) 2016/127		Checkliste ✓
		min.	max.	
Docosahexaensäure (DHA)		20 mg/100 kcal	50 mg/100 kcal	
Linolsäure		500 mg/100 kcal	1200 mg/100 kcal	
Alpha-Linolensäure		50 mg/100 kcal	100 mg/100 kcal	

Sonstige

Durchschnittliche Nährwertangaben	pro 100 ml des verzehrfertigen Erzeugnisses	EU-Verordnung (EU) 2016/127		Checkliste ✓
		min.	max.	
Carnitin		1,2 mg/100 kcal		
Cholin, gesamt		25 mg/100 kcal	50 mg/100 kcal	
Inositol		4 mg/100 kcal	40 mg/100 kcal	

Optionale Inhaltsstoffe[158]

Durchschnittliche Nährwertangaben	pro 100 ml des verzehrfertigen Erzeugnisses	EU-Verordnung (EU) 2016/127		Checkliste ✓
		min.	max.	
Arachidonsäure (ARA)			1 % des gesamten Fettgehalts	
Taurin			12 mg/100 kcal	

Long Chain Polyunsaturates (LCPs)

Fructo-Oligosaccharide und Galacto-Oligosaccharide dürfen Säuglingsanfangsnahrung zugesetzt werden. In diesem Fall darf ihr Anteil 0,8 g/100 ml in einer Kombination aus 90 % Oligogalactosyl-Lactose und 10 % Oligofructosyl-Saccharose mit hohem Molekulargewicht nicht übersteigen.

Bakterienkulturen:

- Lactobacillus fermentum
- Lactobacillus reuteri
- Bifidobacterium (B.) lactis
- sowie weitere Bifidobakterien der Spezies B. breve, B. bifidum, B. infantis und B. longum

Hinweis: Bakterienkulturen („Probiotika“) sind nicht in der Verordnung geregelt.

Nukleotide

Durchschnittliche Nährwertangaben	pro 100 ml des verzehrfertigen Erzeugnisses	EU-Verordnung (EU) 2016/127		Checkliste ✓
		min.	max.	
Cytidin-5'-Monophosphat		0,60 mg/100 kJ	2,50 mg/100 kJ	
Uridin-5'-Monophosphat		0,42 mg/100 kJ	1,75 mg/100 kJ	
Adenosin-5'-Monophosphat		0,36 mg/100 kJ	1,50 mg/100 kJ	
Guanosin-5'-Monophosphat		0,12 mg/100 kJ	0,50 mg/100 kJ	
Inosin-5'-Monophosphat		0,24 mg/100 kJ	1,00 mg/100 kJ	
Gesamt-Nukleotide		1,74 mg/100 kJ	**7,25*** mg/100 kJ	

**die Gesamtkonzentration an Nukleotiden darf 5 mg/100 kcal nicht überschreiten.*

Zum Schluss

Es ist nun fast 2023 und ich habe tatsächlich mein erstes Buch geschrieben. Wie gerne würde ich dieses meinem 2018-Ich überreichen. Es würde meinem damaligen Ich auf jeden Fall viel Zeit und Nerven ersparen. Aber ohne dieses 2018-Ich wäre dieses Buch nie entstanden. Denn hätte es damals die Antworten, die ich suchte, gegeben, ich hätte nicht nach ihnen suchen müssen. Also haben mein 2018-, 2019-, 2020-, 2021- und 2022-Ich viele Publikationen gelesen, unzählige Verordnungen studiert und die Inhaltsstoffe sehr vieler Produkte analysiert, auf der Suche nach Wissen. Und so bin ich zwar am Ende dieses Buches angelangt, aber noch lange nicht am Ende meiner Arbeit. Und nein, das Wissen macht mich nicht ängstlicher, es gibt mir Sicherheit und hilft mir bei meinen Entscheidungen. Wissen ist zwar oft auch eine Last, aber vor allem ist es Macht (meistens auf jeden Fall). Ja, 2018-Ich, über dieses Wissen müsste wirklich mal jemand ein Buch schreiben. Damit du dich nicht verrückt machen musst und Zeit für die wichtigen Dinge im Leben hast.

Danke

„Danke an alle und an die, die ich vergessen habe"

Nein, so leicht mache ich es mir doch nicht. Denn dafür ist ein Dankeschön viel zu wichtig! Mal davon abgesehen, dass ich hoffe, dass die Menschen, denen ich dankbar bin, das bereits schon wissen! Und dennoch möchte ich hier Danke sagen, denn so ein Buch ist natürlich kein Werk einer einzelnen Person, sondern ein Gemeinschaftsprojekt. Entstanden in meinem Kopf, umgesetzt mit ganz tollen Menschen und dem Rückhalt meiner Familie.

Danke Simone für den Satz und die Gestaltung des Buches, sowohl innen als auch außen. Danke Michael für deine Zeichnungen, die mein schriftliches Werk komplettieren. Danke Nicolin für das entspannte und tolle Fotoshooting (wer hätte gedacht, dass ich irgendwann einmal vorne auf einem Buch zu sehen bin). Danke Gina für das Lektorieren! Wer meine täglichen Beiträge kennt, weiß dass es einiges zu verbessern gab. Danke Sabine (und der

Schmieder-Media GmbH) für deine Organisation und Koordination. Du hast uns alle zusammengebracht und dank dir und deinem Vertrauen in mich durfte dieses Buch so sein, wie ich es mir vorgestellt habe.

Danke auch meinen ehemaligen Kommiliton*innen und Kolleg*innen, die mich in den unterschiedlichen Kapiteln unterstützt haben. Sei es durch nächtliche Diskussionen über die Inhaltsstoffe diverser Shampoos und Lotionen, schnelles „Drüberlesen" oder den Austausch über den Inhalt sowie die Sinnhaftigkeit mancher Publikationen.

Danke Andi für deine kritischen Fragen und Anregungen. Ist es doch erst elf Jahre her, dass wir gemeinsam die Unibank gedrückt und unseren Abzug-Nachbarinnen im Chemiepraktikum die letzten Nerven geraubt haben.

Danke Thomas, dass du mich jeden Tag aushältst. Meine Macken, mein Chaos, meine Launen. Hast du mich doch schon vor acht Jahren während meiner ersten Abschlussarbeit als mittellose Studentin unterstützt, wo es nur ging. Und auch bei meiner zweiten Abschlussarbeit konnte ich mich als mittlerweile frisch gebackene Mutter immer auf dich verlassen. Du glaubst an mich, wenn ich nicht geradeaus gehe, sondern unsichere Abzweigungen einschlage. Und ich bin oft abgebogen. Dabei immer mit dir an meiner Seite. Ich hätte mir keine besseren Gene für mein Kind aussuchen können als deine.

Und zuletzt danke ich euch, die ihr gerade dieses Buch gelesen habt oder zumindest diese Seite! Danke auch euch, die ihr mir in den sozialen Medien folgt und mich dort jeden Tag unterstützt, indem ihr mit mir diskutiert, offen seid für unangenehmes Wissen – und bleibt. Danke für euer Vertrauen! Ich werde weiterhin achtsam damit umgehen.

Eure Anni

Abkürzungsverzeichnis

µg	Mikrogramm
2'-FL	2'-Fucosyllactose
2-MCPD	2-Monochlorpropandiol
3-MCPD	3-Monochlorpropandiol
AATTC	American Association of Textile Chemists and Colorists
ANSES	Agentur für Lebensmittel-, Umwelt- und Arbeitsschutz
ANSES	Agence nationale de sécurité sanitaire de l'alimentation, de l'environnement et du travail
ARA	Arachidonsäure
BEMT	Bemotrizinol
BFR	Bundesinstitut für Risikobewertung
Bis-EMT	Bis-Ethylhexyloxyphenol Methoxyphenyl Triazine
BM	Butyl Methoxydibenzoylmethane
BMUV	Bundesministerium für Umwelt, Naturschutz, nukleare Sicherheit und Verbraucherschutz
BPA	Bisphenol A
BTX	Benzol, Toluol, Xyluol
BUND	Bund für Umwelt und Naturschutz Deutschland e.V.
CI	Color Index
CPNP	Cosmetic Products Notification Portal
DAAB	Deutsche Allergie- und Asthmabund
DDT	Dichlordiphenyltrichlorethan
DHA	Deutsche Haut- und Allergiehilfe
DHA	Docosahexaensäure
DHHB	Diethylamino Hydroxybenzoyl Hexyl Benzoate
DNEL	Derived No Effect Level
DNS	Desoxyribonukleinsäure
DPDT	Dinatrium Phenyl Dibenzimidazol Tetrasulfonat
DT	Drometrizole Trisiloxane
ECARF	European Centre for Allergy Research Foundation
EFSA	European Food Safety Authority
eHF	extensively Hydrolyzed Formula
eHF-C	extensively Hydrolyzed Formula – Casein
eHF-W	extensively Hydrolyzed Formula – Whey
EHS	Ethylhexyl Salicylate
EM	Ethylhexyl Methoxycinnamate
ET	Ethylhexyl Triazone
FCKW	Fluorchlorkohlenwasserstoffe
FOS	Fructooligosaccharide
FSC	Forest Stewardship Council
GE	Glycidyl-Fettsäureestern
GOS	Galactooiligosaccharide
GOTS	Global Organic Textile Standard

HA	Hypo allergen
HICC	4-(4-Hydroxy-4-methylpentyl)cyclohex-3-en-1-carbaldehyd (Lyral)
HMO	Humane Milch-Oligosaccharide
INCI	International Nomenclature of Cosmetic Ingredients
IREC	Institut de Recherche Expérimentale et Clinique
IVN	Internationaler Verband der Naturtextilwirtschaft
LCPs	Long Chain Polyunsaturates
LNnt	Lacto-N-Neotetraose
LSF	Lichtschutzfaktor
MBBT	Methylene Bis-Benzotriazolyl Tetramethylbutylphenol (Nano)
MKW	Mineralölkohlenwasserstoffe
MOAH	Mineral Oil Aromatic Hydrocarbons
MOH	Mineral Oil Hydrocarbons
MOSH	Mineral Oil Saturated Hydrocarbons
NABU	Naturschutzbund Deutschland e.V
nm	Nanometer
PAK	Polyzyklische Aromatische Kohlenwasserstoffe
PCB	Polychlorierte Biphenyle
PCDD	Polychlorierte Dibenzodioxine
PCDF	Polychlorierte Dibenzofurane
PE	Polyethylen
PEFC	Programme for the Endorsement of Forest Certification Schemes
PEG	Polyethylenglykol
PFOA	Pentadecafluorooctanoic Acid
pHF	partially Hydrolyzed Formula
pHF-W	partially Hydrolyzed Formula – Whey
POP	Persistent Organic Pollutants
PP	Polypropylen
ppm	Parts per million
QPS	Qualitative Presumption of Safety
RAC	Committee for Risk Assessment
RAL	Reichs-Ausschuss für Lieferbedingungen
RBC	Red Blood Cell Test
REACH	Registration, Evaluation, Authorisation and Restriction of Chemicals
SCCS	Scientific Committee on Consumer Safety
SLeS	Sodium Laureth Sulfate
SLS	Sodium Lauryl Sulfate
SPF	Sun Protection Factor
STeP	Sustainable Textile and Leather Production
SVHC	Substance of Very High Concern
TBT	Tris-Biphenyl Triazine (Nano)
TDI	Tolerable Daily Intake
TEWL	Transepidermaler Wasserverlust
UL	Tolerable Upper Intake Level
UPF	Ultraviolet Protection Factor
WHO	World Health Organisation

Quellenverzeichnis

(1) Zehn spannende Fakten über die Beautyrituale der deutschen Frauen. Zugriff am 22.12.2022: http://bit.ly/3W3s0DM.

(2) Das Europäische Parlament und der Rat der Europäischen Union: Verordnung (EG) Nr. 1223/2009 über kosmetische Mittel, 2009. Zugriff am 22.12.2022: https://bit.ly/3Wm5yFB.

(3) Haut.de: Was bedeutet INCI bei Kosmetik ... Schon gewusst? Zugriff am 22.12.2022: https://bit.ly/3PuAHo9.

(4) Bundesamt für Verbraucherschutz und Lebensmittelsicherheit: Kennzeichnung. Zugriff am 22.12.2022: https://bit.ly/3BHey0h.

(5) Händlerbund: Regelung bei der Kosmetikverordnung. Zugriff am 22.12.2022: https://bit.ly/3VVhUEV.

(6) Europäische Kommission: Establishing a Glossary of Common Ingredient Names for Use in the Labelling of Cosmetic Products. Zugriff am 22.12.2022: https://bit.ly/3V3Lp67.

(7) Pharmazeutische Zeitung: Konservierung von Kosmetika. Zugriff am 22.12.2022: https://bit.ly/3PMi13z.

(8) Haut.de: Konservierungsmittel. Zugriff am 22.12.2022: https://bit.ly/3WkKZth.

(9) Deutsche Gesellschaft für wissenschaftliche und angewandte Kosmetik e.V.: Bewertung gesundheitlicher Risiken durch Mikroorganismen in kosmetischen Mitteln. Zugriff am 22.12.2022: https://bit.ly/3BGsPu4.

(10) Europäische Kommission: The SCCS Notes of Guidance for the Testing of Cosmetic Ingredients and Their Safety Evaluation, 2016. Zugriff am 22.12.2022: https://bit.ly/3j8mFMW.

(11) Bashir, A.; Lambert, P.: Microbiological Study of Used Cosmetic Products: Highlighting Possible Impact on Consumer Health, in: Journal of Applied Microbiology, 2020, 128 (2), 598–605. https://doi.org/10.1111/jam.14479.

(12) Dadashi, L., Dehghanzadeh, R.: Investigating Incidence of Bacterial and Fungal Contamination in Shared Cosmetic Kits Available in the Women Beauty Salons, in: Health Promotion Perspectives, 2016, 6 (3), 159–163. https://doi.org/10.15171/hpp.2016.25.

(13) Uter, W.: Contact Allergy to Fragrances: Current Clinical and Regulatory Trends, in: Allergologie select, 2017, 1 (2), 190–199. https://doi.org/10.5414/ALX01604E.

(14) Bundesamt für Verbraucherschutz und Lebensmittelsicherheit: Kennzeichnung von Duftstoffen. Zugriff am 22.12.2022: https://bit.ly/3UY3vX7.

(15) Berufsverband der Deutschen Dermatologen (BVDD): Wenn Düfte allergisch machen. Zugriff am 22.12.2022: https://bit.ly/3V5fNwS.

(16) Bundesinstitut für Risikobewertung: Kontaktallergene in Spielzeug: Gesundheitliche Bewertung von Nickel und Duftstoffen. Zugriff am 22.12.2022: https://bit.ly/3W1DuYw.

(17) Bundesministerium Soziales, Gesundheit, Pflege und Konsumentenschutz: EU-Kosmetikverordnung. Zugriff am 22.12.2022: https://bit.ly/3WabIcs.

(18) Produktwarnung.eu: Statistik: Rückrufe & Verbraucherwarnungen im Jahr 2020. Zugriff am 22.12.2022: https://bit.ly/3uYofDL.

(19) Paracelsus: Labyrintus und Irrgang der vermeinten Artzet, Perna: 1574.

(20) Scientific Opinion on Dietary Reference Values for Fluoride. EFSA Journal, 2013. https://doi.org/10.2903/j.efsa.2013.3332.

(21) Deutsche Gesellschaft für Ernährung: Referenzwerte für die Nährstoffzufuhr, in: DGEwissen: Bonn, 1. Ausgabe, 2. Aufl., 2015.

(22) Bundesinstitut für Risikobewertung: Für gesunde Zähne: Fluorid-Vorbeugung bei Säuglingen und Kleinkindern, Stellungnahme Nr. 015/2018 des BfR vom 31. Mai 2018. https://doi.org/10.17590/20180531-085715-0.

(23) European Food Safety Authority, Europäische Kommission, Scientific Panel on Dietetic Products, Nutrition and Allergies, Eds.: Tolerable Upper Intake Levels for Vitamins and Minerals, European Food Safety Authority, Parma, 2006.

(24) Umweltbundesamt: Die Umsetzung von REACH, 2016. Zugriff am 22.12.2022: https://bit.ly/3FyJzEP.

(25) Wirtha, O.; Reihlena, A.; Bunkeb, D.; Jepsen, D.: REACH in der Praxis IV – Zukunft der per- und polyfluorierten Chemikalien (PFC), 2015. Zugriff am 22.12.2022: https://bit.ly/3jd73aI.

(26) Christine Chemnitz: Pestizidatlas: Daten und Fakten zu Giften in der Landwirtschaft, Aufl. 1, Heinrich-Böll-Stiftung: Berlin, 2022.

(27) EFSA (European Food Safety Authority): Pestizide. Zugriff am 22.12.2022: https://bit.ly/3v1RTbh.

(28) Öko-Test: Babytee im Test: Diese Tees sind frei von Schadstoffen, 01/2018.

(29) EFSA Panel on Contaminants in the Food Chain (CONTAM): Scientific Opinion on Mineral Oil Hydrocarbons in Food, EFSA Journal, 2012, 10 (6). https://doi.org/10.2903/j.efsa.2012.2704.

(30) Öko-Test: Test Säuglingsanfangsnahrung, 04/2022.

(31) Bundesinstitut für Risikobewertung: Haarglättungsmittel mit Formaldehyd sind gesundheitsschädlich, 2010. https://bit.ly/3PAdscw.

(32) Umweltbundesamt: Formaldehyd. Zugriff am 22.12.2022: https://bit.ly/3Fyh36e.

(33) Europäische Kommission: Verordnung (EU) Nr. 10/2011 der Kommission vom 14. Januar 2011 über Materialien und Gegenstände aus Kunststoff, die dazu

bestimmt sind, mit Lebensmitteln in Berührung zu kommen, Text von Bedeutung für den EWR. Zugriff am 22.12.2022: https://bit.ly/3PEjjxq22.

(34) Europäische Kommission. Verordnung (EU) 2019/831 der Kommission vom 22. Mai 2019: zur Änderung der Anhänge II, III und V der Verordnung (EG) Nr. 1223/2009 des Europäischen Parlaments und des Rates über kosmetische Mittel, 2019. https://bit.ly/3hwcZvb.

(35) Codecheck: Formaldehydabspalter in unserer Kosmetik. Zugriff am 22.12.2022: https://bit.ly/3hwpYx0.

(36) Wikipedia: Feuchttuch. Zugriff am 22.12.2022: https://bit.ly/3Wn3r4t.

(37) Anwar J. Sayyed; Niteen A. Deshmukh; Dipak V. Pinjari: A Critical Review of Manufacturing Processes Used in Regenerated Cellulosic Fibres: Viscose, Cellulose Acetate, Cuprammonium, LiCl/DMAc, Ionic Liquids, and NMMO Based Lyocell, 2019. https://doi.org/10.1007/s10570-019-02318-y.

(38) Bundesministerium für Umwelt, Naturschutz, nukleare Sicherheit und Verbraucherschutz: Warnhinweis für Wegwerfplastik ab Juli 2021. Zugriff am 22.12.2022: https://bit.ly/3BHXhE5.

(39) Europäische Kommission: Leitlinien der Kommission über Einwegkunststoffartikel in Übereinstimmung mit der Richtlinie (EU) 2019/904 des europäischen Parlaments und des Rates über die Verringerung der Auswirkungen bestimmter Kunststoffprodukte auf die Umwelt, 2021. Zugriff am 22.12.2022: https://bit.ly/3BFC7Xc.

(40) Uni Ulm: Ökobilanzen – der Faser auf der Spur. Zugriff am 22.12.2022: https://bit.ly/3hpvem8.

(41) Changing Market Foundation: Dirty Fashion - How Pollution in the Global Textiles Supply Chain is Making Viscose Toxic. Zugriff am 22.12.2022: https://bit.ly/3uWgEpm.

(42) Lenzing.com: Mit Lyocell Start in eine neue Epoche. Zugriff am 22.12.2022: https://bit.ly/3BBBWvR.

(43) igefa: Biologisch abbaubar, kompostierbar und biobasiert: Was steckt wirklich hinter diesen Begriffen? Zugriff am 22.12.2022: https://bit.ly/3C3s12L.

(44) Öko-Test: Feuchttücher-Test: Wie schlagen sich Bübchen, Pampers & Co.? 04/2021.

(45) Halla, N.; Fernandes, I.; Heleno, S.; Costa, P.; Boucherit-Otmani, Z.; Boucherit, K.; Rodrigues, A.; Ferreira, I.; Barreiro, M.: Cosmetics Preservation: A Review on Present Strategies, in: Molecules, 2018. https://doi.org/10.3390/molecules23071571.

(46) Europäische Kommission: Verordnung (EU) Nr. 1004/2014 der Kommission vom 18. September 2014 zur Änderung des Anhangs V der Verordnung (EG) Nr. 1223/2009 des Europäischen Parlaments und des Rates über kosmetische Mittel, 2014. https://bit.ly/3FCaZJM.

(47) Europäische Kommission: Verordnung (EU) Nr. 358/2014 der Kommission vom 9. April 2014. https://bit.ly/3W4YpJZ.

(48) Halla, N. et al.: Cosmetics Preservation: A Review on Present Strategies, in: Molecules, 2018. https://doi.org/10.3390/molecules23071571.

(49) Europäische Kommission: Verordnung (EU) 2016/1198 der Kommission vom 22. Juli 2016 zur Änderung von Anhang V der Verordnung (EG) Nr. 1223/2009 des Europäischen Parlaments und des Rates über kosmetische Mittel, 2016. https://bit.ly/3W1ABqH.

(50) Deutscher Allergie- und Asthmabund (DAAB): Duftstoffe als Kontaktallergene. Zugriff am 22.12.2022: https://bit.ly/3j4OO7w.

(51) Scientific Committee on Consumer Products (SCCS): Opinion on Fragrance Allergens in Cosmetic Products, 2012. https://bit.ly/3hDcGyy.

(52) Europäische Kommission: Verordnung (EU) 2017/1410 der Kommission vom 2. August 2017 zur Änderung der Anhänge II und III der Verordnung (EG) Nr. 1223/2009 des Europäischen Parlaments und des Rates über kosmetische Mittel, 2017. Zugriff am 22.12.2022: https://bit.ly/3BAZFfV.

(53) Europäische Kommission: Delegierte Verordnung (EU) 2020/1182 der Kommission vom 19. Mai 2020 zur Änderung des Anhangs VI Teil 3 der Verordnung (EG) Nr. 1272/2008 des Europäischen Parlaments und des Rates über die Einstufung, Kennzeichnung und Verpackung von Stoffen und Gemischen zwecks Anpassung an den technischen und wissenschaftlichen Fortschritt, 2020. https://bit.ly/3BDVFuU.

(54) Europäische Kommission: Verordnung (EU) 2021/1902 der Kommission vom 29. Oktober 2021. Zugriff am 22.12.2022: https://bit.ly/3FySPc3.

(55) BMUV: Blauer Engel jetzt auch für Windeln. Zugriff am 22.12.2022: https://bit.ly/3W5xLAX.

(56) French Agency for Food, Environmental and Occupational Health & Safety (ANSES): Sécurité des Couches pour Bébé - Avis Révisé de l'Anses Rapport d'expertise collective, 2019. https://bit.ly/3FWtFFp.

(57) Bernard, A.: Dermal Exposure to Hazardous Chemicals in Baby Diapers: A Re-Evaluation of the Quantitative Health Risk Assessment Conducted by The French Agency for Food, Environmental and Occupational Health and Safety (ANSES). International Journal of Environmental Research and Public Health, 2022, 19 (7), 4159. https://doi.org/10.3390/ijerph19074159.

(58) French Agency for Food, Environmental and Occupational Health & Safety (ANSES): Annex XV Restriction Report Proposal for a Restriction, 2020. https://bit.ly/3V2Fcrc.

(59) ECHA: Risks from Chemicals in Baby Diapers not Demonstrated, 2021. https://bit.ly/3hxrRt6.

(60) Europäisches Parlament: Answer given by Mr Breton on Behalf of the

European Commission, 2022. https://bit.ly/3hAMPr1.

(61) Corsolini, S.; Galbán-Malagón, C.; Carmela Montone, R.: Persistent Organic Pollutants in Antarctica. Zugriff am 22.12.2022: https://doi.org/10.18124/K4R5-M743.

(62) Deine Stoffwindel.com: Windelfrei erziehen – So geht es auch ohne Windeln! Zugriff am 22.12.2022: https://bit.ly/3hAQRzF.

(63) Wikipedia: Windelfrei. Zugriff am 22.12.2022: https://bit.ly/3BJJ0qr.

(64) Leben und erziehen: Baby abhalten: So funktioniert die Windelfrei-Methode. Zugriff am 22.12.2022: https://bit.ly/3YmMUzn.

(65) Deutsches Institut für Qualitätssandards und -prüfung e.V.: Gütesiegel – Was ist das und wie wird es vergeben? Zugriff am 22.12.2022: https://bit.ly/3Fwm8vL.

(66) Europäische Kommission: Technical Document on Cosmetic Claims, 2017, Vol. Case C-99/01. Zugriff am 22.12.2022: https://bit.ly/3W1jwwQ.

(67) Global-Standard.org: Schlüsselkriterien. Zugriff am 22.12.2022: https://bit.ly/3BI8nc6.

(68) Global-Standard.org: Bio-Fasern. Zugriff am 22.12.2022: https://bit.ly/3BD7Fgw.

(69) Blauer-Engel.de: Blauer Engel – Gut für mich. Gut für die Umwelt. Zugriff am 22.12.2022: https://bit.ly/3G3IMx6.

(70) Blauer-Engel.de: Umweltfreundliche Windeln, Damenhygiene- und Inkontinenzprodukte (DE-UZ 208). Zugriff am 22.12.2022: https://bit.ly/3hARqth.

(71) Oeko-Tex: Kriterienkatalog Standard 100 by OEKO-TEX® STANDARD 100. Zugriff am 22.12.2022: https://bit.ly/3htNhaL.

(72) Greenpeace: Textil-Siegel im Greenpeace-Check. Zugriff am 22.12.2022: https://bit.ly/3hwqHOF.

(73) Utopia.de: Ökowindeln, Biowindeln, vegane Windeln. Zugriff am 22.12.2022: https://bit.ly/3HH4Xuf.

(74) Benitez Ojeda, A. B.; Mendez, M. D.: Diaper Dermatitis, in: StatPearls, StatPearls Publishing: Treasure Island (FL), 2022.

(75) Odio, M. R.; O'Connor, R. J.; Sarbaugh, F.; Baldwin, S.: Continuous Topical Administration of a Petrolatum Formulation by a Novel Disposable Diaper, in: Dermatology 2000, 200 (3), 238–243. https://doi.org/10.1159/000018366.

(76) Czarnowicki, T. et al.: Petrolatum: Barrier Repair and Antimicrobial Responses Underlying This "Inert" Moisturizer, in: Journal of Allergy and Clinical Immunology, 2016, 137 (4). https://doi.org/10.1016/j.jaci.2015.08.013.

(77) Petry, T.; Bury, D.; Fautz, R.; Hauser, M.; Huber, B.; Markowetz, A.; Mishra, S.; Rettinger, K.; Schuh, W.; Teichert, T.: Review of Data on the Dermal Penetration of Mineral Oils and Waxes Used in Cosmetic Applications, in: Toxicology Letters, 2017, 280, 70–78. https://doi.org/10.1016/j.toxlet.2017.07.899.

(78) Bundesinstitut für Risikobewertung: Hochraffinierte Mineralöle in Kosmetika: Gesundheitliche Risiken sind nach derzeitigem Kenntnisstand nicht zu erwarten, 2018. https://bit.ly/3PDyXsA.

(79) Öko-Test: Test Wundschutzcremes - Für heile Haut, 12/2021.

(80) Kelleher, M. M. et al.: Skin Care Interventions in Infants for Preventing Eczema and Food Allergy, in: Cochrane Database System Reviews, 2021 (2). https://doi.org/10.1002/14651858.CD013534.pub2.

(81) Ott, H.: Kinderallergologie in Klinik und Praxis, Springer: Berlin, 2014.

(82) Denisow-Pietrzyk, M.; Pietrzyk, Ł.; Denisow, B.: Asteraceae Species as Potential Environmental Factors of Allergy, in: Environmental Science and Pollution Research, 2019, 26 (7), 6290–6300. https://doi.org/10.1007/s11356-019-04146-w.

(83) Trautmann, A.; Kleine-Tebbe, J.: Allergologie in Klinik und Praxis: Allergene – Diagnostik – Therapie, Georg Thieme Verlag, Stuttgart, 3. Aufl., 2018. https://doi.org/10.1055/b-004-140676.

(84) Deutsche Kontaktallergie-Gruppe (DKG) in der Deutschen Dermatologischen Gesellschaft: Epikutantestreihen der DKG, 2022. Zugriff am 22.12.2022: https://bit.ly/3PyXvDf.

(85) Deutsche Haut- und Allergiehilfe e.V.: Wichtige Tipps für das tägliche Eincremen. Zugriff am 22.12.2022: https://bit.ly/3W8MJpA.

(86) Tiplica, G. S.; Boralevi, F.; Konno, P.; Malinauskiene, L.; Kaszuba, A.; Laurens, C.; Saint-Aroman, M.; Delarue, A.: The Regular Use of an Emollient Improves Symptoms of Atopic Dermatitis in Children: A Randomized Controlled Study, in: Journal of the European Academy of Dermatology and Venereology, 2018, 32 (7), 1180–1187. https://doi.org/10.1111/jdv.14849.

(87) Tiplica, G. S.; Kaszuba, A.; Malinauskienė, L.; Konno, P.; Boralevi, F.; Garrigue, E.; Saint-Aroman, M.; Delarue, A.: Prevention of Flares in Children with Atopic Dermatitis with Regular Use of an Emollient Containing Glycerol and Paraffin: A Randomized Controlled Study, in: Pediatric Dermatology, 2017, 34 (3), 282–289. https://doi.org/10.1111/pde.13113.

(88) Bundesinstitut für Risikobewertung: BfR-Forum Verbraucherschutz Mineralöle, 2017. https://bit.ly/3BJwMOI.

(89) Öko-Test: Test Allzweckcremes - eine für alles, 12/2021.

(90) Bodylotion-Test: Dusch Das, Nivea Und Neutrogena sind Testverlierer, 12/2021.

(91) Öko-Test: Test Babyöle - ohne Erdöl, bitte! 12/2021.

(92) Bundesinstitut für Risikobewertung: Auf die Reinheit kommt es an, 2018. Zugriff am 22.12.2022: https://bit.ly/3HL0nLn.

(93) Wikipedia: Alditole. Zugriff am 22.12.2022: http://bit.ly/3v4kWuy.

(94) Wikipedia: Fettalkohole. Zugriff am 22.12.2022: https://bit.ly/3G7quLn.

(95) Öko-Test., Test Babycremes, Creme de la Creme, 04/2021.

(96) Pichler et al.: Aspiration von Babypuder, in: Monatsschrift Kinderheilkunde, 2002, 150 (12), 1516–1517. https://doi.org/10.1007/s00112-001-0395-6.

(97) Bundesinstitut für Risikobewertung: Talkumhaltiger Babypuder ist ein Gesundheitsrisiko, 2011. Zugriff am 22.12.2022: https://bit.ly/3YKlGD5.

(98) Öko-Test: Tipps zur Babypflege: Auf viele Produkte können Sie getrost verzichten, 12/2020.

(99) Pigatto, P. P.; Martelli, A. A.; Marsili, C. C.; Fiocchi, A. A.: Contact Dermatitis in Children, in: Italian Journal of Pediatrians, 2010, 36 (1), 2. https://doi.org/10.1186/1824-7288-36-2.

(100) Hill, H.; Goldenberg, A.; Golkar, L.; Beck, K.; Williams, J.; Jacob, S. E.: Pre-Emptive Avoidance Strategy (P.E.A.S.) – Addressing Allergic Contact Dermatitis in Pediatric Populations, in: Expert Review of Clinical Immunology, 2016, 12 (5), 551–561. https://doi.org/10.1586/1744666X.2016.1142373.

(101) Öko-Test: Brustwarzensalben: Angeschmiert, 01/2018.

(102) Öko-Test: Ab nach draußen: TEST Wind- und Wettercremes, 04/2022.

(103) Bundesministerium für Justiz: Betäubungsmittelgesetz. Zugriff am 22.12.2022: https://bit.ly/3W98x4r.

(104) Mehling, A.; Kleber, M.; Hensen, H.: Comparative Studies on the Ocular and Dermal Irritation Potential of Surfactants, in: Food and Chemical Toxicology, 2007, 45 (5), 747–758. https://doi.org/10.1016/j.fct.2006.10.024.

(105) Burnett, C. L.; Heldreth, B.; Bergfeld, W. F.; Belsito, D. V.; Hill, R. A.; Klaassen, C. D.; Liebler, D. C.; Marks, J. G.; Shank, R. C.; Slaga, T. J.; Snyder, P. W.; Andersen, F. A.: Safety Assessment of PEGylated Oils as Used in Cosmetics. International Journal of Toxicology, 2014. https://doi.org/10.1177/1091581814546337.

(106) Jang, H.-J.; Shin, C. Y.; Kim, K.-B.: Safety Evaluation of Polyethylene Glycol (PEG) Compounds for Cosmetic Use, in: Toxicology Research, 2015, 31 (2), 105–136. https://doi.org/10.5487/TR.2015.31.2.105.

(107) Europäische Kommission: Verordnung (EG) Nr. 1333/2008 des Europäischen Parlaments und des Rates vom 16. Dezember 2008 über Lebensmittelzusatzstoffe, 2008. https://bit.ly/3G36FEI.

(108) Hyun-Jun Jang et al.: Safety Evaluation of Polyethylene Glycol (PEG) Compounds for Cosmetic Use. Zugriff am 22.12.2022: https://doi.org/10.5487/TR.2015.31.2.105.

(109) Pfahlberg, A.; Kölmel, K.-F.; Gefeller O. (Febim Study Group): Timing of Excessive Ultraviolet Radiation and Melanoma: Epidemiology Does Not Support the Existence of a Critical Period of High Susceptibility to Solar Ultraviolet Radiation-Induced Melanoma, in: British Journal of Dermatology, 2001, 144 (3), 471–475. https://doi.org/10.1046/j.1365-2133.2001.04070.x.

(110) Telofski, L. S.; Morello, A. P.; Mack Correa, M. C.; Stamatas, G. N.: The Infant Skin Barrier: Can We Preserve, Protect, and Enhance the Barrier? Dermatolo-

gy Research and Practice, 2012, 1–18. https://doi.org/10.1155/2012/198789.
(111) WDR: Unser tägliches Sterben. Zugriff am 22.12.2022: https://bit.ly/3W7NzTL.
(112) Wu, S.; Han, J. et al.: Long-Term Ultraviolet Flux, Other Potential Risk Factors, and Skin Cancer Risk: A Cohort Study, in: Cancer Epidemiology, Biomarkers & Prevention, 2014, 23 (6), 1080–1089. https://doi.org/10.1158/1055-9965.EPI-13-0821.
(113) Bundesamt für Strahlenschutz: Was ist der UV-Index? Zugriff am 22.12.2022: https://bit.ly/3YuZVqD.
(114) Bundesamt für Strahlenschutz: UV-Prognose. Zugriff am 22.12.2022: https://bit.ly/3uXuAzl.
(115) Food and Drug Administration (FDA): The Sun and Your Medicine. Zugriff am 22.12.2022: https://bit.ly/3WtoouE.
(116) Bundesamt für Strahlenschutz: UV-Schutz durch Kleidung. Zugriff am 22.12.2022: https://bit.ly/3BMsYMq.
(117) Umweltbundesamt: Mikroplastik in der Umwelt - Fakten und Herausforderungen; 2018. https://bit.ly/3V2fzqB.
(118) Medina, C.; Santos-Martinez, M. J. et al.: Nanoparticles: Pharmacological and Toxicological Significance, in: British Journal of Pharmacology, 2007, 150 (5), 552–558. https://doi.org/10.1038/sj.bjp.0707130.
(119) Europäische Kommission: Bericht der Kommission an das Europäische Parlament und den Rat über die Verwendung von Nanomaterialien in kosmetischen Mitteln, 2021. https://bit.ly/3HG47Oi.
(120) Bundesinstitut für Risikobewertung: Sonnencreme und Co. - Gibt es gesundheitliche Risiken? Zugriff am 22.12.2022: https://bit.ly/3FXGChl.
(121) Fitzpatrick, T. B.: The Validity and Practicality of Sun-Reactive Skin Types I through VI, in: Archives of Dermatological Research1988, 124 (6), 869. https://doi.org/10.1001/archderm.1988.01670060015008.
(122) Bundesamt für Strahlenschutz: UV-Schutz durch Sonnencreme. Zugriff am 22.12.2022: https://bit.ly/3FENtf8.
(123) Bundesamt für Verbraucherschutz und Lebensmittelsicherheit: Sonnenschutzmittel. Zugriff am 22.12.2022: https://bit.ly/3hB6LdA.
(124) Scientific Committee on Consumer Products (SCCS): Opinion on Benzophenone-3, 2021. Zugriff am 22.12.2022: https://bit.ly/3PDqqpM.
(125) ECHA: Stoffbewertung - 2-Ethylhexyl Trans-4-Methoxycinnamate, 2016. https://bit.ly/3YwLVfW.
(126) ECHA: Stoffbewertung- 2-Ethylhexyl Salicylate; 2022. https://bit.ly/3FFcNSs.
(127) Scientific Committee on Consumer Products (SCCS): Scientific Advice on the Safety of Homosalate as a UV-Filter in Cosmetic Products, 2021.

https://bit.ly/3PBcYma.
(128) ECHA: Stoffbewertung Isopentyl P-Methoxycinnamate, 2016. https://bit.ly/3j7XABH.
(129) Scientific Committee on Consumer Products (SCCS): Opinion on 2,2'-Methylene-Bis-(6-(2H-Benzotriazol-2-Yl)-4-(1,1,3,3- Tetramethylbutyl)Phenol) (Nano Form), 2015. https://bit.ly/3PyIjpL.
(130) Downs, C. A.; DiNardo, J. C.; Stien, D.; Rodrigues, A. M. S.; Lebaron, P.: Benzophenone Accumulates over Time from the Degradation of Octocrylene in Commercial Sunscreen Products, in: Chemical Research in Toxicology, 2021, 34 (4), 1046–1054. https://doi.org/10.1021/acs.chemrestox.0c00461.
(131) Scientific Committee on Consumer Products (SCCS): Opinion on 1,3,5-Triazine, 2,4,6-Tris[1,1'-Biphenyl]-4-Yl; 2011. Zugriff am 22.12.2022: https://bit.ly/3PR5Hix.
(132) Ginzburg, A. L.; Blackburn, R. S.; Santillan, C.; Truong, L.; Tanguay, R. L.; Hutchison, J. E.: Zinc Oxide-Induced Changes to Sunscreen Ingredient Efficacy and Toxicity under UV Irradiation, in: Journal of Photochemistry and Photobiology, 2021, 20 (10), 1273–1285. https://doi.org/10.1007/s43630-021-00101-2.
(133) Wang, S. Q.; Balagula, Y.; Osterwalder, U.: Photoprotection: A Review of the Current and Future Technologies, in: Dermatologic Therapy 2010, 23 (1), 31–47. https://doi.org/10.1111/j.1529-8019.2009.01289.x.
(134) Manaia, E. B.; Kaminski, R. C. K.; Corrêa, M. A.; Chiavacci, L. A.: Inorganic UV Filters, in: Brazilian Journal of Pharmaceutical Sciences, 2013, 49 (2), 201–209. https://doi.org/10.1590/S1984-82502013000200002.
(135) Benevenuto, C. G.; Guerra, L. O.; Gaspar, L. R.: Combination of Retinyl Palmitate and UV-Filters: Phototoxic Risk Assessment Based on Photostability and in Vitro and in Vivo Phototoxicity Assays, in: European Journal of Pharmaceutical Sciences, 2015, 68, 127–136. https://doi.org/10.1016/j.ejps.2014.12.007.
(136) Chatelain, E.; Gabard, B.: Photostabilization of Butyl Methoxydibenzoylmethane (Avobenzone) and Ethylhexyl Methoxycinnamate by Bis-Ethylhexyloxyphenol Methoxyphenyl Triazine (Tinosorb S), a New UV Broadband Filter, in: Journal of Photochemistry and Photobiology, 2001, 74 (3), 401. https://doi.org/10.1562/0031-8655(2001)0740401POBMAA2.0.CO2
(137) Scientific Committee on Consumer Products (SCCS): Opinion on Diethylamino Hydroxybenzoyl Hexyl Benzoate, 2008. Zugriff am 22.12.2022: https://bit.ly/3W6lKLn.
(138) Europäische Kommission: Stoffbewertung Bis(2-Ethylhexyl) 4,4'-{6-[4-Tert-Butylcarbamoyl)Anilino]-1,3,5-Triazine-2,4-Diyldiimino}dibenzoate, 2015. https://bit.ly/3W9SNOH.
(139) Scientific Committee on Consumer Products (SCCS): Opinion of Concerning 2,2'-(1,4-Phenylene)Bis)-1h-Benzimidazole-4,6-Disulfonic Acid, 1999. Zugriff

am 22.12.2022: https://bit.ly/3BKhtVO.
(140) ECHA: Substance Infocard - Drometrizole Trisiloxane. Zugriff am 22.12.2022: https://bit.ly/3BK0jYA.
(141) Scientific Committee on Consumer Products (SCCS): Final Opinion on Octocrylene, 2021. Zugriff am 22.12.2022: https://bit.ly/3G1fqPD.
(142) ECHA: Stoffbewertung Octocrilene, 2012. https://bit.ly/3BKhJUM.
(143) Europäische Kommission: Opinion on Phenylbenzimidazole Sufonic Acid and Its Salts, 2006. https://bit.ly/3W9UgVd.
(144) Toumba, K. J.; Twetman, S.; Splieth et al.: Guidelines on the Use of Fluoride for Caries Prevention in Children: An Updated EAPD Policy Document, in: European Archives of Paediatric Dentistry 2019, 20 (6), 507–516. https://doi.org/10.1007/s40368-019-00464-2.
(145) Bundeszahnärztekammer: Kinder- und Jugendzahnmedizin - ECC/Early Childhood Caries, 2021. https://bit.ly/3WbWuDC.
(146) Bundesinstitut für Risikobewertung: Durchschnittlicher Fluoridgehalt in Trinkwasser ist in Deutschland niedrig, 2005. https://bit.ly/3HIYezJ.
(147) Scientific Committee on Cosmetic Products and Non-Food Products (SCCNFP): Opinion of the Scientific Committee on Cosmetic Products and Non-Food; Products Intended for Consumers Concerning the Safety of Fluorine Compounds in Oral Hygiene Products for Children under the Age of 6 Years. Zugriff am 22.12.2022: https://bit.ly/3FFyCRE.
(148) Kassenärztliche Vereinigung Baden-Württemberg: Neue Fluorid-Empfehlungen für Kleinkinder. Zugriff am 22.12.2022: https://bit.ly/3WqPVNk.
(149) Scientific Committee on Consumer Safety (SCCS): Opinion on Silica, Hydrated Silica, and Silica Surface Modified with Alkyl Silylates (Nano Form), 2015. https://bit.ly/3G4fEpk.
(150) Bettini, S. et al.: Food-Grade TiO2 Impairs Intestinal and Systemic Immune Homeostasis, Initiates Preneoplastic Lesions and Promotes Aberrant Crypt Development in the Rat Colon, in: Scientific Reports, 2017, 7 (1), 40373. https://doi.org/10.1038/srep40373.
(151) EFSA (European Food Safety Authority): EFSA Statement on the Review of the Risks Related to the Exposure to the Food Additive Titanium Dioxide (E 171) Performed by the French Agency for Food, Environmental and Occupational Health and Safety (ANSES), EFSA Journal, 2019, 17 (6). https://doi.org/10.2903/j.efsa.2019.5714.
(152) Französische Agentur für Lebensmittelsicherheit, Umweltschutz und Arbeitsschutz (ANSES): Titanium Dioxide. Zugriff am 22.12.2022: https://bit.ly/3WqQXca.
(153) EFSA Panel on Food Additives and Flavourings (FAF); Younes, M. et al.: Safety Assessment of Titanium Dioxide (E171) as a Food Additive, EFSA Journal

2021, 19 (5). https://doi.org/10.2903/j.efsa.2021.6585.
(154) Bundesinstitut für Risikobewertung: Neubewertung von Titandioxid: BfR zieht ähnliche Schlüsse wie die Europäische Behörde für Lebensmittelsicherheit, Stellungnahme Nr. 038/2021 des BfR vom 8. Dezember 2021. https://doi.org/10.17590/20211208-150136.
(155) Bundesinstitut für Risikobewertung: Titandioxid – Gibt es gesundheitliche Risiken? Aktualisierte Fragen und Antworten des BfR vom 12. Mai 2021. https://bit.ly/3hIKY3s.
(156) Gerichtshof der Europäischen Union, Pressemitteilung Nr. 190/22. Zugriff am 22.12.2022: https://bit.ly/3BM61sL.
(157) Tagesschau: Titandioxid zu Unrecht als krebserregend eingestuft. Zugriff am 22.12.2022: https://bit.ly/3hz96FV.
(158) Europäische Kommission: Delegierte Verordnung (EU) 2016/127 der Kommission vom 25. September 2015 zur Ergänzung der Verordnung (EU) Nr. 609/2013 des Europäischen Parlaments und des Rates im Hinblick auf die besonderen Zusammensetzungs- und Informationsanforderungen für Säuglingsanfangsnahrung und Folgenahrung und hinsichtlich der Informationen, die bezüglich der Ernährung von Säuglingen und Kleinkindern bereitzustellen sind, 2015. https://bit.ly/3BMYYAh.
(159) World Health Organization: The International Code of Marketing of Breast-Milk Substitutes, 2017. https://bit.ly/3uXljHz
(160) Udall, J.; Suskind, R.: Cow's Milk versus Formula in Older Infants: Consequences for Human Nutrition, Acta Paediatrica, 2007, 88, 61–67. https://doi.org/10.1111/j.1651-2227.1999.tb01302.x.
(161) Europäisches Parlament und der Rat der Europäischen Union: Verordnung (EU) Nr. 609/2013 des Europäischen Parlaments und des Rates vom 12. Juni 2013 über Lebensmittel für Säuglinge und Kleinkinder, Lebensmittel für besondere medizinische Zwecke und Tagesrationen für gewichtskontrollierende Ernährung, 2013. https://bit.ly/3YwBWHA.
(162) Bundesministerium für Justiz: Verordnung über diätetische Lebensmittel (Diätverordnung), 2021. https://bit.ly/3hCYqpy.
(163) Schäfer T. et al.: S3-Guideline on Allergy Prevention: 2014 Update: Guideline of the German Society for Allergology and Clinical Immunology (DGAKI) and the German Society for Pediatric and Adolescent Medicine (DGKJ), in: Allergo Journal International, 2014, 23 (6), 186–199. https://doi.org/10.1007/s40629-014-0022-4.
(164) Kopp, M. V. et al.: S3 Guideline Allergy Prevention, in: Allergologie select. 2022, 6 (01), 61–97. https://doi.org/10.5414/ALX02303E.
(165) Ghoreishi, N.; Riedmüller, J.; Knüppel, S.; Müller-Graf, C.; Weißenborn, A.: Hydrolysierte Säuglingsnahrung für die Allergieprävention – wissenschaftliche

Evidenz und Empfehlungen für die Praxis, in: Monatsschrift Kinderheilkunde, 2022. https://doi.org/10.1007/s00112-022-01529-1.

(166) Gappa, M.; Filipiak-Pittroff, B.; Libuda, L.; Berg, A.; Koletzko, S.; Bauer, C.; Heinrich, J.; Schikowski, T.; Berdel, D.; Standl, M.: Long-term Effects of Hydrolyzed Formulae on Atopic Diseases in the GINI Study, in: Allergy, 2021, 76 (6), 1903–1907. https://doi.org/10.1111/all.14709.

(167) Berg, A.; Filipiak-Pittroff, B.; Schulz, H.; Hoffmann, U.; Link, E.; Sußmann, M.; Schnappinger, M.; Brüske, I.; Standl, M.; Krämer, U.; Hoffmann, B.; Heinrich, J.; Bauer, C.-P.; Koletzko, S.; Berdel, D.; the GINIplus study group; Thiering, E.; Tiesler, C.; Flexeder, C.; Zeller, C.; Werkstetter, K.; Klümper, C.; Sugiri, D.: Allergic Manifestation 15 Years after Early Intervention with Hydrolyzed Formulas – the GINI Study, in: Allergy, 2016, 71 (2), 210–219. https://doi.org/10.1111/all.12790.

(168) Koletzko, B.; Carlson, S. E.; Goudoever, J. B.: Should Infant Formula Provide Both Omega-3 DHA and Omega-6 Arachidonic Acid? in: Annals of Nutrition and Metabolism, 2015, 66 (2–3), 137–138. https://doi.org/10.1159/000377643.

(169) Koletzko, B.; Bergmann, K.; Brenna, J. T.: Should Formula for Infants Provide Arachidonic Acid along with DHA? A Position Paper of the European Academy of Paediatrics and the Child Health Foundation, in: American Journal of Clinical Nutrition, 2019. https://doi.org/10.1093/ajcn/nqz252.

(170) Salminen, S.; Stahl, B.; Vinderola, G.; Szajewska, H.: Infant Formula Supplemented with Biotics: Current Knowledge and Future Perspectives, in: Nutrients, 2020, 12 (7). https://doi.org/10.3390/nu12071952.

(171) Martin, R.; Nauta, A.; Ben Amor, K.; Knippels, L.; Knol, J.; Garssen, J.: Early Life: Gut Microbiota and Immune Development in Infancy, in: Beneficial Microbes, 2010, 1 (4), 367–382. https://doi.org/10.3920/BM2010.0027.

(172) Dzidic, M.; Boix-Amorós, A.; Selma-Royo, M.; Mira, A.; Collado, M.: Gut Microbiota and Mucosal Immunity in the Neonate, in: Medical Sciences. 2018, 6 (3), 56. https://doi.org/10.3390/medsci6030056.

(173) Bischoff, S. C., Ed.: Probiotika, Präbiotika und Synbiotika, Georg Thieme Verlag, Stuttgart, 2009. https://doi.org/10.1055/b-002-29652.

(174) Experten-Round-Table; Milupa GesmbH: EU Setzt neue Mindeststandards für Säuglingsnahrung, in: Springer Medizin, Springer-Verlag Spezial, 2019. https://bit.ly/3WKWlaj

(175) Hegar, B.; Wibowo, Y.; Basrowi, R. W.; Ranuh, R. G.; Sudarmo, S. M.; Munasir, Z.; Atthiyah, A. F.; Widodo, A. D.; Supriatmo; Kadim, M.; Suryawan, A.; Diana, N. R.; Manoppo, C.; Vandenplas, Y.: The Role of Two Human Milk Oligosaccharides, 2′-Fucosyllactose and Lacto-N-Neotetraose, in Infant Nutrition, in: Pediatric Gastroenterology, Hepatology & Nutrition, 2019, 22 (4), 330. https://doi.org/10.5223/pghn.2019.22.4.330.

(176) Thurl, S.; Munzert, M.; Boehm, G.; Matthews, C.; Stahl, B.: Systematic

Review of the Concentrations of Oligosaccharides in Human Milk, in: Nutrition Reviews, 2017, 75 (11), 920–933. https://doi.org/10.1093/nutrit/nux044.

(177) Knol, J.; Scholtens, P.; Kafka, C.; Steenbakkers, J.; Gro, S.; Helm, K.; Klarczyk, M.; Wells, J.: Colon Microflora in Infants Fed Formula with Galacto- and Fructo-Oligosaccharides: More Like Breast-Fed Infants, in: Journal of Pediatric Gastroenterology and Nutrition, 2005, 40 (1), 36–42. https://doi.org/10.1097/00005176-200501000-00007.

(178) Oozeer, R.; van Limpt, K.; Ludwig, T.; Ben Amor, K.; Martin, R.; Wind, R. D.; Boehm, G.; Knol, J.: Intestinal Microbiology in Early Life: Specific Prebiotics Can Have Similar Functionalities as Human-Milk Oligosaccharides, in: The American Journal of Clinical Nutrition, 2013, 98 (2), 561S-571S. https://doi.org/10.3945/ajcn.112.038893.

(179) Puccio, G.; Alliet, P.; Cajozzo, C.; Janssens, E.; Corsello, G.; Sprenger, N.; Wernimont, S.; Egli, D.; Gosoniu, L.; Steenhout, P.: Effects of Infant Formula with Human Milk Oligosaccharides on Growth and Morbidity: A Randomized Multicenter Trial, in: Journal of Pediatric Gastroenterology and Nutrition, 2017, 64 (4), 624–631. https://doi.org/10.1097/MPG.0000000000001520.

(180) Marriage, B. J.; Buck, R. H.; Goehring, K. C.; Oliver, J. S.; Williams, J. A.: Infants Fed a Lower Calorie Formula with 2′FL Show Growth and 2′FL Uptake Like Breast-Fed Infants, in: Journal of Pediatric Gastroenterology and Nutrition, 2015, 61 (6), 649–658. https://doi.org/10.1097/MPG.0000000000000889.

(181) Goehring, K. C.; Marriage, B. J.; Oliver, J. S.; Wilder, J. A.; Barrett, E. G.; Buck, R. H.: Similar to Those Who Are Breastfed, Infants Fed a Formula Containing 2′-Fucosyllactose Have Lower Inflammatory Cytokines in a Randomized Controlled Trial, in: Journal of Nutrition, 2016, 146 (12), 2559–2566. https://doi.org/10.3945/jn.116.236919.

(182) Boix-Amorós, A.; Collado, M. C.; Mira, A.: Relationship between Milk Microbiota, Bacterial Load, Macronutrients, and Human Cells during Lactation, in: Frontiers in Microbiology 2016. https://doi.org/10.3389/fmicb.2016.00492.

(183) Heikkila, M. P.; Saris, P. E. J.: Inhibition of Staphylococcus Aureus by the Commensal Bacteria of Human Milk, in: Journal of Applied Microbiology, 2003, 95 (3), 471–478. https://doi.org/10.1046/j.1365-2672.2003.02002.x.

(184) Gueimonde, M.; Laitinen, K.; Salminen, S.; Isolauri, E.: Breast Milk: A Source of Bifidobacteria for Infant Gut Development and Maturation? In: Neonatology, 2007, 92 (1), 64–66. https://doi.org/10.1159/000100088.

(185) Hill, C.; Guarner, F.; Reid, G.; Gibson, G. R.; Merenstein, D. J.; Pot, B.; Morelli, L.; Canani, R. B.; Flint, H. J.; Salminen, S.; Calder, P. C.; Sanders, M. E.: The International Scientific Association for Probiotics and Prebiotics Consensus Statement on the Scope and Appropriate Use of the Term Probiotic, in: Nature Reviews Gastroenterology & Hepatology, 2014, 11 (8), 506–514.

https://doi.org/10.1038/nrgastro.2014.66.
(186) EFSA Panel on Biological Hazards (BIOHAZ) et al.: Update of the List of QPS-recommended Biological Agents Intentionally Added to Food or Feed as Notified to EFSA 11: Suitability of Taxonomic Units Notified to EFSA until September 2019, in EFSA Journal, 2020, 18 (2). https://doi.org/10.2903/j.efsa.2020.5965.
(187) Braegger, C.; Chmielewska, A.; Decsi, T.; Kolacek, S.; Mihatsch, W.; Moreno, L.; Pieścik, M.; Puntis, J.; Shamir, R.; Szajewska, H.; Turck, D.; van Goudoever, J.: Supplementation of Infant Formula with Probiotics and/or Prebiotics: A Systematic Review and Comment by the ESPGHAN Committee on Nutrition, in: Journal of Pediatric Gastroenterology and Nutrition, 2011, 52 (2), 238–250. https://doi.org/10.1097/MPG.0b013e3181fb9e80.
(188) Koletzko, B.; Bauer, C.-P.; Cierpka, M.; Cremer, M.; Flothkötter, M.; Graf, C.; Heindl, I.; Hellmers, C.; Kersting, M.; Krawinkel, M.; Przyrembel, H.; Vetter, K.; Weißenborn, A.; Wöckel, A.: Ernährung und Bewegung von Säuglingen und stillenden Frauen: Aktualisierte Handlungsempfehlungen von „Gesund ins Leben – Netzwerk Junge Familie", eine Initiative von IN FORM, in: Monatsschrift Kinderheilkunde, 2016, 164 (9), 771–798. https://doi.org/10.1007/s00112-016-0147-2.
(189) Verner, A. M.; McGuire, W.; Craig, J. S.: Effect of Taurine Supplementation on Growth and Development in Preterm or Low Birth Weight Infants, in: Cochrane Database System Review, 2007 https://doi.org/10.1002/14651858.CD006072.pub2.
(190) Wikipedia: Nukleotide. Zugriff am 22.12.2022: https://bit.ly/3BNKwYF.
(191) Bundesinstitut für Risikobewertung: 3-MCPD-, 2-MCPD- Glycidyl-Fettsäureester in Lebensmitteln: EFSA und BfR sehen Gesundheitsrisiko vor allem für jüngere Bevölkerungsgruppen, 2016. https://bit.ly/3BL8uUr
(192) EFSA Panel on Contaminants in the Food Chain (CONTAM) et al.: Update of the Risk Assessment on 3-monochloropropane Diol and Its Fatty Acid Esters, EFSA Journal, 2018, 16 (1). https://doi.org/10.2903/j.efsa.2018.5083.
(193) EFSA Panel on Contaminants in the Food Chain (CONTAM): Risks for Human Health Related to the Presence of 3- and 2-monochloropropanediol (MCPD), and Their Fatty Acid Esters, and Glycidyl Fatty Acid Esters in Food, EFSA Journal, 2016, 14 (5). https://doi.org/10.2903/j.efsa.2016.4426.
(194) Andres, S.; Schultrich, K.; Monien, B.; Buhrke, T.; Bakhiya, N.; Frenzel, F.; Abraham, K.; Schäfer, B.; Lampen, A.: Erhitzungsbedingte Kontaminanten in Lebensmitteln: Acrylamid, Furan und Fettsäureester von Monochlorpropandiolen und Glycidol. Bundesgesundheitsblatt - Gesundheitsforschung – Gesundheitsschutz, 2017, 60 (7), 737–744. https://doi.org/10.1007/s00103-017-2564-3.
(195) Stiftung Warentest: Pre-Nahrung im Test – Guter Milchersatz für den Fratz, 08/2022.
(196) Öko-Test: Pre-Nahrung im Test: Mineralöl weiterhin Problem in Baby-

Milchpulver, 04/2022.
(197) Bundesinstitut für Risikobewertung: Fragen und Antworten zu Mineralölbestandteilen in Lebensmitteln. Zugriff am 22.12.2022: https://bit.ly/3hMSgU4
(198) Europäische Kommission: Handlungsempfehlung. Zugriff am 22.12.2022: https://bit.ly/3G3Ncny.
(199) Europäische Kommission: Standing Committee on Plants, Animals, Food and Feed Section Novel Food and Toxicological Safety of the Food Chain, 2022. https://bit.ly/3FGkzLS
(200) Europäische Kommission: Verordnung (EU) 2020/685 der Kommission vom 20. Mai 2020 zur Änderung der Verordnung (EG) Nr. 1881/2006 hinsichtlich der Höchstgehalte an Perchlorat in bestimmten Lebensmitteln, 2020. https://bit.ly/3V8irlC.
(201) EFSA Panel on Contaminants in the Food Chain (CONTAM): Risks for Public Health Related to the Presence of Chlorate in Food. EFSA Journal, 2015, 13 (6). https://doi.org/10.2903/j.efsa.2015.4135.
(202) Europäische Kommission: Verordnung (EG) Nr. 1881/2006 der Kommission vom 19. Dezember 2006 zur Festsetzung der Höchstgehalte für bestimmte Kontaminanten in Lebensmitteln, 2006. https://bit.ly/3WqEepN.
(203) Europäische Kommission: Verordnung (EG) Nr. 2073/2005 der Kommission vom 15. November 2005 über mikrobiologische Kriterien für Lebensmittel, 2005. https://bit.ly/3FxhNIw.
(204) Deutsche Gesellschaft für Hygiene und Mikrobiologie (DGHM): Richt- und Warnwerte für Lebensmittel. Zugriff am 22.12.2022: https://bit.ly/3VebAXL
(205) Löwenzahn Organics: Qualitätshandbuch. Zugriff am 22.12.2022: https://bit.ly/3hEUfcX.
(206) Bund für Umwelt und Naturschutz Deuschland (BUND): Endstation Mensch - Über 300 Schadstoffe in der Muttermilch. Zeit für eine neue Chemikalienpolitik, 2005. https://bit.ly/3G4x6da.
(207) Von Mühlendahl, K. E.; Otto, M.: Rückstände und Schadstoffe in der Muttermilch, in: Monatsschrift Kinderheilkunde, 2012, 160 (5), 455–460. https://doi.org/10.1007/s00112-011-2574-4.
(208) Koletzko, B.; Bauer, C.-P.; Brönstrup, A.; Cremer, M.; Flothkötter, M.; Hellmers, C.; Kersting, M.; Krawinkel, M.; Przyrembel, H.; Schäfer, T.; Vetter, K.; Wahn, U.; Weißenborn, A.: Säuglingsernährung und Ernährung der stillenden Mutter: Aktualisierte Handlungsempfehlungen des Netzwerks Gesund ins Leben – Netzwerk Junge Familie, ein Projekt von IN FORM, in: Monatsschrift Kinderheilkunde, 2013, 161 (3), 237–246. https://doi.org/10.1007/s00112-013-2870-2.

Abbildungen

Online

S. 14/24, Sanduhr
https://eur-lex.europa.eu/LexUriServ/LexUriServ.do?uri=OJ:L:2009:342:0059:0209:de:PDF
"http://eur-lex.europa.eu, © Europäische Union, 1998-2023"

S. 14/24, Mindesthaltbarkeitsdatum
https://eur-lex.europa.eu/LexUriServ/LexUriServ.do?uri=OJ:L:2009:342:0059:0209:de:PDF
"http://eur-lex.europa.eu, © Europäische Union, 1998-2023"

S. 51, Kunststoffpiktogramme
https://environment.ec.europa.eu/topics/plastics/single-use-plastics/sups-markingspecifications_de, „Europäische Kommission"

S. 71, Global Organic Textile Standard, https://global-standard.org/de

S. 72, Blauer Engel Logo, "RAL gGmbH"
https://www.blauer-engel.de, https://www.ral.de

S. 75, OEKO-TEX® STANDARD 100, https://www.oeko-tex.com/de/

S. 75, OEKO-TEX® MADE IN GREEN, https://www.oeko-tex.com/de/

S. 94, DAAB Logo, https://www.daab.de/

S. 94, ECARF Logo, https://www.ecarf.org/

S. 94, DHA Logo, https://www.dhaallergiesiegel.de/#:~:text=Produkte%2C%20auf%20denen%20Sie%20das,Allergy%20Support%20Europe%E2%80%9C%2DSiegel.

S. 132, UV-Schutz Logos, https://www.hohenstein.com

Aus Publikationen

S. 80/82 Diagramm[75]**,** https://doi.org/10.1159/000018366

S. 183 Diagramme[178]**,** https://pubmed.ncbi.nlm.nih.gov/23824728/

Impressum

mindfulbooks ist ein Verlag der Schmieder-Media GmbH,
Lünen, Deutschland.

ISBN 978-3-9822208-5-7
1. Auflage

Projektleitung: Sabine Schmieder
Lektorat: Gina Janosch

Umschlag, Layout & Satz: Simone Ruths, www.rosavision.de
Illustrationen: Michael Kossowski
Fotografie Umschlag: Nicolin Werner
Druck und Bindung: COULEURS Print & More GmbH, Köln

www.schmieder.media